manual

AF832244

Werni (Hg.)

Casebook Verfassungsrecht

6. Auflage

Wien 2025

facultas

Autor:innen:
Univ.-Ass.[in] Mag.[a] Dr.[in] *Martina Almhofer*, BSc, Institut für Europarecht und Internationales Recht, Wirtschaftsuniversität Wien
Univ.-Ass. Dr. *Martin Greifeneder*, Institut für Staatsrecht und Politische Wissenschaften, Johannes Kepler Universität Linz
RA Dr. *Johannes Hartlieb*, BSc, Haslinger/Nagele Rechtsanwälte GmbH
Univ.-Ass.[in] Mag.[a] *Lisa Janko*, Institut für Staatsrecht und Politische Wissenschaften, Johannes Kepler Universität Linz
RAA *Katharina Jesse*, LL.M., Haslinger/Nagele Rechtsanwälte GmbH
Univ.-Ass.[in] Mag.[a] *Julia Kern*, Institut für Europarecht und Internationales Recht, Wirtschaftsuniversität Wien
Dr. *Martin Lenzbauer*, Abteilung 8 – Umwelt, Naturschutz und Klimaschutzkoordination, Amt der Kärntner Landesregierung
Univ.-Ass. Dr. *Manuel Neusiedler*, Institut für Staatsrecht und Politische Wissenschaften, Johannes Kepler Universität Linz
ao. Univ.-Prof. Dr. *Christian Piska*, Institut für Staats- und Verwaltungsrecht, Universität Wien
Mag.[a] *Lisa Prisching*, Amt der Steiermärkischen Landesregierung
Mag. *Andreas Sauermoser*, Ludwig Boltzmann Institut für Grund- und Menschenrechte
Univ.-Ass. Mag. *Niklas Schrenk*, Institut für Staatsrecht und Politische Wissenschaften, Johannes Kepler Universität Linz
Mag.[a] *Marie-Therese Störck*, Verfassungsgerichtshof Wien
Dr.[in] *Anna Katharina Struth-Schörghofer*, Rechts-, Legislativ- und Wissenschaftlicher Dienst (RLW), Parlamentsdirektion
Univ.-Ass. Dr. *Florian Werni*, BA, Institut für Innovation und Digitalisierung im Recht, Universität Wien
Univ.-Prof. Dr. *Ewald Wiederin*, Institut für Staats- und Verwaltungsrecht, Universität Wien
Univ.-Ass. Mag. *Benedikt Winkler*, Institut für Staats- und Verwaltungsrecht, Universität Wien
Dr.[in] *Michaela Zirm*, Verwaltungsgericht Wien

Bibliografische Information Der Deutschen Nationalbibliothek

Die Deutsche Nationalbibliothek verzeichnet diese Publikation in der Deutschen Nationalbibliografie; detaillierte bibliografische Daten sind im Internet über http://dnb.d-nb.de abrufbar.

Alle Angaben in diesem Fachbuch erfolgen trotz sorgfältiger Bearbeitung ohne Gewähr, eine Haftung von Herausgeber:innen, Autor:innen oder des Verlages ist ausgeschlossen.

6. Auflage 2025
Copyright © 2025 Facultas Verlags- und Buchhandels AG
facultas Universitätsverlag, Stolberggasse 26, 1050 Wien, Österreich
www.facultas.at, office@facultas.at
Alle Rechte, insbesondere das Recht der Vervielfältigung und der Verbreitung sowie der Übersetzung, sind vorbehalten.
Satz: Wandl Multimedia-Agentur
Printed in the EU
ISBN 978-3-7089-2627-8

Vorwort

Wie das Recht überhaupt wird auch das Verfassungsrecht nur verständlich, wenn man weiß, wie es angewendet wird. Vor diesem Hintergrund freue ich mich sehr, dass ich die Herausgabe der nunmehr sechsten Auflage des Casebook Verfassungsrecht besorgen durfte.

Die Neuauflage trägt den aktuellen Entwicklungen des Bundesverfassungsrechts und der einschlägigen Rechtsprechung Rechnung. Die bestehenden Beiträge wurden durchgängig aktualisiert, verbessert und teilweise erweitert. Zwei Beiträge wurden vollständig neu verfasst, wofür ich erfreulicherweise zwei jüngere Kolleg:innen gewinnen konnte.

Das Casebook folgt dem bewährten didaktischen Konzept der beiden Vorauflagen: Das österreichische Bundesverfassungsrecht wird anhand von Kurzfällen aufgearbeitet, wobei alle wichtigen Bereiche abgedeckt werden. Das Casebook dient insofern als Ergänzung der Lehrbücher und ist eine ideale Lernhilfe bei der Vorbereitung auf mündliche oder schriftliche Prüfungen aus Verfassungsrecht und dem Öffentlichen Recht.

Mein größter Dank gilt allen Autor:innen, ohne deren Einsatz es das Casebook nicht geben würde. Weiters bedanke ich mich bei Dr.in Julia Schmoll und Univ.-Prof. Dr. Markus Vašek sowie beim facultas-Verlag für das in mich gesetzte Vertrauen, das Casebook weiterzuführen. Dem facultas-Verlag, insbesondere Peter Wittmann, Mag.a Katharina Echerer und Reinhard Inführ, danke ich auch für die angenehme und unkomplizierte Zusammenarbeit. Nicht zuletzt gilt mein Dank Univ.-Prof. Dr. Ewald Wiederin, der auch dieses Mal seine lehrreichen (und bereits klassischen) „Mitteilungen an Ratlose" zur Verfügung gestellt hat.

Über Anregungen, Kritik und Verbesserungsvorschläge bin ich sehr dankbar (E-Mail: florian.sebastian.werni@univie.ac.at).

Wien, im August 2025 *Florian Werni*

Inhaltsverzeichnis

Vorwort ... 3

Abkürzungsverzeichnis ... 7

Ewald Wiederin
Mitteilungen an Ratlose ... 11

Christian Piska/Benedikt Winkler
Grundlagen der österreichischen Bundesverfassung ... 13

Andreas Sauermoser
Bundesverfassung und Völkerrecht ... 35

Martina Almhofer
Bundesverfassung und Europarecht ... 55

Michaela Zirm
Bundesstaat ... 71

Martin Lenzbauer
Demokratische Republik I: Grundbegriffe,
Volksvertretung und Gesetzgebung ... 91

Lisa Prisching
Demokratische Republik II: Bundespräsident,
Verwaltung und Kontrollorgane ... 111

Martin K. Greifeneder/Lisa Janko/Manuel Neusiedler/Niklas Schrenk
Rechtsstaat ... 125

Julia Kern
Grundrechte I: Allgemeine Grundrechtslehren ... 149

Marie-Therese Störck/Anna Katharina Struth-Schörghofer/Florian Werni
Grundrechte II: Einzelne Grundrechte ... 167

Johannes Hartlieb/Katharina Jesse
Verfassungsgerichtsbarkeit ... 205

Abkürzungsverzeichnis

ABGB	Allgemeines Bürgerliches Gesetzbuch
Abl	Amtsblatt der Europäischen Union
Abs	Absatz
AEUV	Vertrag über die Arbeitsweise der Europäischen Union
AHG	Amtshaftungsgesetz
Art	Artikel
ASGG	Arbeits- und Sozialgerichtsgesetz
AsylG	Asylgesetz 2005
AuvBZ	Akt unmittelbarer verwaltungsbehördlicher Befehls- und Zwangsgewalt
BFA	Bundesamt für Fremdenwesen und Asyl
BFA-VG	BFA-Verfahrensgesetz
BFG	Bundesfinanzgericht
BFGG	Bundesfinanzgerichtsgesetz
BG	Bundesgesetz; Bezirksgericht
BGBl	Bundesgesetzblatt
BGBlG	Bundesgesetzblattgesetz
BH	Bezirkshauptmannschaft
BK	Bundeskanzler
BlgNR	Beilage(n) zu den Stenographischen Protokollen des Nationalrates
BM	Bundesminister
BPräs	Bundespräsident
BPräsWG	Bundespräsidentenwahlgesetz
BR	Bundesrat
BReg	Bundesregierung
bspw	beispielsweise
BVerfGE	Entscheidungen des (deutschen) Bundesverfassungsgerichts
BVG	Bundesverfassungsgesetz
B-VG	Bundes-Verfassungsgesetz
BVwG	Bundesverwaltungsgericht
BVwGG	Bundesverwaltungsgerichtsgesetz
bzw	beziehungsweise
dh	das heißt
DSG	Datenschutzgesetz
EB RV	Erläuternde Bemerkungen zur Regierungsvorlage
EGMR	Europäischer Gerichtshof für Menschenrechte
EMRK	Europäische Menschenrechtskonvention
EK	Europäische Kommission
EP	Europäisches Parlament
ER	Europäischer Rat

Erk	Erkenntnis
et al	und andere
etc	et cetera
EU	Europäische Union
EuGH	Gerichtshof der Europäischen Union
EUV	Vertrag über die Europäische Union
f	der, die folgende
ff	und die folgenden
F-VG	Finanz-Verfassungsgesetz
G/H	*Grabenwarter/Holoubek*, Verfassungsrecht – Allgemeines Verwaltungsrecht[5] (2022)
gem	gemäß
GewO	Gewerbeordnung
ggst	gegenständliche, -en
GK	Große Kammer
GmbH	Gesellschaft mit beschränkter Haftung
GOG	Gerichtsorganisationsgesetz
GOG-NR	Geschäftsordnung des Nationalrates
GP	Gesetzgebungsperiode
GR	Gemeinderat
GRC	Grundrechtecharta
grds	grundsätzlich
hA	herrschende Ansicht
hL	herrschende Lehre
Hrsg	Herausgeber
idF	in der Fassung
idR	in der Regel
ieS	im engeren Sinn
InfOG	Informationsordnungsgesetz
insb	insbesondere
iSd	im Sinne der/des
iVm	in Verbindung mit
iZm	im Zusammenhang mit
JBl	Juristische Blätter
Jud	Judikatur
leg cit	legis citatae
Lfg	Lieferung
LG	Landesgesetz
LGBl	Landesgesetzblatt
LH	Landeshauptmann
lit	litera
LReg	Landesregierung
LT	Landtag

LVwG	Landesverwaltungsgericht
MedienG	Mediengesetz
mwN	mit weiteren Nachweisen
NÖ	Niederösterreich; niederösterreichisch
Nov	Novelle
NR	Nationalrat
Nr	Nummer
NRWO	Nationalratswahlordnung
Ö/E	*Öhlinger/Eberhard*, Verfassungsrecht[13] (2022)
OGH	Oberster Gerichtshof
OLG	Oberlandesgericht
OÖ	Oberösterreich; oberösterreichisch
PartG	Parteiengesetz 2012
PCR	Polymerase chain reaction (Polymerase Kettenreaktion)
PersFrG	Bundesverfassungsgesetz über den Schutz der persönlichen Freiheit
RGBl	Reichsgesetzblatt
RH	Rechnungshof
RIS	Rechtsinformationssystem
RL	Richtlinie
Rs	Rechtssache
Rsp	Rechtsprechung
RStDG	Richter- und Staatsanwaltschaftsdienstgesetz
Rz	Randzahl
s	siehe
SARS-CoV-2	Severe acute respiratory syndrome coronavirus 2
sog	so genannt, -e,-er, -es
SPG	Sicherheitspolizeigesetz
StA	Staatsanwalt/Staatsanwaltschaft
StGB	Strafgesetzbuch
StGBl	Staatsgesetzblatt
StGG	Staatsgrundgesetz über die allgemeinen Rechte der Staatsbürger
StPO	Strafprozessordnung
stRsp	ständige Rechtsprechung
StV	Staatsvertrag
StVO	Straßenverkehrsordnung
ua	und andere, -s; unter anderem
UAbs	Unterabsatz
uzw	und zwar
VA	Volksanwaltschaft
va	vor allem
VerG	Vereinsgesetz
VersG	Versammlungsgesetz
VfGG	Verfassungsgerichtshofgesetz

VfGH	Verfassungsgerichtshof
VfSlg	Sammlung der Erkenntnisse und wichtigsten Beschlüsse des Verfassungsgerichtshofes
vgl	vergleiche
VGWG	Gesetz über das Verwaltungsgericht Wien
VK	Vizekanzler
VN	Vereinte Nationen
VStG	Verwaltungsstrafgesetz
VwG	Verwaltungsgericht
VwGG	Verwaltungsgerichtshofgesetz
VwGVG	Verwaltungsgerichtsverfahrensgesetz
VwGH	Verwaltungsgerichtshof
Z	Ziffer
zB	zum Beispiel
ZfV	Zeitschrift für Verwaltung
ZÖR	Zeitschrift für öffentliches Recht
ZPEMRK	Zusatzprotokoll zur Europäischen Menschenrechtskonvention

Mitteilungen an Ratlose

Ewald Wiederin

- Es wird immer wieder gesagt, und es bleibt Ihnen auch hier nicht erspart: Lesen Sie den Sachverhalt genau durch und prägen Sie sich alle seine Elemente ein.
- Versuchen Sie, zunächst die in den Fall verpackten Probleme herauszuschälen, und machen Sie sich dabei Notizen. Problemanalyse ist die halbe Lösung.
- Gehen Sie zu diesem Zweck die einzelnen Sachverhaltselemente durch und überlegen Sie sich, welche Bedeutung ihnen für die Lösung zukommen könnte. Prüfungssachverhalte enthalten in aller Regel nichts Überflüssiges. Als Faustregel gilt daher, dass in einer idealen Lösung alle Bausteine des Sachverhalts ihre „Verwertung" finden sollten. Es gibt aber auch Prüfer, die falsche Fährten legen. Versuchen Sie es im Zweifel mit ein wenig Prüferpsychologie, und vor allem: Erzeugen Sie nicht künstlich dort Probleme, wo Sie beim besten Willen keine sehen können.
- Widerstehen Sie der Versuchung, mühsam erlerntes Lehrbuchwissen à tout prix auch dort anbringen zu wollen, wo es gar nicht erheblich ist. Das nervt nur.
- Gehen Sie nicht blindlings auf Stereotypen los. Nicht jeder Fremdenrechtsfall hat mit Familienleben, nicht jeder wirtschaftsrechtliche Fall mit Art 6 StGG zu tun.
- Achten Sie im Fall auf Gabelungen. Dort, wo Sie sich in der Lösung zwischen zwei Alternativen entscheiden müssen und je nach dem Weg, den Sie einschlagen, zu ganz anderen Fragestellungen gelangen, sollten Sie ganz besonders sorgfältig sein. Kalkulieren Sie mit ein, dass Prüfer mitunter dazu tendieren, an den betreffenden Stellen doppelt zu nähen, um Sie in die richtige Richtung zu lotsen. Hinter dem kniffligen Problem, an dem Sie gerade kauen, kann ein zweites stecken, das leicht zu lösen ist und Sie sicher auf Kurs hält.
- Bei alledem können Zeichnungen, Flussdiagramme uns helfen, wenn Sie der Typ dafür sind.
- Lesen Sie, zumal bei Verwaltungsrechtsfällen, die für die Lösung relevant erscheinenden Rechtsvorschriften aufmerksam durch und schenken Sie dabei der Gesetzessystematik besonderes Augenmerk. Im Zweifel eher mehr als weniger Text durchgehen; zunächst großflächig überfliegen, dann im Detail auf Verständnis nacharbeiten.
- Misstrauen Sie sich dann am meisten, wenn Sie glauben, die für die Falllösung unmittelbar einschlägige Gesetzesstelle gefunden zu haben. Einen Absatz oder zwei Paragraphen später kann eine Ausnahme zu jener Regel normiert ein, die Sie gerade vor sich haben.

- Gesetzeslektüre will gelernt sein. Wenn Sie erst im Rahmen der Prüfung damit anfangen, ist es meist zu spät. Lesen Sie Gesetze wie Pläne: Sie gleichen einander, und wenn man einige davon durchgeackert und ihre Struktur erfasst hat, kennt man sie alle ein gutes Stück weit.
- Es genügt aber nicht, die einschlägigen Bestimmungen zu finden. Sie müssen auch in der Lage sein, sie richtig zu deuten. Vor allem im Verwaltungsrecht besteht die Möglichkeit, dass Sie in der Prüfungssituation mit einem Gesetz konfrontiert werden, das Sie nie zuvor gesehen haben und auch nachher nicht mehr brauchen werden. Sie müssen beweisen, dass Sie damit arbeiten können. Darum: Wichtiger als alles Auswendiglernen ist die Pflege des Handwerks. Wenn Sie es einmal beherrschen, haben Sie gute Chancen, sich in jedem Gesetz und in jeder Rechtsordnung der Welt zurechtzufinden.
- Dieses Handwerk kann man nicht aus dem Lehrbuch lernen (auch nicht aus Lehrbüchern der Methodenlehre, machen Sie sich keine Illusionen), sondern nur durch Übung am Fall.
- Ebenfalls gelernt sein will der Umgang mit Bibliotheken und elektronischen Informationsmedien. Je früher Sie mit beidem beginnen, umso besser. In besonderem Maße gilt das für Bibliotheken: Wen Sie es nicht bis zum Ende Ihres Studiums gelernt haben, sich in ihnen zurechtzufinden, ist es in aller Regel zu spät. Im Berufsleben haben Sie viel zu wenig Zeit und viel zu viel Schwellenangst.
- Nicht zuletzt gehört Ihre Sprache zum Handwerk. Sie brauchen sie überall dort, wo Sie überzeugen wollen und begründen müssen. Lesen Sie deshalb auch vernünftige (sprich: nichtjuristische) Bücher.
- Vertrauen Sie im Zweifel dem Gesetz und nicht dem Lehrbuch, Ihrem eigenen Urteil und nicht irgendwelchen Autoritäten.
- Vergessen Sie bei alledem nicht, dass – wie es Tom Hanks in „Philadelphia" so wunderbar schwülstig gesagt hat – die Liebe zum Gesetz den guten Juristen ausmacht. Etwas prosaischer: Dann, wenn Sie wissen wollen, was im konkreten Fall wirklich *Recht* ist – und nicht, was andere dafür halten –, lernen Sie am meisten.

Grundlagen der österreichischen Bundesverfassung

Christian Piska/Benedikt Winkler

Frage 1: Ein Journalist führt in einem Zeitungsartikel anlässlich 100 Jahre Verfassung aus, in Österreich sei sämtliches Verfassungsrecht im Bundes-Verfassungsgesetz (B-VG) geregelt. Ist dieser Artikel gut recherchiert?

Nein, der Artikel ist nicht gut recherchiert. In Österreich gibt es kein Inkorporationsgebot. Das österreichische Verfassungsrecht ist nicht in einem einzigen Gesetzeswerk (einer „Verfassungsurkunde") niedergelegt, sondern es existieren neben dem **B-VG** weitere **Bundesverfassungsgesetze** (wie zB das „BVG Nachhaltigkeit"), **einzelne verfassungsrechtliche Bestimmungen** in einfachen Bundesgesetzen (wie zB § 38 Abs 1 Abfallwirtschaftsgesetz 2002) sowie **StV** bzw einzelne Bestimmungen in StV, welche den Rang von Bundesverfassungsrecht haben. Außerdem gibt es neben dem Bundesverfassungsrecht das **Verfassungsrecht der Länder**. Aufgrund dieser Vielzahl von Rechtsquellen kann man auch von einer Zersplitterung des österreichischen Verfassungsrechts sprechen, welche zu einer gewissen Unübersichtlichkeit führt. Trotz mehrerer Reformversuche (als Beispiel kann hier der von 2003 bis 2005 durchgeführte „Österreich-Konvent" genannt werden) ist es nicht gelungen, diese Zersplitterung zu beheben, weil mitunter befürchtet wird, dass durch eine Zusammenführung des Verfassungsrechts ungewollte Veränderungen der Rechtslage eintreten könnten.

Frage 2: Im politischen Diskurs ist häufig von der „Realverfassung" die Rede. Was bedeutet dieser Begriff?

Im politischen Diskurs wird häufig zwischen der **formalen Verfassung** und der **Realverfassung** (auch „gelebte Verfassung" oder „Verfassungswirklichkeit" genannt) unterschieden. Die Realverfassung beschreibt die informellen Abläufe, die im politischen Geschehen wirksam werden (so ausdrücklich auf der Website des österreichischen Parlaments zu lesen). In der Staats- und Regierungspraxis gibt es gewisse Gewohnheiten und Gebräuche, die von den Staatsorganen und politischen Parteien befolgt werden, jedoch nicht ausdrücklich in der Verfassung normiert sind. Dennoch werden sie weitgehend als legitim angesehen.

Ausflüsse der Realverfassung sind beispielweise: Die gelebte Praxis, dass der BPräs nach einer Neuwahl des NR den **Spitzenkandidaten der stimmenstärksten Partei mit der Regierungsbildung beauftragt**, entspricht der Realverfassung, ist aber verfassungsrechtlich nicht geboten. Dies wurde beispielsweise auch nach der NR-Wahl 2024 deutlich, als zunächst – nach umfangreichen Gesprächen des BPräs – nicht der Spitzenkandidat der stimmstärksten Partei den Regierungsbildungsauftrag erhielt, sondern jener der zweitplatzierten Partei. Auch der **Rücktritt einer BReg** nach der erfolgten Neuwahl des NR ist in der Verfassung nicht ausdrücklich normiert. Die Realverfassung kann der formalen Verfassung sogar offenkundig widersprechen. So legt Art 56 Abs 1 B-VG den Grundsatz des freien Mandats fest, wonach die Mitglieder des NR und BR bei der Ausübung dieses Berufs an keinen Auftrag gebunden sind. Verfassungswidrig ist daher die Praxis, den Abgeordneten eine **„Blankoverzichtserklärung"** abzuverlangen. Dabei handelt es sich um von Abgeordneten undatiert unterzeichnete Mandatsverzichtserklärungen, die sie bei Mandatsantritt ihrer Partei übergeben. Die Parteiführung kann diese im Falle parteiwidrigen Verhaltens nachträglich datieren und der Wahlbehörde vorlegen, um ein Ausscheiden des Abgeordneten zu erzwingen. In diesem Zusammenhang wird zudem vielfach über den Klubzwang bzw die (noch) auf Freiwilligkeit beruhende Klubdisziplin diskutiert. Ein Auseinanderklaffen zwischen der formalen Verfassung und der Realverfassung kommt schließlich auch in verfassungsrechtlich vorgesehenen Kontrollmechanismen und Verantwortlichkeiten zum Ausdruck. Der Interessensgegensatz zwischen Regierung und Parlament wird durch die Ausgestaltung der repräsentativen Demokratie (Organisation in Parteien und enge Verbindung zwischen BReg und parlamentarischer Mehrheit) überlagert. Dadurch könnten verfassungsrechtlich vorgesehene **Kontrollinstrumente** des NR gegenüber der BReg (zB Untersuchungsausschuss) unterlaufen werden. Auch wird zuweilen der Vorwurf erhoben, dass Gesetze in der Realität nicht mehr von den Abgeordneten im NR ausgehen, sondern von der BReg und den Sozialpartnern; das Parlament verkomme zu einer bloßen **Abstimmungsmaschinerie**.

Anhand dieser Beispiele lässt sich deutlich erkennen, dass die Verfassung bestimmte Fragen des politischen Prozesses nicht explizit regelt. Die Staats- und Regierungspraxis hat hierfür allerdings bestimmte Gewohnheiten und Gebräuche entwickelt, die mitunter als „Realverfassung" bezeichnet werden. Dabei handelt es sich allerdings um keine „Verfassung" im eigentlichen Sinn, sondern vielmehr bloß um die **politische Wirklichkeit**, dh wie unsere Verfassung in der Praxis gelebt wird. Deshalb wird häufig auch von der „gelebten Verfassung" gesprochen.

Diese Gewohnheiten und Gebräuche sind jedoch nicht als Gewohnheitsrecht zu qualifizieren, da ein verfassungsrechtliches Gewohnheitsrecht in Österreich weitgehend abgelehnt wird.

Frage 3: Kann es „verfassungswidriges Verfassungsrecht" geben?

Der **Stufenbau der Rechtsordnung** stellt sich wie folgt dar:

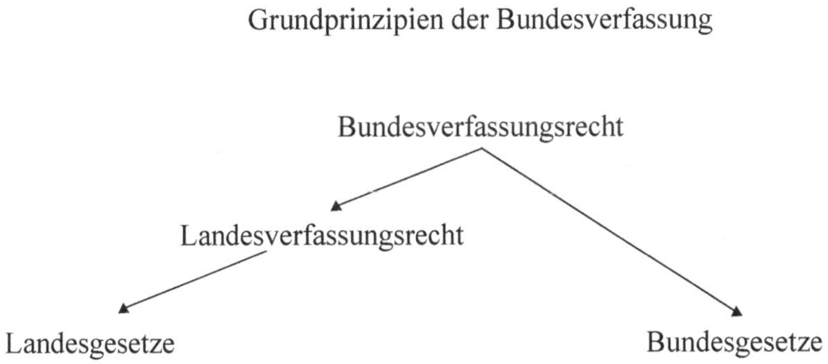

Wie die Darstellung zeigt, besteht eine Rangordnung nicht nur zwischen einfachen Bundes- bzw Landesgesetzen und Verfassungsrecht, sondern ist das Verfassungsrecht selbst auch mehrschichtig. Den höchsten Rang in der Rechtsordnung genießen die sogenannten **Grundprinzipien oder auch Baugesetze der Bundesverfassung**. Zu diesen zählen das **demokratische Prinzip**, das **republikanische Prinzip**, das **bundesstaatliche Prinzip**, das **rechtsstaatliche Prinzip**, das **liberale Prinzip** sowie das **gewaltentrennende Prinzip**. Diese Prinzipien sind vor einer Abänderung besonders geschützt (erhöhter Bestandschutz): Nach Art 44 Abs 3 B-VG ist eine Änderung der leitenden Grundsätze der Bundesverfassung als sogenannte Gesamtänderung der Bundesverfassung – neben den für Verfassungsrecht erhöhten Quoren sowie der ausdrücklichen Bezeichnung als „Verfassungsgesetz" bzw „Verfassungsbestimmung" – einer Volksabstimmung zu unterziehen.

Nach dem Stufenbau der Rechtsordnung kann ein dem Verfassungsrecht widersprechendes Gesetz vom VfGH als verfassungswidrig aufgehoben werden. Ebenso kann aber auch eine verfassungsrechtliche Bestimmung vom VfGH geprüft und gegebenenfalls als verfassungswidrig aufgehoben werden, wenn sie eine Gesamtänderung der Bundesverfassung bewirken würde und keiner Volksabstimmung unterzogen wurde. Insoweit spricht man von „verfassungswidrigem Verfassungsrecht". So hob der VfGH im Jahr 2001 eine Verfassungsbestimmung (§ 126a BundesvergabeG idF BGBl I 2000/125) als verfassungswidrig auf (VfSlg 16.327/2001), da sie zum rechtsstaatlichen und demokratischen Grundprinzip im Widerspruch stand.

Das Landesverfassungsrecht darf die Bundesverfassung nach Art 99 Abs 1 B-VG „nicht berühren", dh ihr nicht widersprechen (VfSlg 16.593/2002).

Frage 4: Die als Verfassungsbestimmung bezeichnete Regelung des § 19 Abs 7 Umweltverträglichkeitsprüfungsgesetz 2000 (UVP-G 2000) legt Folgendes fest: Der Umweltminister hat im Einvernehmen mit dem Wirtschaftsminister auf Antrag mit Bescheid zu entscheiden, ob eine Umweltorganisation als Umweltorganisation im Sinne des UVP-G 2000 anzusehen ist und falls ja, in welchen Bundesländern die Umweltorganisation zur Ausübung der Parteienrechte befugt ist. *Gustav* liest diese Verfassungsbestimmung und behauptet, weil das UVP-G 2000 ein einfaches „Materiengesetz" sei, handle es sich bei der Verfassungsbestimmung § 19 Abs 7 UVP-G 2000 um „Verfassungsrecht im materiellen Sinn". Hat *Gustav* Recht?

Man unterscheidet zwischen Verfassungsrecht im formellen Sinn und Verfassungsrecht im materiellen Sinn. Unter **Verfassungsrecht im formellen Sinn** versteht man Recht, das in einem besonderen, für Verfassungsrecht **vorgesehenen Verfahren erzeugt** wird. Die Erzeugung von österreichischem Bundesverfassungsrecht bedarf gem Art 44 Abs 1 B-VG einer Mehrheit von mindestens zwei Dritteln der abgegebenen Stimmen im NR (Konsensquorum), wobei mindestens die Hälfte der Mitglieder anwesend sein muss (Präsenzquorum) sowie der ausdrücklichen Bezeichnung als „Verfassungsgesetz" bzw „Verfassungsbestimmung". Beim **Verfassungsrecht im materiellen Sinn** wird hingegen auf den **Inhalt einer Regelung** abgestellt: Regelt die Bestimmung verfassungstypische Gegenstände (wie zB die Festlegung der Staatsform, die Grundzüge der Verteilung der Staatsfunktionen zwischen Parlament, Regierung und Gerichten sowie zwischen Bund und Ländern oder die Grundrechte) handelt es sich um Verfassungsrecht im materiellen Sinn. Es werden damit Aussagen über die rechtliche Grundordnung des Staates getroffen. Meistens – aber nicht immer – ist Verfassungsrecht im formellen Sinn auch Verfassungsrecht im materiellen Sinn und umgekehrt.

Die Regelung des § 19 Abs 7 UVP-G 2000 hat die Pflicht der genannten BM zum Inhalt, auf Antrag festzustellen, ob eine Umweltorganisation als Umweltorganisation im Sinne des UVP-G 2000 anzusehen ist und gegebenenfalls in welchen Bundesländern ihr Parteienrechte zukommen. Als verfassungstypisch kann dieser Regelungsinhalt nicht bezeichnet werden. Es handelt sich bei der Bestimmung des § 19 Abs 7 UVP-G 2000 daher jedenfalls nicht um Verfassungsrecht im materiellen Sinn. Dass sich die Bestimmung im UVP-G 2000, also einem einfachen „Materiengesetz" befindet, ist für die Einstufung als Verfassungsrecht im formellen oder im materiellen Sinn irrelevant. Weil § 19 Abs 7 UVP-G 2000 als Verfassungsbestimmung bezeichnet und (mangels gegenteiliger Anhaltspunkte im Sachverhalt) auch in einem speziellen Erzeugungsverfahren zustande gekommen ist, handelt es sich um Verfassungsrecht im formellen Sinn.

Gustav hat also nicht Recht.

Der Grund, warum die Bestimmung des § 19 Abs 7 UVP-G 2000 als Verfassungsbestimmung und nicht als einfachgesetzliche Bestimmung konzipiert ist, liegt nach den Materialien an einer kompetenzrechtlichen Notwendigkeit: Grundsätzlich fällt die UVP gem Art 11 Abs 1 Z 7 B-VG in die Vollziehung der Länder; eine Mitwirkung der BM wäre ohne verfassungsrechtliche Bestimmung daher unzulässig.

Verfassungsbestimmungen weisen aufgrund der höheren Konsens- und Präsenzquoren eine größere Bestandsfestigkeit als einfachgesetzliche Regelungen auf. Dieser Umstand wurde bereits dazu genutzt, um auch Normen ohne verfassungstypischen Inhalt in den Verfassungsrang zu heben, um sie gegen spätere Änderungen oder Aufhebungen abzusichern. Diese Vorgehensweise ist in Österreich durchaus gängige Praxis und auch verfassungsrechtlich erlaubt, weil es in Österreich – anders als in Deutschland – kein Inkorporationsgebot gibt, welches die Aufnahme aller Verfassungsregelungen in eine zentrale Verfassungsurkunde vorsieht.

Ein häufiges Motiv für die Erlassung von Verfassungsbestimmungen in einfachen Gesetzen ist zudem, Entscheidungen des VfGH durch eine qualifizierte Mehrheit der Volksvertretung zu „korrigieren". Mit anderen Worten: Durch die Erlassung als Verfassungsbestimmung soll verhindert werden, dass verfassungswidrige Regelungsinhalte, die aber politisch gewünscht sind, vom VfGH aufgehoben werden können. Als Beispiel für diese Vorgehensweise kann die Absicherung der „Lenkerauskunft" in § 103 Abs 2 Kraftfahrgesetz 1967 (KFG 1967) idF BGBl 1986/106 gegen die vom VfGH festgestellte Verletzung des Verbots des Selbstbezichtigungszwanges (VfSlg 9950/1984, 10.394/1985) genannt werden.

Zu differenzieren ist: Verfassungsrecht im **formellen Sinn** bezeichnet Normen, die unter den besonderen Erzeugungsbedingungen des Art 44 Abs 1 B-VG erlassen wurden. Dieses kann sowohl **formelles Recht** (etwa staatsorganisatorische Vorschriften) als auch **materielles Recht** (wie etwa Grundrechte) enthalten. Umgekehrt stellen Normen, die materiell verfassungsrechtlichen Gehalt haben, jedoch nicht unter den Voraussetzungen des Art 44 Abs 1 B-VG erlassen wurden, **kein** Verfassungsrecht im formellen Sinn dar (so zB VfGG und NRWO).

Frage 5: ***Lea*** **hat gelernt, dass Normen des Verfassungsrechts im formellen Sinn grundsätzlich als Verfassungsgesetz oder Verfassungsbestimmung bezeichnet sind. Dann erfährt sie, dass Grundrechte als verfassungsgesetzlich gewährleistete subjektive Rechte gelten – und wird stutzig: Die EMRK und das StGG sind nicht als Verfassungsgesetze bezeichnet. Sind sie also wirklich Verfassungsrecht im formellen Sinn? Wo müsste dies normiert sein?**

Verfassungsrecht im formellen Sinn muss gem Art 44 Abs 1 B-VG unter erschwerten Erzeugungsbedingungen (erhöhtes Konsens- und Präsensquorum) erlassen und darüber hinaus als Verfassungsgesetz bzw -bestimmung bezeichnet sein. Letztere Voraussetzung fehlt auf den ersten Blick bei der EMRK und dem StGG. Dennoch gelten sie als Verfassungsrecht im formellen Sinn:

Die **EMRK** (als völkerrechtlicher Staatsvertrag) wurde **durch ein eigenes BVG in Verfassungsrang gehoben**, obwohl sie selbst nicht als Verfassungsgesetz bezeichnet ist (s Art II Z 7 BVG vom 4. März 1964, mit dem Bestimmungen des Bundes-Verfassungsgesetzes in der Fassung von 1929 über Staatsverträge abgeändert und ergänzt werden, BGBl 1964/59).

Hinsichtlich des **StGG** wird in Art 149 Abs 1 B-VG festgelegt, dass dieses **als Verfassungsgesetz im Sinne des Art 44 Abs 1 B-VG gilt**. Dasselbe gilt für weitere dort genannte Gesetze wie etwa das Gesetz zum Schutz des Hausrechts (RGBl 1862/88) oder das Habsburgergesetz (StGBl 1919/209). Wenn daher ein nicht als Verfassungsgesetz bezeichneter Rechtsakt als Verfassungsrecht im formellen Sinn gem Art 44 Abs 1 B-VG gelten soll, muss dies wiederum in Verfassungsrecht im formellen Sinn normiert sein.

Frage 6: Welche Interpretationsmethoden gibt es? Welche Interpretationsmethoden sind bei der Interpretation von Verfassungsrecht heranzuziehen?

Als Interpretationsmethoden (auch „Canones" genannt) kommen die Wortlautinterpretation, die grammatikalische Interpretation, die systematische Interpretation, die historische Interpretation und die teleologische Interpretation in Frage.

Bei der **Wortlautinterpretation** wird geprüft, welche Bedeutung dem einzelnen Wort (im allgemeinen oder besonderen Sprachgebrauch) zukommt, wobei allfällige Legaldefinitionen dem Sprachgebrauch vorgehen. Die **grammatikalische Interpretation** untersucht, welche Bedeutung Wörter in ihrem sprachlichen bzw grammatikalischen Zusammenhang haben. Im Rahmen der **systematischen Interpretation** wird die Bedeutung der Sätze im Zusammenhang mit der gesamten Rechtvorschrift, Teilbereichen der Rechtsordnung oder der gesamten Rechtsordnung erörtert. Die **historische Interpretation** stellt darauf ab, was der Gesetzgeber mit der gewählten Formulierung beabsichtigt hat. Zur Ermittlung des „Willens des Gesetzgebers" dienen insbesondere die Gesetzesmaterialien (das sind die Erläuterungen zu den Regierungsvorlagen, die Ausschussberichte des Nationalrates sowie die Stenographischen Protokolle der Sitzungen des Nationalrates und des Bundesrates). Die **teleologische Interpretation** forscht nach dem objektiven Sinn und Zweck einer Norm.

Das Verhältnis dieser Auslegungsarten zueinander ist nicht normativ festgelegt und es besteht auch sonst keine allgemeine Überzeugung bezüglich der Rangordnung der Interpretationsmethoden. Es lässt sich aber – weil die Sprache die einzige Ausdrucksmöglichkeit des Normsetzers ist und Wörter die Grundlage der Sprache bilden – gesichert festhalten, dass der Wortlaut immer Ausgangspunkt einer Interpretation sein muss. Zugleich stellt der äußerst mögliche Wortsinn aber auch die absolute Grenze einer jeden Interpretation dar.

Wird Verfassungsrecht interpretiert, sind grundsätzlich die oben dargestellten Interpretationsmethoden anzuwenden, gleichzeitig ist aber auf gewisse Besonderheiten Rücksicht zu nehmen. So ist – insbesondere bei der Interpretation von Kompetenztatbeständen – die **Versteinerungstheorie** zu beachten, wonach Verfassungsbegriffe im Zweifel in dem Sinne zu verstehen sind, der ihnen nach dem Stand der Systematik der Rechtsordnung zum Zeitpunkt des In-Kraft-Tretens der jeweiligen Verfassungsnorm zugekommen ist. Vor allem in neuerer Zeit **hat sich der Interpretationsstil von Verfassungsrecht** von einer Wortlautinterpretation mehr und mehr zu einer Art richterlichen Rechtsfortbildung **gewandelt, bei der der Verfassungsgerichtshof mitunter auch über den Wortlaut einer Bestimmung hinausgeht**. Die Judikatur des VfGH wird damit faktisch zur Rechtsquelle. In den Erkenntnissen wird zwischen reinen Wortlautinterpretationen und solchen, bei denen der VfGH sich über den klaren Wortlaut einer Bestimmung hinwegsetzt, variiert. Durch diese Praxis ist die Vorhersehbarkeit der Entscheidungen des VfGH freilich erheblich erschwert.

Frage 7: Was ist die Versteinerungstheorie? Wie kann sie anhand des Beispiels „Wasserrecht“ beschrieben werden?

Die **Versteinerungstheorie** bzw das **Versteinerungsprinzip** besagt, dass Verfassungsbegriffe im Zweifel in dem Sinne zu verstehen sind, der ihnen nach dem Stand der Systematik der Rechtsordnung zum Zeitpunkt des Inkrafttretens der jeweiligen Verfassungsnorm zugekommen ist (VfSlg 1327/1930). Die Versteinerungstheorie ist eine **Kombination** aus einer strikten **Wortlautinterpretation** und einer objektiven Variante einer **historischen Interpretation**. **Besondere Relevanz** hat die Versteinerungstheorie im Zusammenhang mit der Auslegung der bundesstaatlichen **Kompetenzverteilung** erlangt; „Versteinerungszeitpunkt“ ist hier im Regelfall der 1.10.1925.

Als **Beispiel** für einen Anwendungsfall der Versteinerungstheorie kann das **Wasserrecht** herangezogen werden: Gem Art 10 Abs 1 Z 10 B-VG ist „Wasserrecht“ in Gesetzgebung und Vollziehung Bundessache. Nun stellt sich aber die Frage, welche Maßnahmen konkret zum Begriff „Wasserrecht“ zu zählen sind. Gehören Maßnahmen wie beispielsweise die Errichtung eines Wasserkraftwerkes zum „Wasserrecht“? Oder sind solche Maßnahmen nicht unter den Begriff „Wasserrecht“ zu subsumieren und fallen etwa aufgrund der Generalklausel des Art 15 Abs 1 B-VG in den Kompetenzbereich der Länder? Haben also der Bund oder die Länder die Kompetenz, Regelungen in Bezug auf Wasserkraftwerke zu treffen?

Stellt man allein auf eine Interpretation des Wortlautes ab, kommt man in diesem Fall zu keinem Ergebnis (sowohl im Begriff „Wasserrecht“ als auch im Begriff „Wasserkraftwerk“ ist das Wort „Wasser“ enthalten, weitere Erkenntnisse sind daraus aber nicht zu gewinnen). Auch eine grammatikalische und eine systematische Interpretation sind im konkreten Fall nicht zielführend. Eine historische Interpretation scheitert hier (und auch sonst oft) daran, dass die Materialien zu den Kompetenztatbeständen relativ unergiebig sind. Daher kommt die Versteinerungstheorie zum Zug: Untersucht wird, ob es im „Versteinerungszeitpunkt“ im (insb einfachgesetzlich geregelten) Wasserrecht bereits Regelungen über Wasserkraftwerke gab. Falls ja, kann man davon ausgehen, dass der Inhalt dieser Regelungen zugleich auch den Umfang des Kompetenztatbestands abgrenzt.

Vom VfGH wurde in diesem Zusammenhang unter Heranziehung historischer baurechtlicher Regelungen, nach welchen Wasserbauten am 1.10.1925 grundsätzlich nicht genehmigungspflichtig waren, bereits festgestellt, dass eine Kompetenz des Landesgesetzgebers zur Normierung von Regelungen hinsichtlich Wasserkraftwerken nur insoweit in Betracht kommt, als es sich um Bauten handelt, die bloß mittelbar der Wassernutzung dienen und der wasserbauliche Nutzungszweck in den Hintergrund tritt (zB Wohnhausbauten); Bauten, die unmittelbar der Wassernutzung dienen, fallen dagegen in die Kompetenz des Bundesgesetzgebers (VfSlg 13.234/1992). Wasserkraftwerke fallen (sofern sie ausschließlich aus unmittelbar der Wassernutzung dienenden Bauten bestehen) also in die Kompetenz des Bundes.

Frage 8: Was muss bei der Auslegung einfacher Gesetze stets mitbedacht werden?

Grundsätzlich sind Rechtsvorschriften immer so auszulegen, dass sie mit den Vorgaben der höherrangigen Regelung in Einklang stehen. Führt die Interpretation einer Rechtsvorschrift zu mehreren Ergebnissen, ist also stets jenes Ergebnis zu wählen, das mit den Bedingungen und dem rechtlichen Rahmen der höherrangigen Regelung vereinbar ist. Nach dem **Grundsatz der verfassungskonformen Interpretation ist ein Gesetz, das auf verschiedene Weise interpretiert werden kann, immer so auszulegen, dass es Verfassungsrecht nicht widerspricht.**

Die verfassungskonforme Interpretation hat **nicht nur im Bereich der Gesetzgebung, sondern auch im Bereich der Verwaltung und der Gerichtsbarkeit Bedeutung**: Bei der Anwendung von Gesetzen haben die vollziehenden Organe die Verfassung regelmäßig mitzubedenken und eine Interpretation des Gesetzes, die es verfassungswidrig erscheinen ließe, zu vermeiden.

Als Beispiel kann folgender Fall herangezogen werden: In der Wiener Bauordnung gibt es eine Bestimmung, wonach in gemischten Baugebieten keine Bauwerke oder Anlagen errichtet werden dürfen, die geeignet sind, durch Emissionen (Rauch, Ruß, Staub, schädliche oder üble Dünste, Niederschläge aus Dämpfen oder Abgasen, Geräusche, Wärme, Erschütterungen oder sonstige Einwirkungen) Gefahren oder unzumutbare Belästigungen für die Nachbarschaft herbeizuführen. Unbestritten ist, dass aufgrund dieser Bestimmung keine Fabrikanlagen in einem mit Wohnanlagen bebauten Gebiet errichtet werden dürfen. Der VfGH hat aber – unter Anwendung des Grundsatzes der verfassungskonformen Interpretation – festgehalten, dass diese Bestimmung auch dahingehend auszulegen sei, dass keine Wohnanlagen neben bereits bestehenden Fabrikanlagen errichtet werden dürfen. Würde man die Bestimmung nämlich nicht auch auf diese Weise verstehen, läge dem VfGH zufolge eine gleichheitswidrige Gesetzesauslegung vor (VfSlg 12.468/1990).

Als **Grenze** der verfassungskonformen Interpretation gilt der **Wortlaut** des Gesetzes. Eine Regelung darf (auch im Wege der verfassungskonformen Interpretation) niemals so ausgelegt werden, dass die Auslegung dem Wortlaut der Regelung eindeutig widerspricht. Ist dies nämlich der Fall, also widerspricht der Wortlaut eines Gesetzes eindeutig dem Verfassungsrecht, ist das Gesetz wegen Verfassungswidrigkeit durch den VfGH im Wege eines Gesetzesprüfungsverfahrens aufzuheben. Ein solches Verfahren setzt allerdings grundsätzlich einen Antrag auf Gesetzesprüfung voraus (vgl die Aufzählung der Antragslegitimierten in Art 140 Abs 1 B-VG). Von Amts wegen hat der VfGH nur dann die Möglichkeit, ein Gesetz auf seine Verfassungsmäßigkeit hin zu prüfen, wenn er dieses in einem bei ihm anhängigen Verfahren anzuwenden hätte.

Die sogenannte **grundprinzipienkonforme Interpretation** ist eine Sonderform der verfassungskonformen Interpretation: Bundes- und Landesverfassungsrecht ist danach stets im Einklang mit den Grundprinzipien der Bundesverfassung auszulegen.

Frage 9: Was versteht man unter einem Bruch der Rechtskontinuität? Was versteht man unter dem Begriff der Rechtsüberleitung?

Zu einem **Bruch der Rechtskontinuität** kommt es dann, wenn aufgrund eines revolutionären Aktes (und somit außerhalb der Rechtserzeugungsregeln der geltenden Rechtsordnung) eine neue Rechtsordnung entsteht. Nach diesem wird idR eine **Rechtsüberleitung** vorgenommen. Darunter wird gemeinhin eine **Übernahme des „alten“ Rechts in die neue Rechtsordnung** verstanden. Nach einem Bruch der Rechtskontinuität wird allerdings meist nicht eine gänzlich neue Rechtsordnung geschaffen. Hierfür sind vor allem Praktikabilitätsgründe ins Treffen zu führen, zumal eine gesamte Rechtsordnung nicht gleichsam von einem auf den anderen Tag (neu) geschaffen werden kann. Deswegen wird in einer solchen Situation das „alte“ Recht übernommen, sofern es nicht aus politischen oder anderen Gründen nicht mehr fortgelten soll.

In diesem Sinne wurde 1945 das Verfassungsrecht durch das Verfassungsgesetz vom 1. Mai 1945 über das neuerliche Wirksamwerden des Bundes-Verfassungsgesetzes in der Fassung von 1929 **(Verfassungs-Überleitungsgesetz – V-ÜG)** und die übrigen Rechtsvorschriften durch das Verfassungsgesetz vom 1. Mai 1945 über die Wiederherstellung des Rechtslebens in Österreich **(Rechts-Überleitungsgesetz – R-ÜG)** übergeleitet. Nach ersterem wurden das B-VG idF von 1929 sowie alle übrigen Bundesverfassungsgesetze und in einfachen Bundesgesetzen enthaltenen Verfassungsbestimmungen nach dem Stande der Gesetzgebung vom 5.3.1933 wieder in Geltung gesetzt (Art 1 V-ÜG). Mit dem R-ÜG wurden zudem alle nach dem 13.3.1938 erlassenen Gesetze und Verordnungen aufgehoben, die mit dem Bestand eines freien und unabhängigen Staates Österreich oder mit den Grundsätzen einer echten Demokratie unvereinbar waren, sowie solche, die dem Rechtsempfinden des österreichischen Volkes widersprachen oder typisches Gedankengut des Nationalsozialismus enthielten (§ 1 Abs 1 R-ÜG); so zB die NS-Rassengesetze. Alle übrigen Gesetze und Verordnungen blieben in Geltung.

Eine Rechtsüberleitung fand auch in den Jahren 1918, 1933/34 und 1938 statt.

Frage 10: Im Jahr 1982 stellte der Künstler *Edwin Lipburger* auf einem kleinen (knapp 100 m²) mit Stacheldraht umzäunten Grundstück im Wiener Prater ein Kugelhaus mit acht Metern Durchmesser auf und montierte am Zaun ein Schild mit der Aufschrift „Republik Kugelmugel Grenzübergang". Hat Herr *Lipburger* mit dieser Aktion aus verfassungsrechtlicher Sicht tatsächlich einen „Staat" – die „Republik Kugelmugel" gegründet?

Nach dem (auf *Georg Jellinek* zurückgehenden) Staatsbegriff, besteht ein Staat aus drei Elementen **(„Drei-Elemente-Lehre"): Staatsgebiet, Staatsvolk und Staatsgewalt**. Besitzt ein Volk als dauerhafte Einheit auf einem bestimmten Gebiet Herrschaftsgewalt, gilt diese Einheit als Staat und somit als Völkerrechtssubjekt.

Unter **Staatsgebiet** versteht man einen bestimmten Teil der Erdoberfläche, innerhalb dessen das Staatsvolk lebt und auf den sich die Staatsgewalt bezieht. **Staatsvolk** ist ein bestimmter Personenkreis, der in dem betreffenden Staatsgebiet dauerhaft ansässig ist. Als **Staatsgewalt** wird die Befugnis, das Verhalten des Staatsvolkes verbindlich zu regeln und nötigenfalls mit Machtmitteln (auch mit physischer Gewalt) zu erzwingen, verstanden.

Im Zusammenhang mit dem Staatsbegriff ist auch der Begriff der **„Souveränität"** zu erörtern. Als **nach innen gerichtete Souveränität** versteht man die unabhängige und effektive Ausübung der obersten Herrschaftsgewalt, das heißt, dass keine Konkurrenz zu anderen Gewalten in Bezug auf das gleiche Staatsgebiet und das gleiche Staatsvolk besteht. Als **nach außen gerichtete Souveränität** bezeichnet man die völkerrechtliche Unabhängigkeit eines Staates, also die Anerkennung von anderen Staaten.

Zur „Republik Kugelmugel" ist festzuhalten: Zwar handelt es sich beim Grundstück im Wiener Prater um ein abgegrenztes Gebiet auf der Erdoberfläche, doch ist dieses auf dem Staatsgebiet eines anderen Staates (der Republik Österreich) errichtet. Das „Staatsgebiet" der „Republik Kugelmugel" befindet sich daher auf einem Gebiet, auf dem bereits die effektive Staatsgewalt Österreichs besteht. Die vermeintliche „Staatsgrenze" ist in Wahrheit eine bloße Grundstücksgrenze und beruht auf einem privatrechtlichen Akt (Grundstückskauf) des Herrn *Lipburger*. Jedenfalls mangelt es der „Republik Kugelmugel" daher an der nach innen gerichteten Souveränität. Aufgrund der äußerst geringen Größe des Grundstücks von nur knapp 100 m² ist zudem nicht davon auszugehen, dass ein „Staatsvolk" auf diesem Gebiet dauerhaft leben könnte. Außerdem hat Herr *Lipburger* keine Befehls- und Zwangsgewalt, mit der er gegebenenfalls das Verhalten der Menschen auf dem Grundstück zwangsweise durchsetzen könnte. Sicherlich wird es der „Republik Kugelmugel" aber auch an der nach außen gerichteten Souveränität mangeln, da nicht davon auszugehen ist, dass andere Staaten – allen voran die Republik Österreich – Herrn *Lipburger* als obersten Herrschaftsträger auf dem Grundstück anerkennen würden.

Herr *Lipburger* hat somit keinen eigenen Staat gegründet.

Frage 11: Hat die Europäische Union Staatsqualität?

Nach der **„Drei-Elemente-Lehre"** kann der Staatsbegriff mit den drei Elementen **Staatsgebiet, Staatsvolk und Staatsgewalt** umschrieben werden.

Im Falle der EU wäre als Staatsgebiet das Gebiet sämtlicher Mitgliedstaaten zu betrachten. Als Staatsvolk würden die Bürger aller Mitgliedstaaten gelten. Schwieriger wird die Beurteilung der Frage, ob die EU Staatsgewalt besitzt. Die EU ist zwar befugt, Rechtsakte (Verordnungen, Richtlinien, etc) zu erlassen, besitzt aber **keine Allzuständigkeit (auch Kompetenz-Kompetenz genannt)**. Mit anderen Worten: Die EU ist nur in jenen Bereichen zuständig, die ihr von den Mitgliedstaaten übertragen wurden. Eigenmächtig kann die EU ihren Kompetenzbereich nicht erweitern bzw verändern. Die EU besitzt im Wesentlichen auch keine eigenen Vollzugsbehörden, sondern ist auf den indirekten Vollzug durch die Behörden der Mitgliedstaaten angewiesen. Damit mangelt es der EU an der erforderlichen Staatsgewalt. Auch nach Unterzeichnung des Vertrages von Lissabon im Jahr 2007, durch welchen die Gesetzgebungskompetenz des EP erweitert wurde, handelt es sich bei der EU weiterhin nur um einen Staatenverbund; die Mitgliedstaaten haben ihre Souveränität behalten.

Im Sinne der „Drei-Elemente-Lehre" hat die Europäische Union daher keine Staatsqualität.

Frage 12: Der österreichische Oppositionspolitiker *Max Mustermann* propagiert: „Die Erhaltung und Finanzierung des Bundesstaats ist zu teuer. Wäre meine Partei an der Macht und könnte die für eine Verfassungsänderung erforderlichen Präsenz- und Konsensquoren im NR stellen, dann würden wir den Bundesstaat sofort und ohne Weiteres abschaffen und sämtliche Landesinstitutionen auflösen." Hat *Max Mustermann* bei seinem Plan nicht ein „wesentliches Detail" vergessen?

Die österreichische Verfassung basiert – so wie jede andere Verfassung auch – auf bestimmten **Grundprinzipien** (auch **„Baugesetze"** genannt). Bei diesen Grundprinzipien handelt es sich um das demokratische, das republikanische, das bundesstaatliche, das rechtsstaatliche, das gewaltenteilende sowie das liberale

Prinzip. Sämtliche Grundprinzipien zusammen bilden die **verfassungsrechtliche Grundordnung („Verfassungskern“)**, welche im Stufenbau der Rechtsordnung an oberster Stelle, also sogar noch über „normalem“ bzw „einfachem“ Verfassungsrecht steht. **Nach Art 44 Abs 3 B-VG bedürfen** Änderungen dieser Grundprinzipien, die als „**Gesamtänderung der Bundesverfassung**“ zu verstehen sind, **zwingend einer Volksabstimmung**. Bei dieser entscheidet die einfache Mehrheit der gültig abgegebenen Stimmen (Art 45 Abs 1 B-VG). Soll eine Gesamtänderung der Bundesverfassung erfolgen, muss also zusätzlich zu den für die Erzeugung von Verfassungsgesetzen ohnehin erhöhten Quoren im NR (Präsenzquorum von mindestens der Hälfte der Mitglieder des NR und Konsensquorum von mindestens zwei Dritteln der abgegebenen Stimmen) sowie der ausdrücklichen Bezeichnung als „Verfassungsgesetz“ bzw als „Verfassungsbestimmung“ auch noch eine Volksabstimmung durchgeführt werden.

Schwierig zu beurteilen ist allerdings die Frage, wann eine solche Gesamtänderung der Bundesverfassung vorliegt. Jedenfalls kann man von einer Gesamtänderung sprechen, wenn eines der Grundprinzipien gänzlich beseitigt oder gravierend verändert wird. Auch die Schaffung neuer Grundprinzipien würde als Gesamtänderung einzustufen sein, schließlich wird in diesem Fall der Verfassungskern ebenso verändert. Eine bloße „Berührung“ eines Grundprinzips wird dagegen aber noch nicht als Gesamtänderung zu qualifizieren sein.

Die Abschaffung des Bundesstaates und die Auflösung aller Landesinstitutionen kommt daher einer Beseitigung des bundesstaatlichen Prinzip gleich, was jedenfalls als Gesamtänderung der Bundesverfassung anzusehen ist. *Max Mustermann* könnte seinen Plan daher, selbst wenn seine Partei in die Regierung kommt und die für die Erzeugung von Bundesverfassungsrecht erforderlichen Voraussetzungen erfüllt sind, nicht ohne Weiteres verfolgen. Soll nämlich der Bundesstaat abgeschafft werden, ist zwingenderweise die Zustimmung des Volkes im Wege einer Volksabstimmung einzuholen. Schließlich ist nach Art 44 Abs 2 B-VG für verfassungsrechtliche Regelungen, durch die die Zuständigkeit der Länder in Gesetzgebung oder Vollziehung eingeschränkt wird, die Zustimmung des BR (unter erhöhten Quoren) erforderlich. Außerdem ist Art 2 Abs 3 B-VG zu beachten, wonach Änderungen im Bestand der Länder oder eine Einschränkung der Mitwirkung der Länder auch verfassungsgesetzlicher Regelungen der Länder bedürfen.

Frage 13: § 1 Umweltverträglichkeitsprüfungsgesetz 2000 (UVP-G 2000) regelt unter der Überschrift „Aufgabe von Umweltverträglichkeitsprüfung und Bürgerbeteiligung“, dass es Aufgabe der Umweltverträglichkeitsprüfung (UVP) ist, unter Beteiligung der Öffentlichkeit auf fachlicher Grundlage die unmittelbaren und mittelbaren Auswirkungen festzustellen, zu beschreiben und zu bewerten, die ein Vorhaben auf Menschen, Tiere, Pflanzen und deren Lebensräume auf Boden, Wasser, Luft und Klima, auf die

Landschaft und auf Sach- und Kulturgüter hat oder haben kann. In § 19 UVP-G 2000 ist sodann normiert, dass im Rahmen von Umweltverträglichkeitsprüfungsverfahren auch bestimmte Bürgerinitiativen Parteistellung haben. Mit welchem Grundprinzip der österreichischen Bundesverfassung steht diese Bestimmung in besonderem Zusammenhang?

„Österreich ist eine demokratische Republik. Ihr Recht geht vom Volk aus", so lautet Art 1 B-VG. Aus dieser Bestimmung zusammen mit dem gesamten Bundesverfassungsrecht (beispielsweise Art 26 B-VG, welcher das allgemeine, gleiche, unmittelbare, persönliche, freie und das geheime Wahlrecht festlegt), ergibt sich das **demokratische Prinzip**. Dieses besagt zusammengefasst, dass das **Volk** – oder die vom Volk (mittelbar) eingesetzten Organe – **die Herrschaftsgewalt ausübt**. Auswirkungen hat das demokratische Prinzip nicht nur auf die **Gesetzgebung**, sondern auch auf die **Vollziehung** wie etwa das **Regierungssystem**.

Im Bereich der Gesetzgebung ist das demokratische Prinzip dadurch konkretisiert, dass die Gesetzgebungsorgane des Bundes und der Länder **aus vom Volk gewählten Repräsentanten** bestehen. Mit diesem Gesetzgebungssystem ist keine gänzlich direkte Demokratie, in welcher das Volk die Gesetze selbst bestimmt, verwirklicht, sondern eine repräsentative **(mittelbare oder auch indirekte) Demokratie**. In Österreich sind zudem **Elemente der direkten Demokratie**, nämlich Volksbegehren, Volksbefragungen und Volksabstimmungen vorgesehen.

Auf die **Vollziehung** wirkt sich das demokratische Prinzip insbesondere dahingehend aus, dass die gesamte staatliche Verwaltung nur auf Grund der Gesetze ausgeübt werden darf **(= Legalitätsprinzip – verankert in Art 18 Abs 1 B-VG)**. Durch das Legalitätsprinzip ist die Vollziehung an die vom Volk geschaffenen Gesetze gebunden. Als weiteres demokratisches Element in der Vollziehung ist die **unmittelbare Beteiligung des Volkes** zu nennen. So hat das Volk im Strafrecht die Möglichkeit, im Rahmen der Schöffen- und der Geschworenengerichtsbarkeit mitzuwirken (Art 91 B-VG). Das Verwaltungsrecht sieht beispielsweise in einigen Gesetzen – insbesondere solchen, die die Verwirklichung von geplanten Großprojekten regeln – die **Einbindung der betroffenen Bevölkerung** vor. In diesem Sinn normieren auch die eingangs erwähnten Bestimmungen des UVP-G 2000 eine Bürgerbeteiligung. Bei den §§ 1 und 19 UVP-G 2000 handelt es sich also gleichsam um eine Ausgestaltung des demokratischen Systems.

Das österreichische **Regierungssystem** ist insofern demokratisch ausgestaltet, als Verwaltungsorgane an die Weisungen der ihnen übergeordneten Verwaltungsorgane gebunden sind. Oberste Verwaltungsorgane des Bundes sind neben dem BPräs und der BReg (als Kollegialorgan) letztlich die jeweiligen Bundesminister; sie sind auf der einen Seite weisungsbefugt, auf der anderen Seite aber auch, sowohl dem NR als auch dem BPräs gegenüber, verantwortlich für die ihnen untergeordneten Organe. Einzelne **BM oder die gesamte BReg** können per **Misstrauensvotum** des – vom Volk gewählten – NR durch den BPräs ihres Amtes enthoben werden (Art 74 B-VG). Der BPräs kann den BK oder die gesamte BReg jederzeit entlassen (Art 70 Abs 1 B-VG).

Frage 14: Durch das im Verfassungsrang stehende Habsburgergesetz wurden alle vor 1919 geborenen Mitglieder des Hauses Habsburg-Lothringen, die keine Verzichtserklärung im Hinblick auf ihre Mitgliedschaft zum Hause Habsburg-Lothringen sowie auf alle daraus gefolgerten Herrschaftsansprüche abgegeben und sich nicht zu loyalen Staatsbürgern bekannt haben, des Landes verwiesen. Das ebenfalls im Verfassungsrang stehende Adelsaufhebungsgesetz besiegelte die Aufhebung des Adels und stellte das Tragen von Adelstiteln unter Verwaltungsstrafe. Welches Grundprinzip wird durch diese beiden Verfassungsgesetze bestärkt? Wie kann dieses Grundprinzip umschrieben werden?

Mit dem Habsburgergesetz und dem Adelsaufhebungsgesetz wurde die Abkehr von der (Habsburger-)Monarchie und damit die republikanische Staatsform abgesichert.

Nach Art 1 B-VG ist Österreich eine demokratische **Republik**. Die **Staatsform** definiert sich im Wesentlichen über die **Stellung des Staatsoberhauptes**. Handelt es sich dabei um eine durch Erbfolge legitimierte, auf ihre gesamte Lebenszeit eingesetzte und rechtlich unverantwortliche Person, liegt eine **Monarchie** vor. Wird das Staatsoberhaupt hingegen direkt oder indirekt vom Volk gewählt, ist die Amtsperiode auf einen gewissen Zeitraum begrenzt und ist das Staatsoberhaupt zudem dem Volk (mittelbar) rechtlich verantwortlich, liegt eine **Republik** vor. Würde man das Amt des BPräs der Bezeichnung nach abschaffen und ein anders benanntes Staatsoberhaupt, das aber vom Volk gewählt, dessen Amtsperiode zeitlich begrenzt und das politisch und rechtlich verantwortlich ist, kreieren, so wäre Österreich noch immer eine Republik, weil es auf die Stellung des Staatsoberhauptes ankommt und nicht darauf, ob dieses Amt konkret als „Bundespräsidentschaft" ausgestaltet ist.

Die Staatsform Österreichs gestaltet sich – wie bereits Art 1 B-VG proklamiert – republikanisch. Der österreichische BPräs wird vom Bundesvolk nach den Grundsätzen des allgemeinen, gleichen, unmittelbaren, persönlichen, freien und geheimen Wahlrechts gewählt (Art 60 Abs 1 B-VG). Die Amtszeit beträgt sechs Jahre. Eine Wiederwahl für die unmittelbar folgende Funktionsperiode ist nur einmal zulässig. Auch eine politische und rechtliche Verantwortlichkeit ist gegeben.

Frage 15: *Jennifer*, die neue Mitarbeiterin einer Legistikabteilung im Bundesministerium für Innovation, Mobilität und Infrastruktur hat zusammen mit den zuständigen Technikern im Ministerium ihren ersten Entwurf einer neuen Strafbestimmung im Bereich der Nanotechnologie erarbeitet. Als sie diesen stolz ihrer Abteilungs-

leiterin vorlegt, lobt sie diese für ihren Einsatz, weist jedoch zugleich darauf hin, dass die Bestimmung zwar für sie als Experten, die tagtäglich mit dieser Materie zu tun hätten, grundsätzlich verständlich sei, nicht aber für einen „normalen" Normunterworfenen. Dieser könne nämlich aufgrund der Komplexität der Bestimmung entweder überhaupt nicht oder nur nach einer äußerst intensiven Auseinandersetzung mit der Bestimmung herausarbeiten, welches Verhalten verboten und unter Verwaltungsstrafe gestellt sei. Weil sich dies nicht mit einem der grundlegenden Prinzipien der Verfassung vereinbaren ließe, soll *Jennifer* den Entwurf noch einmal überarbeiten und leichter verständlich gestalten. Welches Grundprinzip hat die Abteilungsleiterin damit angesprochen?

Das **rechtsstaatliche Prinzip** ergibt sich aus dem Gesamtaufbau des B-VG und ist im Wesentlichen durch drei Elemente gekennzeichnet: Gesetzesstaat, Rechtsschutzstaat und Verfassungsstaat.

Gesetzesstaat bedeutet, dass die Ausübung der Staatsmacht auf Gesetzen beruht und zudem nicht willkürlich erfolgt. In diesem Sinn besagt Art 18 Abs 1 B-VG: „Die gesamte staatliche Verwaltung darf nur auf Grund der Gesetze ausgeübt werden" **(Legalitätsprinzip)**. Die Gerichtsbarkeit unterliegt nach hL ebenfalls dem Vorbehalt des Gesetzes (auch wenn sie nicht ausdrücklich in Art 18 Abs 1 B-VG genannt ist). Aus dem Legalitätsprinzip wird der Grundsatz abgeleitet, dass **Gesetze so genau bestimmt und auch so verständlich sein müssen, dass die einzelnen Normunterworfenen wissen können, welches Verhalten erlaubt bzw geboten oder verboten ist**. Der VfGH hat in seinem berühmten **„Denksport-Erkenntnis"** (VfSlg 12.420/1990) eine Bestimmung als den rechtsstaatlichen Anforderungen nicht entsprechend mit folgender Begründung aufgehoben: „Nur mit subtiler Sachkenntnis, außerordentlichen methodischen Fähigkeiten und einer gewissen Lust zum Lösen von Denksport-Aufgaben kann überhaupt verstanden werden, welche Anordnungen hier getroffen werden sollen." Die Abteilungsleiterin hat also auf die Verständlichkeit der Bestimmung und damit auf das rechtsstaatliche Prinzip abgestellt.

Überdies handelt es sich im geschilderten Fall um eine Strafbestimmung: Das Bestimmtheitsgebot ist – auch im Hinblick auf das in Art 7 EMRK normierte Gebot „nulla poena sine lege" – im Strafrecht besonders streng zu sehen.

Schließlich bedarf ein Rechtsstaat auch der Existenz **unabhängiger Gerichte**. In einem **Rechtsschutzstaat** ist die Einhaltung der Gesetze daher durch **Rechtsschutzinstitutionen** überprüfbar. Im österreichischen Rechtsschutzsystem sind ordentliche Gerichte, VwG und der VwGH sowie der VfGH vorgesehen. Der VfGH prüft in diesem Zusammenhang auch, ob die **Rechtsschutzeinrichtungen** ein **Mindestmaß an faktischer Effizienz** erreichen. So hat er beispielsweise eine

Berufungsfrist von zwei Tagen im Asylverfahren infolge Verstoßes gegen rechtsstaatliche Grundsätze für verfassungswidrig erklärt (VfSlg 15.529/1999).

Unter **Verfassungsstaat** versteht man die Bindung der Gesetzgebung an höherrangiges Recht und ihre Sicherung durch eine Verfassungsgerichtsbarkeit.

Frage 16: Mit welchem Grundprinzip steht die Vorstellung von „checks and balances" im Zusammenhang? Wie kann dieses Prinzip umschrieben werden?

Das gewaltenteilende Prinzip sieht eine Aufspaltung der klassischen Staatsgewalten – **Gesetzgebung (Legislative), Verwaltung (Exekutive) und Gerichtsbarkeit (Judikative)** – vor. Gleichzeitig sind aber auch zahlreiche **Kontroll- und Abhängigkeitszusammenhänge, die sogenannten checks and balances**, zwischen den drei Staatsgewalten eingerichtet. Mit diesen Vorkehrungen soll die Macht des Staates eingeschränkt und die Träger der Macht voneinander abhängig gemacht werden. Verankert ist das gewaltenteilende Prinzip in verschiedenen verfassungsrechtlichen Bestimmungen. So normiert zB Art 94 Abs 1 B-VG: „Die Justiz ist von der Verwaltung in allen Instanzen getrennt."

Die Aufteilung der Macht zwischen dem **Bund** und den einzelnen **Bundesländern** sowie die Errichtung von **Selbstverwaltungskörpern** tragen ebenfalls zur Gewaltentrennung bei. Nicht zuletzt dienen auch diverse **Inkompatibilitätsbestimmungen** (personelle Unvereinbarkeitsbestimmungen) der Durchsetzung des gewaltenteilenden Prinzips.

Frage 17: In der Diskussion rund um staatliche Maßnahmen in Krisenzeiten mahnten Verfassungsjuristen mehrfach ein, dass unser liberales Wertesystem zu beachten sei. Was zeichnet das in der Verfassung zum Ausdruck kommende liberale Wertesystem aus?

Das **liberale Prinzip** kommt in unserer Verfassung durch das Bestehen von Grundrechten zum Ausdruck. Die **Grundrechte** setzen dem staatlichen Handeln Grenzen und dienen insofern zugleich der Freiheitssicherung des Einzelnen. Das entspricht dem klassischen Verständnis der Grundrechte als Abwehrrechte gegenüber dem Staat („staatsgerichtete Abwehrrechte"). Sie sollen dem Einzelnen und der Gesellschaft staatsfreie Räume garantieren und hiermit für eine Trennung zwischen Staat und Gesellschaft sorgen.

Die Grundrechte sind in der österreichischen Rechtsordnung nicht gesammelt in einem geschlossenen Abschnitt in der Verfassung kodifiziert. Sie finden sich vielmehr in zahlreichen Rechtsquellen; vor allem im **StGG**, der **EMRK** und der **GRC**, welche häufig als „Grundrechtskataloge" bezeichnet werden. Einzelne Grundrechte werden jedoch auch im B-VG (zB der Gleichheitssatz in Art 7) und anderen Bestimmungen (zB im DSG, PersFrG, StV von St. Germain oder StV von Wien) normiert. Die Beseitigung der Grundrechte wäre als Änderung des liberalen Prinzips und damit als Gesamtänderung der Bundesverfassung zu qualifizieren.

Mitunter wird das liberale Prinzip bzw der Grundrechtsschutz als eine Ausformung des rechtsstaatlichen Prinzips erachtet (vgl *Berka*, Verfassungsrecht[8] [2021] Rz 115).

Frage 18: Der steirische Landespolitiker *Hannes Dinkel* schlägt im Rahmen einer Fernsehdebatte vor, dass es zum Schutze der steirischen Getreidebauern vor der „Übermacht" der Getreidebauern aus Niederösterreich und aus dem Burgenland sinnvoll und daher angebracht wäre, eine Abgabe von 0,10 Eurocent pro Kilogramm für aus anderen österreichischen Bundesländern in die Steiermark eingeführtes Getreide zu verlangen. Die staats- und europarechtlich begabte Fernsehmoderatorin wendet ein, dass dies sicherlich nicht so einfach durchzusetzen wäre. Wie ist die Lage zu beurteilen?

Das österreichische Bundesgebiet umfasst nach **Art 3 Abs 1 B-VG** die Gebiete der Bundesländer. Damit ist das Bundesgebiet nicht selbst ausdrücklich in seinen Grenzen festgelegt, sondern besteht aus den Gebieten der einzelnen Bundesländer. **Art 4 B-VG** normiert: „(1) Das Bundesgebiet bildet ein einheitliches Währungs-, Wirtschafts- und Zollgebiet. (2) Innerhalb des Bundes dürfen Zwischenzolllinien oder sonstige Verkehrsbeschränkungen nicht errichtet werden." In § 8 Abs 4 F-VG ist sodann präzisierend festgehalten, dass Abgaben der Länder oder Gemeinden, die die Einheit des Währungs-, Wirtschafts- und Zollgebietes verletzen oder in ihrer Wirkung Zwischenzöllen oder sonstigen Verkehrsbeschränkungen gleichkommen, nicht erhoben werden dürfen.

Im gegenständlichen Fall liegt eine Verknüpfung der Einfuhr von Getreide in das Gebiet der Steiermark mit der Einhebung einer Abgabe vor. Diese Abgabe an das Land Steiermark würde in ihrer Wirkung damit einem **Zwischenzoll** gleichkommen, wäre unter § 8 Abs 4 F-VG zu subsumieren und würde auch Art 4 B-VG widersprechen. Dem Vorhaben von *Hannes Dinkel* stehen also sowohl das B-VG als auch das F-VG entgegen.

Auch im Lichte der **Mitgliedschaft Österreichs in der EU** und der **Teilnahme an der Wirtschafts- und Währungsunion** wäre die von *Hannes Dinkel* angestrebte Vorgehensweise als problematisch zu beurteilen, weil es nach Art 28 und 30 AEUV verboten ist, Binnenzölle auf die Ein- und Ausfuhr von Waren, die sich im Freiverkehr der Union befinden, zu erheben; Konsequenz dieser Zollunion ist auch das Verbot, an innerstaatlichen Grenzen Zölle zu erheben (vgl EuGH 9.8.1994, Rs C-363/93 ua – Lancry ua).

Frage 19: Im Zuge der Umsetzung der Richtlinie 2003/87/EG über ein System für den Handel mit Treibhausgasemissionszertifikaten wurde in Österreich das Emissionszertifikategesetz (EZG) erlassen. Das EZG sah die Verpflichtung des Umweltministers zur Aufstellung eines Nationalen Zuteilungsplanes vor, wobei dieser „allfälligen davon abweichenden Vorgaben der Europäischen Kommission zu entsprechen" hatte. Der Nationale Zuteilungsplan hatte also zwar normativen Charakter, war aber aufgrund der verpflichtenden Einbeziehung der eventuell abweichenden Vorgaben der Kommission als Rechtsquelle eigener Art ausgestaltet. Wie ist diese Umsetzung im Lichte der „Geschlossenheit des Rechtsquellensystems" zu beurteilen?

Die These der „Geschlossenheit des Rechtsquellensystems" besagt, dass die im B-VG angeführten Rechtsquellen abschließend aufgezählt sind. Daraus folgt, dass die **Rechtssetzungsorgane grundsätzlich keine anderen Rechtsquellen schaffen dürfen als jene, die im B-VG vorgesehen sind.** Als Rechtsquellen des österreichischen Verfassungs- und Verwaltungsrechts gelten insb auf genereller Ebene Verfassungsgesetze, Gesetze, Verordnungen und Gliedstaatsverträge und auf individueller Ebene Bescheide und Urteile.

Sinn und Zweck des Grundsatzes der „Geschlossenheit des Rechtsquellensystems" ist die Gewährleistung eines durchgängigen **Rechtsschutzsystems.** Könnten neue Rechtsquellen ohne weiteres geschaffen werden, könnten Lücken im bestehenden Rechtsschutzsystem entstehen. Diese Überlegungen beinhalten eine demokratische aber vor allem auch eine rechtsstaatliche Komponente.

Im geschilderten Fall (den der VfGH bereits zu entscheiden hatte – VfSlg 17.967/2006) sah das EZG eine Regelung vor, wonach der Nationale Zuteilungsplan an die Europäische Kommission zu übermitteln war und eine vom Umweltminister zu erlassende Verordnung sowohl dem Nationalen Zuteilungsplan als auch den allenfalls durch die Europäische Kommission vorgenommenen Änderungen des Nationalen Zuteilungsplanes zu entsprechen hatte. Damit wurde eine Art Mischform aus nationalem Recht (dem Nationalen Zuteilungsplan) und Europäischem Recht (den Änderungen des Nationalen Zuteilungsplanes durch die Europäische Kommission) geschaffen. **Nach Ansicht des VfGH handle es sich dabei um eine Rechtsquelle eigener Art**, die von der Verfassung nicht vorgesehen sei und gegen die kein Rechtsschutz bestehe, weshalb er die entsprechende Bestimmung im EZG mit folgender Begründung als verfassungswidrig aufhob: „Die dargestellte, gemeinschaftsrechtlich keineswegs notwendige Mischform verstößt gegen die – relative – Geschlossenheit des österreichischen verfassungsrechtlichen Rechtsquellensystems. Ein Rechtsquellentypus, der unter Beteiligung eines gemeinschaftsrechtlichen Organs, nämlich der Europäischen Kommission, zustande kommt, lässt sich nicht als Verordnung im Sinne des Art 18 Abs 2 iVm Art 139 B-VG verstehen: Es ist schlechthin ausgeschlossen, die den Plan abändernden

Vorgaben der Europäischen Kommission der Rechtskontrolle durch den Verfassungsgerichtshof zu unterwerfen. Ein effektiver gerichtsförmiger Schutz des von einer nationalen Zuteilungsentscheidung im Wege eines Zuteilungsbescheides betroffenen Anlageninhabers scheidet damit aus. Beruht doch die Zuteilungsentscheidung auf einem Rechtsakt, nämlich dem – kraft § 13 Abs 4 EZG rechtsverbindlichen – nationalen Zuteilungsplan in der Umformung durch die von der Europäischen Kommission ausgesprochenen Abänderungsvorgaben."

Frage 20: Österreich erklärt sich als neutraler Staat. Dennoch beteiligt er sich an EU-Sanktionen gegen Drittstaaten und entsendet Soldaten zu UN-Friedensmissionen. Steht dies nicht im Widerspruch zur Neutralität des Landes?

Von grundlegender Bedeutung iZm der österreichischen Neutralität ist das BVG vom 26.10.1955 über die Neutralität Österreichs, BGBl 211/1955. Darin bekennt sich Österreich zur immerwährenden Neutralität, die mit allen zu Gebote stehenden Mitteln aufrechtzuerhalten und zu verteidigen ist. Weiters verpflichtet sich Österreich, keinen militärischen Bündnissen beizutreten und keine militärischen Stützpunkte fremder Staaten auf seinem Staatsgebiet zuzulassen. Die in diesem Gesetz verankerte Neutralität stellt einen rechtlichen Grundsatz dar, dessen Verständnis sich im Laufe der Zeit weiterentwickelt hat. Ihr Inhalt ist dabei unter Berücksichtigung des Völkerrechts zu bestimmen. Ursprünglich wurde darunter – dem Wortlaut des BVG über die Neutralität Österreichs folgend – ein Verbot des Beitritts zu Bündnissen, der Stationierung fremder Truppen sowie des aktiven Eingreifens in ein Kriegsgeschehen gesehen.

Im heutigen sicherheitspolitischen Umfeld und im Zuge der europäischen Integration haben sich die Anforderungen jedoch verändert, was zu einer restriktiven Interpretation des Neutralitätsbegriffes führte. So erlaubt beispielsweise die Mitwirkung an der Gemeinsamen Außen- und Sicherheitspolitik der EU (gestützt auf Art 23j B-VG) Österreich, sich im Rahmen multilateraler Entscheidungen, wie EU-Sanktionen, politisch zu positionieren, ohne die grundlegenden Neutralitätsverpflichtungen zu verletzen. Ebenso ist der Einsatz von österreichischen Soldaten in UN-Friedensmissionen dann mit der Neutralität vereinbar, wenn diese Einsätze nicht in direkte Kriegshandlungen münden oder die Prinzipien der neutralen Staatspolitik untergraben. Vor diesem Hintergrund steht die Mitwirkung an EU-Sanktionen und UN-Friedensmissionen nicht im Widerspruch zur verfassungsrechtlichen Neutralität Österreichs. Man spricht daher heutzutage von einer „differentiellen Neutralität".

Zu beachten ist jedoch, dass obwohl Österreich seine Neutralität verfassungsrechtlich verankert hat, die tatsächliche völkerrechtliche Wirkung dieser Neutralität nicht ausschließlich von der innerstaatlichen Auslegung abhängt. Vielmehr hängt sie auch davon ab, ob andere Staaten – insbesondere jene, gegen die sich EU-Sanktionen richten – Österreichs Handlungen als mit einer neutralen Haltung vereinbar ansehen. Daher kann es sein, dass Österreichs Teilnahme an EU-Sanktionen von solchen Staaten als Abkehr von der Neutralität interpretiert wird, selbst wenn diese Maßnahmen aus österreichischer Sicht mit dem Neutralitätsstatus vereinbar sind.

Frage 21: In einer hitzigen Debatte zwischen der Umweltaktivistin *Michaela* einerseits und *Andreas*, einem Vertreter der industriellen Wirtschaft, andererseits geht es um die Frage, ob und inwieweit der Umweltschutz in Österreich von den staatlichen Organen zu beachten ist. *Andreas* meint, da das B-VG – das „Stammgesetz" Österreichs – keine inhaltlichen umweltrechtlichen Themen beinhaltet, hätten die österreichischen Staatsorgane bei ihrem Handeln dem Umweltschutz keinerlei Bedeutung beizumessen. *Michaela* widerspricht zunächst vehement; von ihrem Jus-Studium hatte sie doch in Erinnerung, dass der Umweltschutz sehr wohl von staatlichen Institutionen, zumindest aber vom VfGH berücksichtigt werden muss. Nach einem Blick in das B-VG ist sie allerdings selbst ein wenig verunsichert. Wie ist die Thematik zu beurteilen?

Das B-VG als österreichische „Verfassung" wurde ursprünglich auch als **„Spielregelverfassung"** bezeichnet. Gemeint ist damit, dass das B-VG zwar den Verfahrensablauf des politischen Prozesses regelt, nicht aber der Politik die Inhalte selbst vorgibt. Mittlerweile wurde diese Konzeption durch ein „wertorientiertes" Verfassungsverständnis abgelöst, welches seinen Niederschlag unter anderem in der Normierung sogenannter Staatszielbestimmungen findet.

Staatszielbestimmungen werden auch als Verfassungsaufträge bezeichnet und legen grundlegende politische System- und Wertentscheidungen fest. Sie haben eine gewisse Ähnlichkeit zu Grundrechtsbestimmungen. So denken Teile der Lehre an, aus ihnen zB institutionelle Garantien oder unter Umständen tendenziell Pflichten des Staates zu aktivem Handeln abzuleiten. Wesentlicher Unterschied ist aber, dass **Staatszielbestimmungen keine subjektiven Rechte gewähren oder konkrete Gebote beinhalten**. Eine Grenzziehung ist oft schwierig.

Zu den Staatszielbestimmungen gehören das Verbot nationalsozialistischer Tätigkeit, die immerwährende Neutralität, die umfassende Landesverteidigung, die Nachhaltigkeit, das atomfreie Österreich, die Gleichbehandlung von behinderten und nichtbehinderten Menschen, die Gleichstellung von Mann und Frau (in der Ausgestaltung des Art 7 Abs 2 B-VG), der Schutz der Volksgruppen, die Schule und Bildung, der Rundfunk als öffentliche Aufgabe, die Ziele der öffentlichen Haushaltsführung, die Achtung der Autonomie der Sozialpartner sowie Staatszielbestimmungen im Landesverfassungsrecht. Die Bedeutung der einzelnen Staatszielbestimmungen variiert.

Das **BVG über die Nachhaltigkeit, den Tierschutz, den umfassenden Umweltschutz, die Sicherstellung der Wasser- und Lebensmittelversorgung und die Forschung** (BGBl I 2013/111) hat das BVG über den umfassenden Umweltschutz (BGBl 1984/491) abgelöst. Es gewährt zwar keine subjektiven Rechte, die darin normierten **Bekenntnisse sind aber einerseits vom VfGH (als objektiver Maßstab bei der Prüfung der Gesetzgebung), andererseits auch von der Vollziehung (in dem Sinn, dass jedes Organ einer Gebietskörperschaft das BVG – bei sonstiger Rechtswidrigkeit – als Determinante seines Handelns mitzuberücksichtigen hat) anzuwenden.** Die Normierung eines Staatsziels – hier des Umweltschutzes – kann vor allem als Vorliegen eines legitimen öffentlichen Interesses gedeutet werden. Aber: Nicht jeder Eingriff in die Grundrechte ist deshalb verfassungsrechtlich gerechtfertigt, weil der Umweltschutz im BVG Nachhaltigkeit verankert ist. Jede Maßnahme, die dem Umweltschutz dient, bedarf auch einer entsprechenden grundrechtlichen Rechtfertigung.

Der VfGH hat in diesem Zusammenhang beispielsweise ausgesprochen, dass ein Kontrahierungszwang für gewerbliche Abfallsammler nicht gegen die Erwerbsausübungsfreiheit gem Art 6 StGG verstößt, weil die Verpflichtung des Abfallsammlers, gefährliche Abfälle oder Altöle von deren Besitzer über Aufforderung abzuholen, sowohl im verfassungsrechtlich durch das BVG über den umfassenden Umweltschutz (nunmehr BVG Nachhaltigkeit) bestätigten öffentlichen Interesse gelegen ist, als auch geeignet ist, einer unsachgemäßen Entledigung von Abfällen durch deren Besitzer vorzubeugen und im Hinblick auf die den Abfallsammlern erteilte Abfallsammelerlaubnis auch adäquat sowie sachlich zu rechtfertigen ist (VfSlg 13.102/1992).

Im „Dritten Piste“-Erkenntnis (VfSlg 20.185/2017) lieferte der VfGH zentrale Auslegungsgrundsätze für das BVG Nachhaltigkeit. So ist es zwar verfassungsrechtlich erforderlich, den Umweltschutz bei der Abwägung von Interessen im Genehmigungsverfahren zu berücksichtigen, allerdings müssen sich die dabei zu berücksichtigenden „sonstigen öffentlichen Interessen“ unmittelbar aus dem jeweiligen Materiengesetz ergeben. Die Staatszielbestimmung führt dabei weder zu einer Erweiterung dieser Interessen auf den Klimaschutz oder den Bodenverbrauch, noch lässt sich aus dem BVG Nachhaltigkeit ein absoluter Vorrang des Umweltschutzes ableiten.

Der EGMR misst dem Umweltschutz und zunehmend auch dem Klimaschutz eine menschenrechtliche Dimension zu (EGMR [GK] 9.4.2024, 53600/20, *Verein KlimaSeniorinnen/Schweiz*) und behandelt diese Fälle zumeist iZm Art 8 EMRK. Dabei stellt er fest, dass in jedem Staat ein effektives System zur Reduktion von CO_2-Emissionen vorhanden sein muss.

Frage 22: *Justine* hat einen ausgeprägten Gerechtigkeitssinn, weshalb sie nach ihrem Schulabschluss mit dem Jus-Studium beginnt. Als sie jedoch in der ersten Einheit der Vorlesung hört, dass Recht nicht zwingend gerecht sei, beginnt sie ihre Studienwahl zu überdenken. Hat Recht tatsächlich nicht gerecht zu sein?

Das **Verhältnis von positivem Recht und Moral** stellt die Rechtswissenschaft seit jeher vor Herausforderungen.

Unter dem **positiven Recht** werden gemeinhin die von einer staatlichen Autorität gesetzten Vorschriften verstanden, die von einem ermächtigten Gesetzgeber erlassen werden und deren Einhaltung gegebenenfalls mittels staatlich organisierten Zwangs durchgesetzt werden kann. Diese Definition von Recht ist grundsätzlich wertfrei (nimmt keine moralische Wertung vor), weshalb das positive Recht unterschiedlichen Wertsystemen folgen kann. Demnach beruht ein solch positivistisches Rechtsverständnis grundsätzlich auf einer Trennung von Recht und Gerechtigkeit. Die Klärung philosophischer Grundlagen des Rechts und insbesondere Fragen der Gerechtigkeit sind vielmehr Gegenstand der **Rechtsphilosophie**.

In der Philosophie werden zum Teil auch wertabsolutistische Ansätze vom Vorrang des Naturrechts vor dem positiven Recht vertreten. Nach einem positivistischen Rechtsverständnis, das dem Wertrelativismus folgt, können jedoch auch unmoralische oder ungerechte Vorschriften Recht sein, weshalb aus dieser Perspektive **Recht und Gerechtigkeit tatsächlich nicht gleichzusetzen** sind.

Dennoch spielen Gerechtigkeitserwägungen freilich auch im positiven Recht eine gewisse Rolle, sofern sie positiviert, also in den Plan des ermächtigten Gesetzgebers aufgenommen wurden. So darf etwa der Gesetzgeber aufgrund des Gleichheitssatzes nur sachlich gerechtfertigte Differenzierungen vornehmen.

Bundesverfassung und Völkerrecht

Andreas Sauermoser

Frage 1: a) Österreich und Liechtenstein verständigen sich auf den Abtausch kleinerer Flächen ihres jeweiligen Gebiets, um den Verlauf der Grenze zwischen Feldkirch (Vorarlberg) und Mauren (Liechtenstein) zu begradigen. Wie ist dabei gesetzlich vorzugehen? Welche Organe sind dabei zu involvieren?

Das B-VG legt die Grenzen des Bundesgebiets nicht ausdrücklich fest. Vielmehr normiert Art 3 Abs 1 B-VG, dass das Bundesgebiet die Gebiete der Bundesländer umfasst. Eine etwaige Änderung der Bundesgrenzen bedarf gem Art 3 Abs 2 B-VG eines StV, wobei die betroffenen Bundesländer einem solchen StV die Zustimmung erteilen müssen. Gem Art 65 Abs 1 B-VG ist der BPräs zum Abschluss von StV ermächtigt. Der BPräs kann dabei allerdings nicht eigenmächtig tätig werden, vielmehr bedarf es gem Art 67 Abs 1 B-VG eines Vorschlags der BReg oder des von ihr ermächtigten BM. Bei dem zwischen Österreich und Liechtenstein abzuschließenden StV handelt es sich um einen politischen StV, da durch dessen Abschluss die territoriale Integrität Österreichs berührt wird. Nach Art 50 Abs 1 Z 1 B-VG ist somit vor Abschluss des StV ein parlamentarisches Genehmigungsverfahren durchzuführen.

Da der StV eine Bundesgrenzänderung zum Inhalt hat, sind für den Genehmigungsbeschluss im NR gem Art 3 Abs 4 B-VG erhöhte Quoren vorgesehen, nämlich die Anwesenheit von mindestens der Hälfte seiner Mitglieder sowie eine Mehrheit von zwei Dritteln der abgegebenen Stimmen. Der Genehmigungsbeschluss des NR ist in weiterer Folge dem BR vorzulegen. Die Einbeziehung des BR erfolgt gem Art 50 Abs 3 B-VG dabei unter sinngemäßer Anwendung des Art 42 Abs 1 bis 4 B-VG, der BR kann also einen begründeten Einspruch (suspensives Veto) gegen den StV erheben.

Neben dem parlamentarischen Genehmigungsverfahren sieht Art 3 Abs 2 B-VG auch noch die Zustimmung des betroffenen Bundeslandes, in diesem Fall Vorarlberg, vor. Die konkreten Zustimmungskriterien ergeben sich dabei aus den jeweiligen Landesverfassungen. Da gem Art 2 Abs 2 der Vorarlberger Landesverfassung der Verlauf der Grenzen im Landesverfassungsrecht verankert ist, bedarf es der Zustimmung des Vorarlberger Landtags als Landesverfassungsgesetzgeber und somit mit erhöhten Quoren.

Nach Abschluss des parlamentarischen Genehmigungsverfahrens und der Zustimmung Vorarlbergs kommt es zur Ratifikation des StV durch den BPräs. Die Ratifikation stellt dabei die endgültige und bindende Willenserklärung Österreichs dar und gilt aus völkerrechtlicher wie aus innerstaatlicher Sicht als der entscheidende Akt des Vertragsabschlusses. Im Anschluss ist der StV vom BK im Teil III des BGBl kundzumachen (Art 49 Abs 2 B-VG iVm § 5 Abs 1 Z 1 BGBlG). Dem NR steht im Rahmen seiner Genehmigung aber auch frei, eine andere Form der Kundmachung zu beschließen.

Sofern im Rahmen des parlamentarischen Genehmigungsverfahren kein Erfüllungsvorbehalt nach Art 50 Abs 2 Z 4 B-VG beschlossen wurde, der StV dem innerstaatlichen Bestimmtheitsgebot nach Art 18 B-VG entsprechend hinreichend determiniert ist, und im StV selbst keine anderslautenden Bestimmungen hinsichtlich seines Inkrafttretens normiert sind, tritt der StV mit Ablauf des Tages der Kundmachung innerstaatlich in Kraft und entfaltet somit Bindungswirkung für staatliche Organe. In diesem Fall spricht man davon, dass der StV „self-executing", also unmittelbar anwendbar, ist.

b) Um ihre gemeinsame Landesgrenze zu begradigen, beabsichtigen auch Kärnten und die Steiermark einen ähnlichen Flächentausch. Im Sinne des Effizienzgebots schlagen sie deshalb der BReg vor, in dem StV über die Grenzänderung zwischen Liechtenstein und Österreich auch noch die Grenzänderung zwischen Steiermark und Kärnten aufzunehmen. Spricht etwas gegen dieses Vorhaben?

Ja, denn gem Art 3 Abs 3 B-VG bedürfen Grenzänderungen innerhalb des Bundesgebietes („Binnengrenzen") keines StV. Stattdessen sind übereinstimmende Gesetze des Bundes und der betroffenen Länder notwendig, wobei Art 3 Abs 4 B-VG auch für diesen Fall erhöhte Quoren im NR vorsieht.

Frage 2: a) Zur Stärkung der Kinderrechte erfolgte im Jahr 1989 durch die Generalversammlung der Vereinten Nationen die einstimmige Annahme der Kinderrechtskonvention (KRK). Zentrales Ziel der KRK ist es dabei, das Kindeswohl zu schützen und stärken. Bereits 1990 trat die KRK völkerrechtlich in Kraft. In weiterer Folge trat auch Österreich der KRK bei und ratifizierte diese 1992 (BGBl 1993/7). Im zuvor erfolgten parlamentarischen Genehmigungsverfahren beschloss der NR allerdings einen Erfüllungsvorbehalt. Welche Auswirkungen hat dieser Erfüllungsvorbehalt für die innerstaatliche Geltung der KRK? Ist ein Erfüllungsvorbehalt für die Umsetzung von StV zwingend notwendig?

Durch den vom NR beschlossenen Erfüllungsvorbehalt wird die unmittelbare innerstaatliche Anwendbarkeit der KRK ausgeschlossen. Dies bedeutet, dass die in der KRK enthaltenen Bestimmungen von den Behörden nicht angewendet werden dürfen und für die Rechtsunterworfenen keine unmittelbaren Rechte oder Pflichten begründen. Der Genehmigungsbeschluss des NR gem Art 50 Abs 1 B-VG ist dabei vom Beschluss des NR nach Art 50 Abs 2 Z 4 B-VG, den StV durch Erlassung von Gesetzen zu erfüllen, zu unterscheiden. Beide Beschlüsse verlangen aber dieselben Quoren (gem Art 31 B-VG Präsensquorum von einem Drittel der Mitglieder sowie Konsensquorum der unbedingten Mehrheit der abgegebenen Stimmen). Der NR hat also die Möglichkeit, den StV abzulehnen, diesen zu genehmigen oder diesen mit Erfüllungsvorbehalt zu genehmigen. In selbiger Weise kann der BR gem Art 50 Abs 3 B-VG sowohl gegen die Genehmigung als auch gegen den Erfüllungsvorbehalt ein suspensives Veto einlegen. Betrifft der StV den selbständigen Wirkungsbereich der Länder, kommt dem BR nach Art 50 Abs 2 Z 2 B-VG dabei ein absolutes Veto zu. Auch ein vom NR beschlossener Erfüllungsvorbehalt ist gem § 5 Abs 1 Z 1 BGBlG im Teil III des BGBl kundzumachen.

Um innerstaatlich Bindungswirkung zu entfalten, muss die KRK somit also zunächst in entsprechende Erfüllungsgesetze gegossen werden. Die Zuständigkeit für die Erlassung dieser Gesetze richtet sich dabei nach den verfassungsrechtlichen Kompetenzbestimmungen (Art 10 bis 15 B-VG). Trotz Erfüllungsvorbehalt ist die KRK aber schon ab dem Zeitpunkt der Ratifikation im Rahmen der verfassungskonformen Interpretation zu beachten. Die KRK ist dabei zur Auslegung insbesondere jener Bestimmungen heranzuziehen, die zu ihrer Erfüllung ergehen.

Ein Erfüllungsvorbehalt ist dabei grundsätzlich nicht notwendig. Vielmehr liegt es im Ermessen des Gesetzgebers, ob er sich im Rahmen des parlamentarischen Genehmigungsverfahrens für eine generelle Transformation oder für eine spezielle Transformation, und somit einen Erfüllungsvorbehalt, entschließt. Dabei können auch StV, die nicht unter das parlamentarische Genehmigungsverfahren gem Art 50 Abs 1 B-VG fallen, von den dafür bestimmten Organen, wie etwa BPräs, BReg oder BM, unter Erfüllungsvorbehalt abgeschlossen werden. Ein Erfüllungsvorbehalt kann allerdings dann als zwingend erachtet werden, wenn der StV selbst oder einzelne Bestimmungen desselben nicht dem innerstaatlichen Bestimmtheitsgebot gem Art 18 B-VG entsprechen und somit unangewendet bleiben müssen. In diesem Fall ist der StV nicht „self-executing", also nicht unmittelbar anwendbar. Die Frage, ob ein StV die Voraussetzungen der unmittelbaren Anwendbarkeit iSv Art 18 B-VG erfüllt, ist dabei von den zuständigen Organen selbständig zu beurteilen (VfSlg 13.952/1994).

Weiters ist ein Erfüllungsvorbehalt auch dann erforderlich, wenn sich die im StV enthaltenen Bestimmungen nicht an die Rechtsunterworfenen und Vollzugsorgane richten, sondern lediglich die Gesetzgebungsorgane adressieren. Hingegen nicht zulässig ist ein Erfüllungsvorbehalt bei StV nach Art 50 Abs 1 Z 2 B-VG, also Verträgen, die die vertragliche Grundlage der EU ändern, da sich die unmittelbare Anwendbarkeit dieser StV aus dem Unionsrecht ergibt.

b) Das Bundesverfassungsgesetz über die Rechte von Kindern (BVG Kinderrechte), das am 16.2.2011 in Kraft trat (BGBl I 2011/4), ist laut Gesetzgeber als Erfüllungsverfassungsgesetz der KRK zu verstehen. Für zahlreiche Kritiker setzt das BVG Kinderrechte die KRK allerdings nur in unzureichendem Maße in nationales Recht um. Die Kritiker wollen deshalb vor den VfGH ziehen, da dieser in seiner Funktion als Völkerrechtsgerichtshof auch über die Einhaltung von Völkerrecht und insbesondere auch über die Einhaltung von StV zu wachen habe. Ordnen Sie das geplante Vorgehen aus rechtlicher Sicht ein!

Art 145 B-VG weist dem VfGH tatsächlich die Rolle eines Völkerrechtsgerichtshofs zu, wonach dieser über Verletzungen des Völkerrechts nach den Bestimmungen eines besonderen Bundesgesetzes zu erkennen habe. Bis zum heutigen Tage wurde ein solches besonderes Bundesgesetz allerdings nicht erlassen, weshalb seine Zuständigkeit als Völkerrechtsgerichtshof noch nicht begründet ist.

Gem Art 140a B-VG kommt dem VfGH allerdings sehr wohl die Kompetenz zu, über die Rechtswidrigkeit von StV zu erkennen. Diese Prüfungskompetenz besteht auch dann, wenn für den entsprechenden StV ein Erfüllungsvorbehalt erklärt wurde. Voraussetzung für die Prüfungskompetenz des VfGH ist demnach nicht die unmittelbare Anwendbarkeit des StV, sondern vielmehr, dass dieser innerstaatlich Geltung erlangt hat. Sofern keine andere Form der Kundmachung beschlossen wurde, erlangt der StV durch Kundmachung im BGBl seine innerstaatliche Geltung. Prüfungsmaßstab des VfGH ist dabei allerdings nicht das Völkerrecht, sondern vielmehr der nationale Rechtsbestand, wobei sich der konkrete Maßstab und das Verfahren nach dem Rang des StV richtet. Während StV nach Art 50 BVG auf ihre Verfassungsmäßigkeit gem Art 140 B-VG überprüft werden, sind StV, die nicht einem parlamentarischen Genehmigungsverfahren unterliegen („Verwaltungsabkommen“) auf ihre Gesetzmäßigkeit iSv Art 139 B-VG zu prüfen. Strittig ist, ob auch die „Baugesetze der Verfassung“ Prüfungsmaßstab im Verfahren nach Art 140a B-VG sein können und StV mit verfassungsänderndem Inhalt (dazu vertiefend Frage 5) somit auch hinsichtlich ihrer Übereinstimmung mit der verfassungsrechtlichen Grundordnung überprüft werden können. Die Antragslegitimation ergibt sich ebenfalls aus den Art 139 und 140 B-VG. Im Unterschied zur Gesetzes- und Verordnungsprüfung kann der VfGH rechtswidrige Bestimmungen von StV aufgrund ihrer völkerrechtlichen Geltung aber nicht aufheben. Der VfGH beschränkt sich in diesem Fall vielmehr auf die Feststellung ihrer Verfassungs- oder Gesetzwidrigkeit. Die Feststellung bewirkt, dass die betreffende Bestimmung von den dazu berufenen Organen nicht mehr angewendet werden darf.

Hinsichtlich der angestrebten Überprüfung des BVG Kinderrechte auf seine Übereinstimmung mit der KRK ist somit festzuhalten, dass eine solche Überprüfung durch den VfGH ausgeschlossen ist. Der VfGH besitzt die Kompetenz, sowohl die KRK gem Art 140a B-VG auf ihre Verfassungsmäßigkeit zu prüfen als auch das BVG Kinderrechte gem Art 140 B-VG auf seine Übereinstimmung mit der verfassungsrechtlichen Grundordnung. Nicht hingegen kann der StV zum Prüfungsmaßstab für das Erfüllungsgesetz herangezogen werden.

Frage 3: a) Die BReg beschließt, mit der Republik Indien einen gesetzesergänzenden StV über die Förderung des gegenseitigen Fremdenverkehrs abzuschließen. Erklärtes Ziel der BReg ist es dabei, mehr Touristen aus Indien für einen Urlaub in Österreich zu gewinnen. Dem Bundesland Tirol widerstrebt dieses Ansinnen der BReg hingegen sehr. Der Hintergrund ist, dass Tirol seit jeher sehr viele Touristen aus Pakistan beherbergt. Mit Abschluss des geplanten StV fürchtet Tirol aufgrund der geopolitischen Spannungen zwischen Indien und Pakistan einen massiven Rückgang der Gästezahlen aus Pakistan. Nach Beratungen kommt die Tiroler LReg allerdings erleichtert zu dem Schluss, dass der BReg die kompetenzrechtliche Grundlage für den Abschluss solch eines StV fehle; schließlich fällt die Fremdenverkehrsförderung in den selbständigen Wirkungsbereich der Länder. Bewerten Sie diese rechtliche Auffassung der Tiroler LReg!

Der Tiroler LReg ist in ihrer rechtlichen Auffassung insofern zuzustimmen, als die Fremdenverkehrsförderung gem Art 15 Abs 1 B-VG in Gesetzgebung und Vollziehung in den selbständigen Wirkungsbereich der Länder fällt (VfSlg 2641/1954). Die Tiroler LReg hat anscheinend aber die nach Art 10 Abs 1 Z 2 B-VG dem Bund zukommende Kompetenz für äußere Angelegenheiten übersehen. Unter diese Kompetenz fällt auch der Abschluss von StV, wobei sich die Kompetenz sachlich dabei auf alle staatlichen Angelegenheiten erstreckt und somit auch jene Materien umfasst, die innerstaatlich in die Gesetzgebungs- und Vollziehungskompetenz der Länder fallen. Entgegen dem Verständnis der Tiroler LReg besitzt der Bund somit die Kompetenz zum Abschluss des geplanten StV mit Indien.

Dem Bundesland Tirol ist allerdings vor Abschluss des StV gem Art 10 Abs 3 B-VG die Möglichkeit einer Stellungnahme einzuräumen. Aber auch eine negative Stellungnahme Tirols kann den beabsichtigten StV nicht verhindern. Anders wäre es nur, wenn Tirol auch die weiteren acht Bundesländer zu einer einheitlichen negativen Stellungnahme zu überzeugen vermag. In diesem Falle wäre der Bund gem Art 10 Abs 3 B-VG an diese einheitliche negative Stellungnahme gebunden. Von dieser dürfte der Bund nur aus zwingenden außenpolitischen Gründen abweichen, was beim geplanten StV über die Förderung des Fremdenverkehrs mit Indien allerdings nicht anzunehmen wäre.

Aufgrund der Rechtsnatur des StV als gesetzesergänzender StV iSv Art 50 Abs 1 Z 1 B-VG ist vor dessen Abschluss eine parlamentarische Genehmigung erforderlich. Da der StV den selbstständigen Wirkungsbereich der Länder betrifft, ist neben der Zustimmung des NR auch die Zustimmung des BR gem Art 50 Abs 2 Z 2 B-VG erforderlich. Dem BR kommt dabei ein absolutes Vetorecht zu.

b) Der StV wird anschließend mit Indien verfassungskonform ratifiziert. Der StV sieht dabei eine Reihe von konkreten Durchführungsmaßnahmen vor, die in weiterer Folge in allen Bundesländern umgesetzt werden sollen. Hat Tirol zwar nicht den StV verhindert, so möchte es sich aber keinesfalls bei etwaigen Durchführungsmaßnahmen beteiligen. Man beschließt, diesbezügliche Aufforderungen des Bundes geflissentlich zu ignorieren. Beurteilen Sie die Rechtslage!

Hat der Bund auch die Kompetenz zum Abschluss von StV inne, so richtet sich die Durchführung von StV wiederum nach der allgemeinen Kompetenzverteilung gem Art 10 bis 15 B-VG. Da die Fremdenverkehrsförderung nach Art 15 Abs 1 B-VG in Gesetzgebung und Vollziehung Ländersache ist, obliegt die Durchführung des StV den jeweiligen Ländern und somit (auch) Tirol.

Allerdings ist Tirol gem Art 16 Abs 4 B-VG zur Setzung der zur Erfüllung des StV notwendigen Durchführungsmaßnahmen verpflichtet. Kommt Tirol dieser Verpflichtung nicht nach, geht die Zuständigkeit zur Setzung solcher Maßnahmen, insbesondere zur Erlassung der notwendigen Gesetze, auf den Bund über (Devolution). Dies allerdings nur temporär: Sobald ein säumiges Bundesland seiner Verpflichtung zur Setzung der notwendigen Durchführungsmaßnahmen nachkommt, treten die vom Bund erlassenen Gesetze und Verordnungen wieder außer Kraft. Das Außerkrafttreten einer vom Bund getroffenen Maßnahme ist dabei so wie auch schon deren Erlassung gem § 3 Z 5 und § 4 Abs 1 Z 3 BGBlG im BGBl kundzumachen.

Da die völkerrechtliche Haftung für die ordnungsgemäße Durchführung des StV beim Bund liegt, kommt diesem nach Art 16 Abs 5 B-VG auch ein besonderes Aufsichtsrecht zu, in dessen Rahmen dem Bund die gleichen Rechten gegenüber den Ländern zukommen wie bei Angelegenheiten der mittelbaren Bundesverwaltung nach Art 102 B-VG.

Frage 4: a) Die im Parlament vertretene Oppositionspartei MAGA („*Make Austria Great Again*") kündigt in einer Nationalratssitzung an, dass sie, sollte sie in Regierungsverantwortung kommen, den Ausstieg aus dem Übereinkommen gegen Folter und andere grausame, unmenschliche oder erniedrigende Behandlung oder Strafe (Anti-Folterkonvention), dem Österreich seit 1987 angehört (BGBl 1987/492), vorantreiben wolle. Kerngehalt der

Konvention ist die Verankerung eines absoluten Folterverbots. Die ebenfalls im NR vertretene Oppositionspartei PILF („*Public International Law First*") sieht dieser Ankündigung gelassen entgegen. Laut ihrer Ansicht würde das Folterverbot nämlich trotz Ausstiegs aus der Anti-Folterkonvention weiterhin Bestandteil der österreichischen Rechtsordnung bleiben. Der Grund dafür liegt in Art 9 Abs 1 B-VG, der das völkerrechtliche Folterverbot unmittelbar in das nationale Recht inkorporiert. Bewerten Sie diese Auffassung aus rechtlicher Sicht!

Nach Art 9 Abs 1 B-VG gelten die allgemein anerkannten Regeln des Völkerrechts als Bestandteil des Bundesrechts. Diese Bestimmung ist als eine generelle Transformation zu verstehen, die die allgemein anerkannten Regeln des Völkerrechts in den nationalen Rechtsbestand unmittelbar adoptiert. Mittels Art 9 Abs 1 B-VG werden die allgemeinen Regeln des Völkerrechts somit zum Teil des Bundesrechts, ohne dass es dabei noch eines gesonderten Umsetzungsaktes bedarf. Die Inkorporation völkerrechtlicher Bestimmungen in das nationale Recht ist dabei als eine dynamische zu verstehen. In diesem Sinne werden die allgemein anerkannten Regeln des Völkerrechts jeweils in ihrer gegenwärtig geltenden Fassung übernommen, wodurch auch künftig entstehendes Völkerrecht adoptiert wird. Unter den allgemein anerkannten Regeln des Völkerrechts sind dabei das Völkergewohnheitsrecht sowie die allgemeinen Rechtsgrundsätze iSv Art 38 Abs 1 lit c des IGH-Statuts zu verstehen.

Es ist der Oppositionspartei PILF in ihrer Aussage zuzustimmen, dass das Folterverbot völkergewohnheitsrechtliche Geltung besitzt. Das Verbot der Folter hat darüber hinaus den Status zwingenden Rechts (*ius cogens*); unter keinen Umständen darf von diesem somit abgewichen werden bzw ist es in der völkerrechtlichen Normenhierarchie an oberster Stelle angesiedelt. Durch die permanente Rezeption des Völkergewohnheitsrechts, inklusive des völkergewohnheitsrechtlichen Folterverbots, in das innerstaatliche Recht ist somit auch der Schlussfolgerung zuzustimmen, dass das Folterverbot auch trotz eines Ausstiegs aus der Antifolterkonvention weiterhin in innerstaatlicher Geltung stehen würde.

b) **In Folge der Debatte über einen möglichen Ausstieg aus der Anti-Folterkonvention äußern Vertreter der MAGA-Partei auch ihren Missmut über das Verhältnis zwischen Völkerrecht und Bundesrecht. Laut ihnen stünden die mittels Art 9 Abs 1 B-VG automatisch in den nationalen Rechtsbestand transformierten völkerrechtlichen Regeln im Rang von Verfassungsrecht. Dadurch aber sei der Bundesgesetzgeber in einer „Geiselhaft des Völkerrechts", da jegliche einfachgesetzliche Gesetzesbestimmung, die völkerrechtliche Regeln verletzt, außer Kraft trete.**

Stimmen Sie dieser Rechtsauffassung zu? Wie ist ein Normenkonflikt zwischen Völkerrecht und nationalem Recht zu lösen?

Um zu verstehen, welche Bestimmungen bei einem Normenkonflikt zwischen Völkerrecht und Bundesrecht bestehen bleiben, muss zuerst der Rang des in das innerstaatliche Recht rezipierte Völkerrecht ermittelt werden. Nach der sogenannten „Mezzanintheorie" nehmen die durch Art 9 Abs 1 B-VG transformierten völkerrechtlichen Regelungen innerstaatlich den Rang zwischen Bundesverfassungsrecht und einfachem Bundesgesetz ein. Nach einer anderen, vom VfGH vertretenen Theorie (VfSlg 2680/1954) kommt den allgemein anerkannten Regeln des Völkerrechts hingegen der Rang eines einfachen Bundesgesetzes zu. Keine der beiden Theorien sieht das rezipierte Völkerrecht allerdings im Rang eines Verfassungsgesetzes. Die Unterschiede zwischen den beiden Theorien zeigen sich erst im Falle eines Normenkonfliktes zwischen einfachen Gesetzen und dem Völkergewohnheitsrecht. Während bei der Mezzanintheorie einfache Gesetze, die Völkergewohnheitsrecht widersprechen, als verfassungswidrig anzusehen sind, kommen bei der vom VfGH vertretenen Theorie, aufgrund der Gleichrangigkeit zwischen einfachen Gesetzen und dem Völkergewohnheitsrecht, die allgemeinen Derogationsregeln (*lex posterior derogat legi priori; lex specialis derogat legi generali*) zur Anwendung. Die durch Art 9 Abs 1 B-VG vermittelte ständige Inkorporation des Völkerrechts bewirkt aber, dass völkerrechtliche Bestimmungen stets *leges posteriores* sind.

Die getätigte Aussage ist somit nicht korrekt. Die durch Art 9 Abs 1 B-VG transformierten völkerrechtlichen Regelungen stehen innerstaatlich nicht im Range eines Verfassungsgesetzes.

Frage 5: Österreich, Großbritannien, Norwegen und Island gedenken ihre freundschaftlichen Beziehungen noch weiter zu vertiefen. Aus diesem Anlass findet ein gemeinsames Treffen der Staatsspitzen statt. In dessen Rahmen gibt der österreichische BPräs gegenüber seinen Amtskollegen das Versprechen ab, dass Österreich alles daransetzen werde, die wirtschaftliche Zusammenarbeit mit den drei Staaten noch weiter zu vertiefen. Als Ausdruck dieses Versprechens verkündet der BPräs, dass ein StV zur vertieften wirtschaftlichen Zusammenarbeit zwischen den vier Ländern abgeschlossen wird. Unter anderem soll der StV Unternehmenskooperationen zwischen den Ländern noch weiter vereinfachen. Der StV sieht aus diesem Grund auch Änderungen der österreichischen Gewerbeordnung vor. Für den BPräs kann es dabei nicht schnell genug gehen. Um Zeit zu sparen, weist der BPräs die Präsidentschaftskanzlei darauf hin, dass der Abschluss des StV jedenfalls in einem einfachen Verfahren zu erfolgen habe, da er nur noch einmal zu einem Treffen mit seinen Amtskollegen anreisen

möchte, um den StV zu unterzeichnen. Auch der BK äußert hinsichtlich des abzuschließenden StV seine Wünsche: Dieser möge zum einen so wie die EMRK als verfassungsergänzender StV ausgestaltet werden. Nur eine verfassungsrechtliche Verankerung könne nämlich garantieren, dass der StV auch über die nächsten NR-Wahlen hinaus Bestand habe. Zudem sollen als authentische Sprachfassungen die englische, norwegische sowie die isländische Version gelten. Für Österreich reiche die englische Sprachfassung vollkommen aus, da die Österreicher mit der englischen Sprache schließlich ausreichend vertraut seien, außerdem erspare man sich damit eine mühsame und vermutlich teure Übersetzung des StV ins Deutsche. Zuletzt äußert der BK noch den Wunsch, dass bestimmte zukünftige Anpassungen des StV, die bei Verträgen wie diesem nur eine Frage der Zeit seien, in einem vereinfachten Verfahren (durch Mehrheitsbeschluss im Rahmen einer Staatenkonferenz unter Ausschluss der Zustimmung durch die nationalen Parlamente) erfolgen könne. Wie ist das vom BPräs abgegebene Versprechen aus völkerrechtlicher Sicht zu bewerten? Skizzieren Sie weiters, in welcher Weise der Abschluss dieses StV zu erfolgen hat! Gehen Sie dabei auch auf die vom BPräs und vom BK gewünschten Modalitäten des StV ein!

Bei dem vom BPräs abgegebenen Versprechen handelt es sich um ein einseitiges völkerrechtliches Rechtsgeschäft. Mit dem Versprechen hat sich Österreich gegenüber Großbritannien, Norwegen und Island dabei einseitig zu einem Verhalten verpflichtet, das einer verstärkten wirtschaftlichen Zusammenarbeit zuträglich ist. Das Völkerrecht unterscheidet dabei zwischen zwei Gruppen von einseitigen Rechtsgeschäften, nämlich einerseits Akte, die in keinem Zusammenhang mit einem völkerrechtlichen Vertrag stehen (*acta purement unilateral*). Darunter fällt der Protest, das Versprechen, der Verzicht sowie die Anerkennung. Zum anderen kennt das Völkerrecht jene Akte, die ohne völkerrechtlichen Vertrag nicht denkbar wären, darunter fällt vor allem die Kündigung. Das B-VG selbst enthält keine Regelungen über einseitige Rechtsgeschäfte. Aus der allgemeinen Bestimmung des Art 65 Abs 1 B-VG, gem derer der BPräs zur umfänglichen Vertretung der Republik nach außen befugt ist, lässt sich die Kompetenz des BPräs auch zur Setzung einseitiger völkerrechtlicher Rechtsgeschäfte schließen. Allerdings kann auch in diesem Fall der BPräs gem Art 67 B-VG nur auf Vorschlag der BReg handeln.

Bei dem geplanten StV zwischen Österreich, Großbritannien, Norwegen und Island handelt es sich um einen multilateralen StV, da mehr als zwei Völkerrechtssubjekte daran beteiligt sind (im Unterschied zu bilateralen StV zwischen nur zwei Völkerrechtssubjekten). Da der StV Änderungen der Gewerbeordnung vorsieht, handelt es sich jedenfalls um einen gesetzändernden StV iSv Art 50 Abs 1

Z 1 B-VG, der die bestehende gesetzliche Rechtslage ändert. Gesetzändernde StV sind dabei zwingend einem parlamentarischen Genehmigungsverfahren zu unterziehen, wobei neben dem Beschluss des NR (gem Art 31 B-VG Präsensquorum von einem Drittel der Mitglieder sowie Konsensquorum der unbedingten Mehrheit der abgegebenen Stimmen) auch der BR gem Art 50 Abs 3 B-VG unter sinngemäßer Anwendung des Art 42 Abs 1 bis 4 B-VG in das parlamentarische Genehmigungsverfahren einzubinden ist. Dem Wunsch des BPräs, den StV in einem einfachen Verfahren abzuschließen, kann demnach nicht nachgekommen werden. Denn StV, die Art 50 B-VG unterliegen, können zwingend nur in einem zusammengesetzten Verfahren abgeschlossen werden, da zwischen der Unterzeichnung des StV, mit der eine vorläufige Einigung über Inhalt und Festlegung des Vertragstextes erfolgt, und der Ratifikation, mit der die endgültige und bindende Willenserklärung zum Ausdruck gebracht wird, das parlamentarische Genehmigungsverfahren durchzuführen ist. Sofern der BPräs aber nicht ein zweites Mal mit seinen Amtskollegen zum Austausch der Ratifikationsurkunde zusammentreffen möchte, so kann er auch eine Person bevollmächtigen, verbunden mit der Weisung, die Ratifikationsurkunde auszutauschen.

Der geäußerten Präferenz des BK, dass der StV als verfassungsergänzender StV ausgestaltet werden soll, ist entgegenzuhalten, dass seit der B-VG-Novelle 2008 (BGBl I 2008/2) keine verfassungsändernden oder verfassungsergänzenden StV mehr abgeschlossen werden können. Eine Ausnahme davon bilden nur StV nach Art 50 Abs 1 Z 2 B-VG, durch die die vertraglichen Grundlagen der EU geändert werden. Diese StV können nach wie vor auch einen verfassungsändernden Inhalt haben. Dies kann auch so weit gehen, dass durch solch einen StV eine Gesamtänderung der Bundesverfassung iSd Art 44 Abs 3 B-VG bewirkt wird und der StV somit einer Volksabstimmung zu unterziehen ist. Bis zur B-VG-Novelle 2008 war es möglich, durch entsprechende qualifizierte Mehrheit und entsprechender Bezeichnung des StV diesen, oder auch nur einzelne Bestimmungen eines solchen, im Rang von nationalem Verfassungsrecht zu genehmigen.

Die bis zur B-VG-Novelle 2008 als verfassungsändernd oder verfassungsergänzenden genehmigten und beschlossenen StV sind dabei entweder im Verfassungsrang erhalten geblieben oder auf Grundlage des § 7 des ersten Bundesverfassungsrechtsbereinigungsgesetzes (BGBl I 2008/2) zu gesetzändernden bzw gesetzesergänzenden StV herabgestuft worden. Der vom BK getätigte Verweis auf den verfassungsrechtlichen Rang der EMRK ist somit vor diesem Hintergrund zu erklären. Durch das BVG vom 4.3.1964 (BGBl 1964/59) entschloss sich der Verfassungsgesetzgeber dazu, die EMRK im Rang eines Verfassungsgesetzes in innerstaatliches Recht zu transformieren. Auch durch die B-VG-Novelle 2008 hat die EMRK ihren verfassungsrechtlichen Rang behalten. Sollte der BK dennoch auf seinem Wunsch beharren und den StV im Range eines Verfassungsgesetzes umgesetzt wissen, so bedarf es parallel zum parlamentarischen Genehmigungsverfahren des StV auch der parlamentarischen Erlassung eines Verfassungsgesetzes.

Zum weiteren Vorschlag des BK, als authentische Sprachfassungen die englische, norwegische und isländische Fassung des StV zu wählen, gilt zu sagen, dass es gerade bei multilateralen StV der völkerrechtlichen Praxis entspricht, sich auf ein paar wenige authentische Sprachfassungen zu einigen. So gelten etwa bei der Satzung der Vereinten Nationen (VN-Satzung), ein multilateraler Vertrag mit 193 Vertragsstaaten, „lediglich“ die Fassungen in chinesischer, englischer, französischer, russischer sowie spanischer Fassung als authentisch (Art 111 VN-Satzung). Die Einigung auf eine authentische Sprachfassung eines StV bedeutet dabei, dass sich die Völkerrechtssubjekte auf eine offizielle, verbindliche Sprachversion des StV einigen. Authentische Sprachfassungen dienen dabei als Grundlage für die Auslegung des Vertrags, und im Zweifelsfall ist der Wortlaut in den authentischen Sprachen entscheidend. Es spricht somit nichts gegen den Vorschlag des BK, diese Sprachen zu den authentischen Sprachfassungen des StV zu erklären.

Dadurch lässt sich aber dennoch nicht, wie vom BK gehofft, eine Übersetzung des StV auch in eine deutsche Sprachfassung ersparen. Art 8 Abs 1 B-VG erklärt die deutsche Sprache zur Staatssprache der Republik. Demzufolge sind Organe der Gesetzgebung, der Gerichtsbarkeit sowie der Verwaltung verpflichtet, sich der deutschen Sprache zu bedienen. In diesem Sinne verlangt schon das parlamentarische Genehmigungsverfahren des StV gem Art 50 Abs 2 Z 3 B-VG neben den authentischen Sprachfassungen eine Übersetzung in die deutsche Sprache als Grundlage der parlamentarischen Genehmigung. Ebenso verlangt Art 49 Abs 2 Z 1 B-VG, dass die durch den BK zu erfolgende Kundmachung des StV im BGBl neben zwei authentischen Sprachfassungen auch in einer Übersetzung in der deutschen Sprache erfolgen muss.

Auch die vom BK gewünschte Modalität einer zukünftigen vereinfachten vertraglichen Anpassung des StV ohne Einbindung des NR entspricht der völkerrechtlichen Praxis. So ein vereinfachtes Verfahren ist vor allem bei Fragen technischer Natur vorgesehen und entspricht dem innerstaatlichen Vorbild, gesetzliche Regelungen durch Verordnungen zu konkretisieren. Dementsprechend ermächtigt auch Art 50 Abs 2 Z 1 B-VG zu einer Änderung des StV ohne Mitwirkung des NR, sofern sich dieser bei erstmaliger parlamentarischer Genehmigung des StV kein Mitwirkungsrecht vorbehalten hat.

Frage 6: Die österreichische BM für Landesverteidigung schließt mit ihren Amtskollegen aus Frankreich und Großbritannien ein Ressortübereinkommen über die gegenseitige Zuweisung von Offizieren des Bundesheeres zu den jeweils anderen Streitkräften ab. Dem BPräs als erklärtem Pazifisten widerstrebt dieses Abkommen sehr und er möchte es daher verhindern. Wie ist die Rechtslage?

Die Kompetenz zum Abschluss von StV kommt gem Art 65 Abs 1 B-VG dem BPräs zu. Für StV nach Art 50 Abs 1 B-VG, die die innerstaatliche Gesetzeslage verändern können, ist darüber hinaus ein parlamentarisches Genehmigungsverfahren notwendig. Für Verwaltungsabkommen, also StV, die nicht einem parlamentarischen Genehmigungsverfahren unterworfen sind, weil sie keine Gesetzesänderung mit sich ziehen, und die auch nicht in die Kompetenz der Länder iSv Art 16 Abs 1 B-VG fallen, kann der BPräs gem Art 66 Abs 2 B-VG die BReg oder die zuständigen Regierungsmitglieder ermächtigen, bestimmte Kategorien von StV abzuschließen.

Mit Entschließung vom 31. Dezember 1920 (BGBl 1921/49) hat der BPräs die BReg zum Abschluss von Regierungsabkommen, den zuständigen BM im Einvernehmen mit dem BM für Auswärtige Angelegenheiten zum Abschluss zu Ressortabkommen sowie den zuständigen BM zum Abschluss von Verwaltungsübereinkommen ermächtigt. Der Entschließung entsprechend dürfen diese StV dabei nicht ausdrücklich als StV bezeichnet werden und auch nicht durch Austausch von Ratifikationsurkunden abgeschlossen werden. Das von der BM für Landesverteidigung abgeschlossene Ressortübereinkommen ist somit von der Entschließung gedeckt. Der BPräs kann dieses Ressortübereinkommen somit nicht unterbinden, zukünftige Abkommen aber durch Aufhebung der Entschließung vom 31. Dezember 1920 unterbinden.

Frage 7: Der Abschluss des politischen StV „*Austria must remain leiwand*" mit einigen seiner Nachbarstaaten wird von der BReg als Prestigeobjekt gepriesen. Dementsprechend erleichtert ist sie, als das parlamentarische Genehmigungsverfahren nach Art 50 B-VG erfolgreich abgeschlossen ist. Der BK kann es nun kaum erwarten, den StV im BGBl kundzumachen. Davor ist aber noch die Ratifizierung durch den BPräs abzuwarten. Dieser teilt der BReg allerdings mit, dass er nicht gedenke, den entsprechenden StV zu ratifizieren, weil er politische Bedenken gegen den Inhalt des StV habe. Darf der BPräs die Ratifikation von StV verweigern?

Der BPräs ist gem Art 65 Abs 1 B-VG zum Abschluss von StV ermächtigt. Stets ist für das Tätigwerden des BPräs gem Art 67 Abs 1 B-VG ein Vorschlag der BReg oder des von ihr ermächtigen BM erforderlich.

Ob und unter welchen Voraussetzungen der BPräs die Ratifikation von StV verweigern darf, ist strittig und nicht abschließend geklärt. Teilweise wird vertreten, dass der BPräs unterzeichnete (und parlamentarisch genehmigte) StV ratifizieren kann, aber nicht muss (*Mayer/Kucsko-Stadlmayer/Stöger*, Bundesverfassungsrecht[11] [2015] Rz 231). Teilweise wird vertreten, dass der BPräs die Ratifikation von parlamentarisch genehmigten StV nur dann verweigern darf, wenn schwerwiegende verfassungsrechtliche Gründe vorliegen (*Ö/E*, Rz 117), also etwa bei Vorliegen einer evidenten materiellen Verfassungswidrigkeit.

Nach der ersten Meinung wäre der BPräs als berechtigt anzusehen, die Ratifikation des fraglichen StV aus politischen Gründen zu verweigern. Nach der zweiten Meinung dürfte er dies nur, wenn entsprechend schwerwiegende verfassungsrechtliche Gründe vorlägen.

Frage 8: a) Burgenland pflegt seit längerer Zeit einen freundschaftlichen Austausch mit der italienischen Insel Sizilien. Unter anderem kam es in der Vergangenheit auch zu gegenseitigen Besuchen der jeweiligen LReg. Durch den Abschluss einer Reihe von StV zwischen Burgenland und Sizilien soll dieses freundschaftliche Verhältnis noch verstärkt werden. Unter anderem ist der Abschluss eines StV zur Stärkung des Naturschutzes geplant. Die im burgenländischen Landtag vertretene Opposition bezweifelt allerdings die rechtliche Kompetenz Burgenlands, einen solchen StV abzuschließen. Schließlich grenzen weder Sizilien noch Italien selbst unmittelbar an das Burgenland an. Beurteilen Sie die Rechtslage! Skizzieren Sie dabei auch das rechtliche Verfahren, das zum Abschluss dieses StV nötig ist!

Mit der B-VG-Novelle 1988 (BGBl 1988/685) wurde auch den Ländern die Kompetenz zum Abschluss von StV eingeräumt. Die Vertragsschlusskompetenz der Länder ist gem Art 16 B-VG allerdings auf Angelegenheiten beschränkt, die nach der Kompetenzverteilung (Art 10 bis 15 B-VG) in ihren selbständigen Wirkungsbereich fallen. Gestützt auf die Gesetzgebungskompetenz der Länder (Art 12 Abs 1 B-VG sowie Art 15 Abs 1 B-VG) erlaubt dies somit auch gesetzändernde oder gesetzesergänzende StV; im Rahmen ihrer Vollziehungskompetenz (Art 11 und Art 12 B-VG) hingegen nur Verwaltungsabkommen. Eine weitere Einschränkung erfährt die Vertragsschlusskompetenz der Länder dahingehend, dass gem Art 16 Abs 1 B-VG nur mit an Österreich angrenzenden Staaten oder deren Teilstaaten StV abgeschlossen werden dürfen. Unter Teilstaaten sind dabei Gliederungen eines Staates zu verstehen, denen gem dem Staatsrecht des jeweiligen Landes ihrerseits die Kompetenz zum Abschluss von StV zukommt. Aufgrund dieser Einschränkungen spricht man auch von einer partiellen Völkerrechtssubjektivität der Länder.

Nicht notwendig ist hingegen (somit entgegen der Auffassung der burgenländischen Opposition), dass der betreffende Nachbarstaat oder dessen Teilstaat unmittelbar an das Burgenland angrenzen muss. Es reicht aus, dass der betreffende Staat an Österreich angrenzt. Des Weiteren ist Naturschutz eine Materie, die sowohl in Gesetzgebung als auch in Vollziehung gem Art 15 Abs 1 B-VG in den selbständigen Wirkungsbereich der Länder fällt. Aus rechtlicher Sicht ist somit gegen einen StV zwischen Burgenland und Sizilien nichts einzuwenden. Die Vertragsabschlusskompetenz Siziliens ergibt sich aus dem italienischen Staatsrecht und ist hier nicht weiter zu prüfen.

Das Verfahren zum Abschluss eines StV der Länder weist dabei gem Art 16 Abs 2 B-VG Besonderheiten auf. Noch vor der Aufnahme von Verhandlungen zum StV hat der LH die BReg über das geplante Vorhaben zu unterrichten. Die Bevollmächtigung zur Aufnahme von Verhandlungen sowie der Abschluss erfolgt dann durch den BPräs auf Vorschlag der LReg und die Gegenzeichnung durch den LH. Da es sich bei dem geplanten StV um einen zumindest gesetzesergänzenden StV handelt, ist entsprechend der landesverfassungsrechtlichen Regelungen auch eine Zustimmung des LT einzuholen, wobei es diesem auch freisteht, einen Erfüllungsvorbehalt zu beschließen. Bevor es zum Abschluss des StV kommt, bedarf es darüber hinaus der Zustimmung der BReg.

b) Da sich die diplomatischen Beziehungen zwischen Italien und Österreich seit Abschluss des StV wesentlich verschlechtert haben, erwägt die BReg als mögliches Eskalationsmittel den Ausstieg aus dem StV zwischen Burgenland und Sizilien. Die burgenländische LReg gibt allerdings zu verstehen, dass sie auf keinen Fall gewillt sei, aus diesem StV wieder auszusteigen. Besitzt die BReg die Kompetenz, diesen StV dennoch zu beenden? Falls ja, in welcher Weise kann ein Außerkrafttreten eines StV erfolgen?

Auch wenn die innerstaatliche Durchführung von Landes-StV dem jeweiligen Land obliegt, haftet der Bund aus völkerrechtlicher Sicht für die ordnungsgemäße Durchführung des StV. Aus diesem Grund kommt dem Bund gem Art 16 Abs 5 B-VG ein Überwachungsrecht zu, in dessen Rahmen ihm dieselben Rechte zustehen wie in Angelegenheiten der mittelbaren Bundesverwaltung nach Art 102 B-VG. Gem Art 16 Abs 3 B-VG sind Landes-StV auf Verlangen der BReg dabei zu kündigen. Das Kündigungsverlangen der BReg darf dabei nicht willkürlich erfolgen; vielmehr muss dieses aus überwiegendem Interesse des Gesamtstaats begründet sein.

Kommt das Burgenland diesem Kündigungsverlangen nicht nach, so geht die Zuständigkeit zur Kündigung auf den Bund über. Die Kündigung als einseitiger völkerrechtlicher Akt ist dabei gem Art 65 Abs 1 B-VG vom BPräs auf Antrag der BReg abzugeben. Die ausgesprochene Kündigung ist anschließend gem § 5 Abs 1 Z 6 BGBlG im Teil III des BGBl kundzumachen. Mit dem Verlust der völkerrechtlichen Geltung eines StV ist allerdings nicht automatisch auch die Beendigung der innerstaatlichen Geltung verbunden. Diesbezüglich kommt es darauf an, in welcher Weise der StV in den innerstaatlichen Rechtsbestand transformiert wurde. Geschah dies im Wege einer generellen Transformation, tritt mit dem Verlust der völkerrechtlichen Geltung der StV auch innerstaatlich automatisch außer Kraft (VfSlg 10.372/1985). Im Falle von speziell transformierter StV bewirkt die völkerrechtliche Beendigung hingegen noch nicht das Außerkrafttreten der innerstaatlich gesetzten Durchführungsmaßnahmen. In diesem Fall ist vielmehr eine gesetzliche, und in Bezug auf Verwaltungsabkommen eine verordnungsmäßige Anordnung notwendig, die wiederum der Kundmachung im BGBl bedarf.

Neben der Kündigung kann die völkerrechtliche Geltung eines StV darüber hinaus auch noch durch einvernehmliche Beendigung sowie durch Wegfall seines Anwendungsbereiches (*desuetudo*) enden.

Frage 9: **Der Sicherheitsrat der Vereinten Nationen (VN) beschließt ein umfassendes Lande- und Startverbot für alle Luftfahrzeuge, die von der dem Terrorstaat Quahog zugerechneten Fluggesellschaft Griffin betrieben werden. Der VN-Sicherheitsrat ruft in diesem Zusammenhang alle Mitgliedsstaaten der VN auf, seinem Beschluss Folge zu leisten und die notwendigen nationalen legislativen Maßnahmen zu ergreifen, um auf allen Flughäfen der jeweiligen Mitgliedsstaaten ein Lande- und Startverbot einzurichten und somit dem Beschluss des Sicherheitsrats Wirksamkeit zu verleihen. Die Dauer des Lande- und Startverbots gilt dabei bis auf Widerruf durch den VN-Sicherheitsrat. Die österreichische BReg möchte dieser Aufforderung umgehend Folge leisten, ist in Bezug auf die konkrete Vorgehensweise aber unentschlossen. Die im österreichischen NR vertretene Oppositionspartei MAGA ist der Ansicht, dass die BReg dem Beschluss des VN-Sicherheitsrats nicht Folge leisten darf, da diesbezüglich keinerlei gesetzliche Grundlage bestehe. In konträrer Ansicht weist die ebenfalls im NR vertretene Oppositionspartei PILF die BReg darauf hin, dass der Sicherheitsrat der VN als „Weltregierung" unmittelbare Rechtsakte für die gesamte Staatengemeinschaft setzen darf. Seine Beschlüsse sind dadurch automatisch schon Bestandteil des innerstaatlichen Rechts, das Lande- und Startverbot über Österreich ist somit schon innerstaatlich in Kraft, deshalb bedarf es auch keinerlei weiterer legistischer Maßnahmen seitens der BReg. Sie agieren als Rechtsberater der BReg. Wie hat diese vorzugehen, um dem Beschluss des VN-Sicherheitsrats nachzukommen? Gehen Sie in Ihrer Stellungnahme dabei auch auf die von den beiden Oppositionsparteien geäußerten Rechtsmeinungen ein!**

Zunächst muss geklärt werden, ob Österreich das vom VN-Sicherheitsrat ausgerufene Lande- und Startverbot befolgen muss. Bei den VN handelt es sich um eine internationale Organisation, die durch die Satzung der VN eingerichtet wurde. Österreich ist den VN mit Wirksamkeit vom 14. Dezember 1955 (BGBl 1956/120) beigetreten. Im Zuge eines Beitritts zu internationalen Organisationen (das B-VG spricht von zwischenstaatlichen Einrichtungen) sieht Art 9 Abs 2 B-VG vor, dass durch Gesetz oder durch einen gem Art 50 Abs 1 B-VG genehmigten StV einzelne Hoheitsrechte auf internationale Organisationen übertragen werden können. Dabei kann auch eine Weisungsbefugnis der internationalen Organisation gegenüber einzelnen nationalen Verwaltungsorganen eingerichtet werden.

Die Behauptungen der Oppositionspartei PILF, demgemäß der VN-Sicherheitsrat als Weltregierung agiere und deshalb seine Beschlüsse automatisch Bestandteil der österreichischen Rechtsordnung seien, wären dann richtig, wenn Österreich dem VN-Sicherheitsrat iSv Art 9 Abs 2 B-VG einzelne Hoheitsrechte übertragen und den Beschlüssen des VN-Sicherheitsrats somit eine unmittelbare Durchgriffswirkung eingeräumt hätte. Infolgedessen würden seine Rechtsakte innerstaatlich unmittelbare Anwendbarkeit für die Normunterworfenen entfalten. Dem ist allerdings nicht so: Anders als etwa bei Rechtsakten der EU handelt es sich bei Beschlüssen des VN-Sicherheitsrats um kein supranationales Recht. Im Zuge des Beitritt Österreichs zu den VN ist es zu keiner Übertragung einzelner Hoheitsrechte iSv Art 9 Abs 2 B-VG gekommen. Der Einwand der Oppositionspartei PILF ist somit zurückzuweisen.

Gegen die Intervention der Oppositionspartei MAGA, dass keinerlei innerstaatliche gesetzliche Grundlage für die Befolgung eines Beschlusses des VN-Sicherheitsrats besteht, ist einzuwenden, dass Art 25 der VN-Satzung die Mitgliedsstaaten verpflichtet, die Beschlüsse des Sicherheitsrats im Einklang mit der Satzung der VN anzunehmen und durchzuführen. Dabei handelt es sich allerdings um eine völkerrechtliche Verpflichtung und nicht um eine gesetzliche, also innerstaatliche Bestimmung. Adressat der Verpflichtung aus Art 25 VN-Satzung ist vielmehr die Republik Österreich als vertragsabschließendes Völkerrechtssubjekt.

Das Völkerrecht kennt dabei zwei Methoden, völkerrechtliche Pflichten in nationales Recht umzusetzen, wobei die Wahl der Methode dem jeweiligen Staat obliegt. Das Völkerrecht selbst ist in dieser Frage neutral. Im Gegenzug dazu kann sich aber auch kein Staat auf innerstaatliches Recht zur Rechtfertigung einer Verletzung einer völkerrechtlichen Verpflichtung berufen (vgl dazu Art 27 und Art 46 der Wiener Vertragsrechtskonvention).

Zum einen kann eine der völkerrechtlichen Verpflichtung entsprechende nationale Regelung erlassen werden, die in weiterer Folge als Grundlage für die innerstaatliche Verbindlichkeit dient (spezielle Transformation). Zum anderen kann eine völkerrechtliche Verpflichtung auch ohne korrespondierende nationale Rechtsvorschrift in innerstaatliche Geltung gesetzt werden, nämlich dann, wenn mittels verfassungs- oder einfachgesetzlicher Bestimmung die Anordnung getroffen wird, dass die völkerrechtliche Verpflichtung Bestandteil des innerstaatlichen Rechts ist (generelle Transformation; auch: Adoption). Die Satzung der VN wurde gem Art 50 Abs 1 Z 1 B-VG vom NR unter Einbindung des BR als gesetzändernder StV genehmigt und in weiterer Folge im BGBl (BGBl 1956/120) kundgemacht. Mit der Kundmachung steht die VN-Satzung in der österreichischen Rechtsordnung auf der Rangstufe eines einfachen Bundesgesetzes. Entgegen der Auffassung der Oppositionspartei MAGA besteht somit sehr wohl eine innerstaatliche gesetzliche Verpflichtung zur Umsetzung der Beschlüsse des VN-Sicherheitsrats.

Auch wenn die innerstaatliche Geltung der sich aus der VN-Satzung ergebenden Verpflichtungen geklärt ist, gibt es hinsichtlich der konkreten Umsetzung von Beschlüssen des VN-Sicherheitsrats dennoch offene Fragen. Der Grund dafür liegt an der Bundesverfassung selbst, die keine Regelungen darüber enthält, wie Beschlüsse von internationalen Organisationen in das nationale Rechtssystem zu transformieren sind.

In der bisherigen Praxis wurden Beschlüsse von internationalen Organisationen sowohl speziell als auch generell transformiert. Nach der Judikatur des VfGH (VfSlg 12.281/1990) ist für Beschlüsse des VN-Sicherheitsrats allerdings eine generelle Transformation ausreichend. In analoger Anwendung von Art 49 Abs 2 B-VG, der die Kundmachung von StV gem Art 50 Abs 1 B-VG durch den BK im BGBl regelt, erlangt der Beschluss des VN-Sicherheitsrats durch Kundmachung im BGBl innerstaatliche Geltung (vgl BGBl 1996/75 und BGBl 1996/76). Gem § 5 Abs 1 Z 5 BGBlG hat die Kundmachung dabei im BGBl III zu erfolgen.

Verbunden mit der Kundmachung stellt sich die Frage, welchen Rang dieser kundgemachte Beschluss im Stufenbau der österreichischen Rechtsordnung einnimmt. Mangels eindeutiger Regelungen ist der Rang von in innerstaatliches Recht transformierten Beschlüssen internationaler Organisationen strittig. Gem der Mezzanintheorie (dazu auch Frage 4b) nehmen solche Beschlüsse einen Rang zwischen Verfassungsrecht und einfachem Bundesgesetz ein. Nach einer anderslautenden Theorie hängt der Rang des Beschlusses von seinem Inhalt ab. Ein Beschluss hat demnach denselben Rang, den eine ident lautende innerstaatliche Rechtsvorschrift hätte. Diese Frage bleibt letztlich aber weitgehend offen.

Die unmittelbare Anwendbarkeit des kundgemachten Beschlusses hängt auch noch von seiner hinreichenden Bestimmtheit ab. Diese bemisst sich am verfassungsrechtlichen Bestimmtheitsgebot des Art 18 B-VG, demzufolge die gesetzlichen Grundlagen für deren Vollziehung in ausreichendem Maße determiniert sein müssen. Der Grad der Bestimmtheit kann dabei nicht allgemeingültig festgelegt werden; dieser richtet sich nach der zu regelnden Sache sowie seinem Regelungszusammenhang (differenziertes Legalitätsprinzip; VfSlg 19.899/2014).

Der vom VN-Sicherheitsrat im gegenwärtigen Fall ausgesprochene Beschluss dürfte den verfassungsrechtlichen Bestimmtheitsanforderungen dabei allerdings genügen, da sich aus dem Beschluss eine konkrete Handlungsanweisung für die mit der Vollziehung betrauten Organe ergibt (die Implementierung eines Start- und Landeverbots auf allen Flughäfen des Landes für alle Luftfahrzeuge der Airline Griffin, das bis auf Widerruf durch den VN-Sicherheitsrat in Geltung bleibt).

Frage 10: a) Im Rahmen einer parlamentarischen Enquete wird über das Verhältnis zwischen Völkerrecht und Verfassungsrecht diskutiert. Die im NR vertretene Oppositionspartei PILF wundert sich über einen diesbezüglichen Diskussionsbedarf. Spätestens seit *Kelsen* sei klar, dass Völkerrecht und nationales Verfassungsrecht eine einheitliche Rechtsordnung bilden, wobei im Stufenbau der Rechtsordnung das Völkerrecht über dem Verfassungsrecht anzusiedeln sei. Die ständige Rezeption der

allgemein anerkannten Regeln des Völkerrechts gem Art 9 Abs 1 B-VG seien unzweifelhaft Ausweis für eine einheitliche Rechtsordnung mit dem Völkerrecht an seiner Spitze. Die ebenfalls im NR vertretene Oppositionspartei MAGA kann dieser Rechtsauffassung hingegen nicht folgen. Die Tatsache, dass der NR einen Erfüllungsvorbehalt hinsichtlich der Umsetzung von StV gem Art 50 Abs 2 Z 4 B-VG beschließen kann, zeugt schlichtweg davon, dass das Völkerrecht nicht Teil der österreichischen Rechtsordnung ist. Ordnen Sie die getätigten Aussagen ein!

Die Oppositionsparteien sprechen die beiden Theorien an, die zur Beschreibung des Verhältnisses zwischen Völkerrecht und innerstaatlichem Recht zur Anwendung kommen.

Die Oppositionspartei PILF tritt dabei für eine monistische Theorie mit einem Primat des Völkerrechts ein. Gem dieser Theorie sind das Völkerrecht und das staatliche Recht als Recht derselben Qualität anzusehen, die eine Einheit in Form einer Rechtspyramide bilden. Innerhalb des Monismus gibt es dabei verschiedene Auffassungen bezüglich der Frage, welches Recht an der Spitze dieser einheitlichen Rechtspyramide steht. Vertreter wie *Hans Kelsen* argumentieren für einen Primat des Völkerrechts, also, dass das Völkerrecht über dem staatlichen Recht steht. Dem widersprechend gibt es auch monistische Vertreter, die einen Primat des staatlichen Rechts vorsehen, wobei das Völkerrecht hier als „äußeres Staatsrecht“ aufgefasst wird.

Konträr dazu ist die Auffassung der Oppositionspartei MAGA zu verstehen, die ein dualistisches Verständnis vertritt. Dem Dualismus zufolge sind das Völkerrecht und das staatliche Recht als zwei vollständig verschiedene und voneinander getrennte Rechtsordnungen zu verstehen. Unterscheiden lassen sich die beiden Rechtsordnungen dabei hinsichtlich ihres Geltungsgrunds, ihres Adressatenkreises sowie ihres Regelungsgegenstands.

Beide Theorien führen dabei unterschiedliche Konsequenzen mit sich. Während für einen (strikten) Monisten jegliche Transformation völkerrechtlicher Regeln in nationales Recht überflüssig ist, verlangt eine dualistische Sichtweise gerade eine solche Transformation völkerrechtlicher Regelungen in das nationale Recht. In der Tat argumentieren beide Parteien zur Untermauerung ihrer Thesen mit im B-VG verankerten Methoden zur Übernahme von Völkerrecht in das nationale Recht. Art 9 Abs 1 B-VG ordnet dabei in einem monistischen Sinne die Adoption von allgemein anerkannten Regeln des Völkerrechts in das nationale Recht an. Die von der Oppositionspartei MAGA vorgebrachte Kompetenz des NR, Erfüllungsvorbehalte zu beschließen, ist hingegen auf ein dualistisches Verständnis zurückzuführen.

Tatsächlich haben auch beide Theorien Einfluss auf die verfassungsrechtlichen Regeln über das Verhältnis des Staatsrechts zum Völkerrecht genommen.

Die einschlägigen Regelungen des B-VG lassen sich somit iS beider Theorien interpretieren. Ebenso werden die jeweiligen Methoden sowohl von gemäßigten Monisten als auch von gemäßigten Dualisten zur Erfüllung völkerrechtlicher Verpflichtungen anerkannt. Lediglich Vertreter eines sehr strengen Monismus schließen eine Transformation aus, strenge Dualisten hingegen eine Adoption. Als vorherrschend in Österreich gilt das Verständnis eines gemäßigten Monismus auf der Grundlage des Primats des Völkerrechts.

b) Die parlamentarische Enquete beschäftigt sich ebenfalls mit der mangelhaften Umsetzung von EGMR-Urteilen in das nationale Recht. Eine Teilnehmerin wundert sich über diese Debatte. Ihrer Meinung nach haben Urteile des EGMR aufgrund der autonomen Geltung und unmittelbaren Anwendbarkeit der EMRK unmittelbare Wirksamkeit. Klären Sie auf!

Die EMRK besitzt nicht von sich aus autonome Geltung und unmittelbare Anwendbarkeit im nationalen Rechtsbestand. Vielmehr ist die unmittelbare Anwendbarkeit der EMRK auf die Entscheidung des Verfassungsgesetzgebers zurückzuführen (BGBl 1964/59), der die in der EMRK verankerten Grundrechte in den Verfassungsrang hob und somit zu verfassungsgesetzlich gewährleisteten Rechten iSd Art 144 B-VG machte. Eine Verletzung der EMRK-Rechte kann somit auch vor dem VfGH geltend gemacht werden.

Trotz der innerstaatlichen Geltung der EMRK-Rechte im Verfassungsrang kommt Urteilen des EGMR keine unmittelbare Wirkung im innerstaatlichen Bereich zu. Eine vom EGMR festgestellte Verletzung einer Bestimmung der EMRK durch eine Entscheidung eines staatlichen Organs hat keine unmittelbaren Auswirkungen auf diese Entscheidung. Deren innerstaatliche Geltung wird durch ein Urteil des EGMR auch nicht aufgehoben. Die Vertragsstaaten der EMRK sind gem Art 46 EMRK allerdings verpflichtet, die sie betreffenden Entscheidungen zu befolgen und Konventionsverletzungen abzustellen. Zu diesem Zweck sind auch staatliche Verfahrensregelungen zu schaffen, um der völkerrechtlichen Verpflichtung nachzukommen. Im Kontext des Strafrechts kam der österreichische Gesetzgeber dieser Verpflichtung etwa mit § 363a StPO nach, wonach ein Strafverfahren wegen einer in einem Urteil des EGMR festgestellten Verletzung auf Antrag zu erneuern ist.

Bundesverfassung und Europarecht

Martina Almhofer

Frage 1: **Das Unternehmen *Beef'n'more* importiert Rindfleisch aus den EU-Mitgliedstaaten nach Österreich. Bei der Einfuhr wird das Fleisch von der österreichischen Zollbehörde aufgrund eines nationalen Gesetzes mit einer Abgabe für gesundheitspolizeiliche Untersuchungen belegt. Allerdings existiert eine EU-Verordnung, die derartige Abgaben innerhalb der EU verbietet. Kann sich *Beef'n'more* gegenüber der Zollbehörde auf diese Verordnung berufen?**

Ja. Verordnungen sind gem Art 288 Abs 2 AEUV Sekundärrechtsakte, die im Regelfall (Ausnahme: unvollständige bzw „hinkende" Verordnungen) in den Mitgliedstaaten **unmittelbar anwendbar** und somit nicht umzusetzen sind. Das bedeutet weiters, dass Verordnungen nicht nur den Unionsorganen und den Mitgliedstaaten, sondern auch **Einzelpersonen Rechte verleihen und Pflichten auferlegen** können. Allerdings muss es sich dabei um eine **unbedingte und hinreichend genaue** unionsrechtliche Bestimmung handeln, was bei Verordnungen regelmäßig der Fall ist.

Durch die unmittelbare Anwendbarkeit ist es staatlichen Organen auch erlaubt, an Einzelne gerichtete nationale **Rechtsakte direkt auf Verordnungen** zu stützen. Die unmittelbare Anwendbarkeit ist Konsequenz der **autonomen Geltung des Unionsrechts**, wonach das Unionsrecht auch ohne Transformation in das nationale Recht als eigenständige und unabhängige Rechtsordnung in den Mitgliedstaaten gilt (grundlegend EuGH 5.2.1963, Rs 26/62 Van Gend en Loos).

Im Gegensatz zu Verordnungen und zahlreichen Bestimmungen des Primärrechts (wie insb den Grundfreiheiten des Binnenmarkts und den Unionsgrundrechten) sind Richtlinien im Regelfall nicht unmittelbar anwendbar. Vielmehr müssen diese gem Art 288 Abs 3 AEUV von den Mitgliedstaaten erst in das innerstaatliche Recht umgesetzt werden.

Frage 2: ***Heinrich* hat sich als Kreditvermittler in Österreich selbstständig gemacht. In Hinblick auf diese Tätigkeit schreibt ihm das zuständige Finanzamt mit Bescheid die Entrichtung einer Umsatzsteuer vor. Allerdings widerspricht das dem Bescheid zugrunde liegende nationale Gesetz einer geltenden EU-Verordnung, die Einnahmen aus der Gewährung und Vermittlung von Krediten generell von der Umsatzsteuer befreit. Was hätte das Finanzamt tun müssen?**

Müsste auch die österreichische Gesetzgebung im gegenständlichen Fall tätig werden?

Zunächst hätte das Finanzamt versuchen müssen, das nationale Gesetz soweit wie möglich (insb innerhalb der Auslegungsgrenzen des nationalen Rechts und unter Beachtung der allgemeinen Rechtsgrundsätze) im Einklang mit der Verordnung auszulegen (EuGH 10.4.1984, Rs 14/83 Von Colson und Kamann).

Lässt sich ein Normenkonflikt durch eine solche **unionsrechtskonforme Auslegung** nicht lösen, geht aufgrund des **Anwendungsvorrangs** die unmittelbar geltende sowie unmittelbar anwendbare Verordnung dem widersprechenden österreichischen Gesetz vor (grundlegend EuGH 15.7.1964, Rs 6/64 Costa/E.N.E.L.). Da das Unionsrecht keinen Geltungsvorrang genießt, bleibt das mit der Verordnung kollidierende nationale Gesetz zwar weiterhin in Geltung. Es wird daher nicht durch das Unionsrecht endgültig außer Kraft gesetzt (derogiert). Das nationale Gesetz hätte aber im konkreten Fall von der zuständigen Behörde **nicht angewendet** werden dürfen. Gegenüber dem Geltungsvorrang bildet der Anwendungsvorrang somit die für die Mitgliedstaaten „mildere" Kollisionsregel.

Die Vereinbarkeit des nationalen Gesetzes mit dem einschlägigen Unionsrecht hat das Finanzamt im Rahmen seiner **Inzidentzuständigkeit** selbst zu prüfen (EuGH, 9.3.1978, Rs 106/77 Simmenthal). Im Gegensatz zu staatlichen Gerichten (zu diesem autonom unionsrechtlich zu verstehenden Begriff s Frage 14) kann sich die Verwaltungsbehörde jedoch bei Zweifeln über die Auslegung oder Gültigkeit der Verordnung nicht mit einem Vorabentscheidungsersuchen an den EuGH wenden.

Ungeachtet der unmittelbaren Anwendbarkeit und des Anwendungsvorrangs des Unionsrechts muss die nationale Gesetzgebung schließlich das innerstaatliche Recht an das Unionsrecht anpassen (etwa durch die Aufhebung des widersprechenden Gesetzes) und insgesamt für eine möglichst eindeutige und transparente Rechtslage sorgen (**„Rechtsbereinigungspflicht"**, EuGH 2.7.1996, Rs C-290/94 Kommission/Griechenland).

Frage 3: Der Rat der EU und das EP beschließen eine Richtlinie, mit der zum Zweck der Luftreinhaltung in der EU ua Höchstwerte für die Feinstaubbelastung in den Mitgliedstaaten festgelegt werden. Diese Richtlinie soll von den Mitgliedstaaten innerhalb eines Jahres umgesetzt werden. Gibt das Unionsrecht den Mitgliedstaaten auch im Allgemeinen vor, durch welche nationalen Organe und in welcher Form Richtlinien innerstaatlich umzusetzen sind?

Nein, das Unionsrecht ist zum einen **länderblind**. Dies lässt sich auf die Verschiedenartigkeit der Rechtsordnungen und der Staatssysteme der Mitgliedstaaten zurückführen, denn nicht alle Mitgliedstaaten verfügen über eine (stark ausgeprägte) bundesstaatliche Ordnung. Die jeweilige Zuständigkeit richtet sich nach der **innerstaatlichen Kompetenzverteilung**, in Österreich daher nach der Kompetenzverteilung in den Art 10–15 B-VG. Für die Umsetzung sind somit entweder der Bund oder die Länder – in einigen Fällen auch beide, zB im Rahmen des Art 12 B-VG – zuständig. Fällt die Umsetzung in die Zuständigkeit der Länder, versäumt jedoch ein Land die fristgerechte Umsetzung des Unionsrechts und stellt der EuGH im Rahmen eines Vertragsverletzungsverfahrens die Säumigkeit fest, kommt es zur **Devolution der Zuständigkeit auf den Bund** (Art 23d Abs 5 B-VG).

Das Unionsrecht schreibt den Mitgliedstaaten zum anderen auch **nicht die Form der Umsetzung** vor. Nach der ständigen Rsp ist jedoch ein Rechtszustand zu schaffen, der die vollständige Anwendung der Richtlinie gewährleistet und die Begünstigten in die Lage versetzt, von allen ihren Rechten und Pflichten Kenntnis zu erlangen (EuGH 27.11.2003, Rs C-429/01 Kommission/Frankreich). Konkret müssen die nationalen Umsetzungsakte daher **Rechtsverbindlichkeit** aufweisen, **gerichtlich durchsetzbar** sein sowie **Publizität** genießen.

Im Ergebnis kommt in Österreich somit lediglich die Umsetzung in Form eines **Gesetzes oder einer Rechtsverordnung** in Betracht. Allerdings darf die Umsetzung einer EU-Richtlinie dem VfGH zufolge nur dann in Form einer nationalen Verordnung erfolgen, wenn eine spezielle (hinreichend bestimmte) formell-gesetzliche Ermächtigung im innerstaatlichen Recht existiert (vgl VfSlg 15.189/1998; kritisch *Öhlinger/Eberhard/Potacs*, EU-Recht und staatliches Recht[8] [2023] 129 f).

Frage 4: Die österreichische Bundesregierung will Studierenden besonders günstige Studierendendarlehen gewähren. Aufgrund der prekären budgetären Situation sollen aber nur Studierende mit dauernder Ansässigkeit in Österreich ungeachtet ihres Integrationsgrads solche Darlehen erhalten. Wäre das geplante Gesetz unionsrechtskonform?

Nein. Ein solches Gesetz, das Unionsbürger aus anderen EU-Mitgliedstaaten (EU-Ausländer) vom Erhalt eines Darlehens ausschließt, würde gegen das **allgemeine Diskriminierungsverbot** aus Gründen der Staatsangehörigkeit gem Art 18 AEUV verstoßen. Aufgrund dieser Bestimmung sind Unionsbürger, die sich rechtmäßig in einem anderen Mitgliedstaat aufhalten, von diesem Staat auch unabhängig von einer wirtschaftlichen Tätigkeit grundsätzlich gleich wie die eigenen Staatsangehörigen zu behandeln.

Zwar liegt im konkreten Fall **keine direkte Diskriminierung aufgrund der Staatsangehörigkeit** vor, denn auch Österreicher ohne dauerhafte Ansässigkeit in Österreich sind von einem solchen Darlehen ausgeschlossen. Allerdings läuft das Kriterium der dauernden Ansässigkeit in Österreich auf eine **mittelbare Diskriminierung** hinaus. Da nämlich von den Angehörigen anderer EU-Mitgliedstaaten das Ansässigkeitskriterium zumeist schwerer zu erfüllen sein wird als von österreichischen Studierenden, wären EU-Ausländer von der Einschränkung **faktisch stärker betroffen**.

Im Ergebnis müssten daher prinzipiell auch die Studierenden aus anderen EU-Mitgliedstaaten, die nicht dauerhaft in Österreich ansässig sind, die Möglichkeit eines solchen Darlehens erhalten (EuGH 15.3.2005, Rs C-209/03 Bidar; s dort auch zur grundsätzlich unionsrechtlich zulässigen Forderung eines gewissen Integrationsgrads im Aufenthaltsstaat).

Frage 5: Auf Unionsebene ist eine Verordnung über die Wiederherstellung von Ökosystemen als Beitrag zur Erreichung der Klimaschutz- und Klimaanpassungsziele der EU geplant. Darf die EU im Bereich des Umweltschutzes von sich aus rechtsetzend tätig werden?

Ja, die EU darf bei Vorliegen einer konkreten unionsrechtlichen Ermächtigung im Umweltbereich (hier: Art 192 AEUV) von sich aus rechtsetzend tätig werden. Grundsätzlich gilt für die Zuständigkeiten der EU das **Prinzip der begrenzten Einzelermächtigung** gem Art 5 Abs 1 und 2 EUV. Diesem Prinzip zufolge darf die EU nur auf Grundlage der ihr ausdrücklich durch die Verträge übertragenen Kompetenzen handeln. Alle anderen Zuständigkeiten verbleiben bei den Mitgliedstaaten.

Im gegenständlichen Fall liegt eine Maßnahme im Bereich der Landwirtschaft vor; solche Maßnahmen ergehen im Rahmen der **geteilten Zuständigkeit** der EU gem Art 2 Abs 2 iVm Art 4 Abs 2 lit e AEUV. Bei der geteilten Kompetenz (häufig auch als **„konkurrierende Zuständigkeit"** bezeichnet) können **sowohl die EU als auch die Mitgliedstaaten** Recht setzen, letztere allerdings nur, sofern und soweit die EU ihre Zuständigkeit noch nicht ausgeübt hat. Dabei handelt es sich um den **Regelfall** der Unionskompetenzen.

Frage 6: Nehmen Sie an, die EU ist im oben geschilderten Fall für die Rechtsetzung zuständig. Verfügt die EU – bei fehlenden Vorgaben in der Verordnung selbst – auch über die Zuständigkeit zum Vollzug des betreffenden Unionsrechtsakts? Inwiefern regelt das Unionsrecht allgemein die Art und Weise des Vollzugs unionsrechtlicher Regelungen durch die Mitgliedstaaten?

Grundsätzlich obliegt der EU der Vollzug von Unionsrecht idR den Mitgliedstaaten **(indirekter Vollzug)**. Nur in Ausnahmefällen normiert das Unionsrecht den **direkten Verwaltungsvollzug** durch die Unionsorgane (wie etwa beim Europäischen Wettbewerbsrecht durch die EK oder bei der Europäischen Bankenaufsicht durch die Europäische Zentralbank). Sofern weder in der Verordnung über die Wiederherstellung von Ökosystemen noch im sonstigen Unionsrecht

Gegenteiliges geregelt ist, sind die Mitgliedstaaten für den indirekten Vollzug der unmittelbar anwendbaren Verordnung zuständig.

Grundsätzlich genießen die Mitgliedstaaten beim Vollzug von Unionsrecht **institutionelle und verfahrensmäßige Autonomie**. Das bedeutet, dass die nationalen Behörden beim Vollzug nach den formellen und materiellen Bestimmungen ihres nationalen Rechts vorgehen, soweit das Unionsrecht hierfür keine gemeinsamen Vorschriften enthält. Die Mitgliedstaaten entscheiden also eigenständig über den zuständigen Verwaltungsträger und das anzuwendende Verfahrensrecht.

Dabei müssen sie jedoch das **Äquivalenz-** und das **Effektivitätsprinzip** als primärrechtliche Rechtsgrundsätze beachten. Das Äquivalenzprinzip verbietet eine Anwendung des nationalen Rechts, die im Vergleich zu gleichartigen, rein nationalen Sachverhalten zu einer ungünstigeren Behandlung des unionsrechtlichen Sachverhalts führt. Ferner dürfen gem dem Effektivitätsprinzip die im nationalen Recht vorgesehenen Modalitäten nicht darauf hinauslaufen, dass die Verwirklichung der unionsrechtlichen Regelung praktisch unmöglich wird (dazu EuGH 21.9.1983, Rs 205/82 Deutsche Milchkontor GmbH).

Frage 7: Die Abgeordneten zum NR sind sich einig, dass ein von der EK vorgeschlagener Unionsrechtsakt zur Verbesserung der Energieeffizienz in Haushalten nicht zielführend sei. Insb könnten die Probleme im Energiesektor auf nationaler Ebene viel besser gelöst werden. Was werden die Abgeordneten gegen die Maßnahme vorbringen und welche Instrumente stehen ihnen dafür zur Verfügung?

Die Abgeordneten werden sich auf das in Art 5 Abs 3 EUV verankerte **Subsidiaritätsprinzip** berufen. Demnach darf die EU nur tätig werden, sofern und soweit die Ziele der geplanten Maßnahme von den **Mitgliedstaaten nicht ausreichend** verwirklicht werden können und auf **Unionsebene besser** zu realisieren sind. Dieses Prinzip ist beim Erlass von Unionsrechtsakten immer dann zu beachten, wenn es sich nicht um die Ausübung einer ausschließlichen Zuständigkeit der EU handelt. Der geplante Unionsrechtsakt im Energiebereich fällt in die **geteilte Zuständigkeit** gem Art 2 Abs 2 iVm Art 4 Abs 2 lit i AEUV, weshalb das Subsidiaritätsprinzip zur Anwendung kommt.

Die **Kontrolle** der Einhaltung dieses Prinzips, das in Protokoll Nr 2 zum Vertrag von Lissabon über die Anwendung der Grundsätze der Subsidiarität und Verhältnismäßigkeit (Abl 2007 C 306/150) näher geregelt ist, obliegt insb den **nationalen Parlamenten** im Wege der **Subsidiaritätsrüge**. Gem dem in Art 6 f des Protokolls geregelten und durch Art 23g B-VG auch im österreichischen Verfassungsrecht verankerten Rügeverfahren können die nationalen Parlamente in einer **begründeten Stellungnahme** darlegen, weshalb der Entwurf eines Gesetzgebungsakts der EU nicht mit dem Subsidiaritätsprinzip vereinbar ist. Jedes nationale Parlament hat dabei zwei Stimmen, die entsprechend dem einzelstaatlichen parlamentarischen System verteilt werden. In einem Zweikammersystem hat jede der beiden Kammern eine Stimme (in Ö kommt daher sowohl dem NR als auch dem BR jeweils eine Stimme zu).

Erreicht die Anzahl begründeter Stellungnahmen, wonach der Entwurf eines Gesetzgebungsakts nicht mit dem Subsidiaritätsprinzip im Einklang steht, mindestens **ein Drittel** der Gesamtzahl der den nationalen Parlamenten zugewiesenen Stimmen, so muss der **Entwurf überprüft** werden. Nach der Überprüfung kann die EK beschließen, an dem Entwurf festzuhalten, ihn zu ändern oder ihn zurückzuziehen.

Dasselbe gilt, wenn die Anzahl der begründeten Stellungnahmen mindestens die **einfache Mehrheit** der Stimmen erreicht. Allerdings unterliegt die Kommission einer Begründungspflicht gegenüber der Unionsgesetzgebung, sofern sie am Entwurf festhält. Zusätzlich kann der Rat mit einer Mehrheit von 55 % seiner Mitglieder oder das EP mit der Mehrheit der abgegebenen Stimmen beschließen, den Gesetzgebungsvorschlag nicht weiter zu prüfen und den **Rechtsetzungsprozess damit zu beenden** (Art 7 des Protokolls Nr 2).

Wird der Unionsrechtsakt letztlich beschlossen, dann besteht **ex-post** noch die Möglichkeit, eine **Subsidiaritätsklage beim EuGH** zu erheben (vgl Art 8 des Protokolls Nr 2 sowie Art 23h B-VG).

Frage 8: ***Frederike* will bei den Wahlen zum EP kandidieren. Sie denkt, dass sie als Österreicherin im Vergleich zu den Kandidatinnen und Kandidaten aus bevölkerungsreicheren Mitgliedstaaten verhältnismäßig bessere Chancen auf ein Mandat im EP habe. Unter welchen Voraussetzungen wäre *Frederike* überhaupt passiv wahlberechtigt? Lässt sich ein solcher Vorteil unionsrechtlich begründen?**

Die Voraussetzungen für das passive Wahlrecht zum EP normieren in Österreich das Bundesgesetz über die Wahl der Mitglieder des Europäischen Parlaments (Europawahlordnung – EuWO), das Bundesgesetz über die Führung ständiger Evidenzen der Wahl- und Stimmberechtigten bei Wahlen zum Europäischen Parlament (Europa-Wählerevidenzgesetz – EuWEG) sowie Art 23a B-VG. Gem Art 23a Abs 3 B-VG und § 29 EuWO sind Männer und Frauen mit **österreichischer Staatsbürgerschaft ab Vollendung des 18. Lebensjahres** wählbar. Das passive Wahlrecht zum EP im jeweiligen Mitgliedstaat besitzen aber auch **Staatsangehörige anderer EU-Mitgliedstaaten**, die im betreffenden Mitgliedstaat (Aufnahmestaat) ihren **Wohnsitz** haben. Für diese Personen gelten gem Art 22 Abs 2 AEUV dieselben Bedingungen wie für die Angehörigen des Aufnahmestaats (s auch Frage 9). Sowohl österreichische Staatsbürger als auch andere Unionsbürger verlieren ihr Wahlrecht zum EP ua dann, wenn sie durch ein inländisches Gericht wegen einer oder mehrerer mit Vorsatz begangener strafbarer Handlungen zu einer entweder nicht bedingt nachgesehenen sechs Monate übersteigenden oder bedingt nachgesehenen mehr als einjährigen Freiheitsstrafe **rechtskräftig verurteilt** worden sind (§ 29 EuWO). Neben den weiteren in § 31 EuWO genannten Voraussetzungen hinsichtlich des Inhalts des Wahlvorschlags dürfen die Staatsangehörigen aus dem EU-Ausland in ihrem Herkunftsstaat zudem nicht ihres passiven Wahlrechts verlustig gegangen sein.

Generell gilt in Österreich für die Wahlen zum EP das **gleiche, unmittelbare, persönliche, freie und geheime Verhältniswahlrecht** (Art 23a B-VG). Zudem besteht der Grundsatz der Allgemeinheit der Wahl, dem zufolge Männer und Frauen wahlberechtigt sind, sofern sie die österreichische Staatsbürgerschaft besitzen und nicht nach Maßgabe des Unionsrechts vom Wahlrecht ausgeschlossen sind oder sofern sie die Staatsangehörigkeit eines anderen EU-Mitgliedstaats besitzen und nach Maßgabe des Unionsrechts wahlberechtigt sind. Allerdings erfordert der Grundsatz der gleichen Wahl lediglich Zählwert- und nicht auch Erfolgswertgleichheit. Daher ist dieser Wahlgrundsatz auch mit der in Art 14 Abs 2 EUV normierten **degressiv proportionalen** Zusammensetzung des EP vereinbar. Das bedeutet, dass die Abgeordneten aus den bevölkerungsärmeren Mitgliedstaaten weniger Unionsbürger als jene der bevölkerungsreicheren Staaten vertreten. Diese Zusammensetzung soll einen Kompromiss zwischen dem völkerrechtlichen Grundsatz der **Staatengleichheit** und dem demokratischen Prinzip der **Wahlrechtsgleichheit** schaffen (vgl das Urteil des BVerfGE 123, 267 [373 f]). Insofern lässt sich der von *Frederike* angesprochene Vorteil tatsächlich unionsrechtlich begründen, wobei es dennoch zu bedenken gilt, dass die 20 österreichischen Abgeordneten insgesamt lediglich rund 3 % der 720 Mitglieder des EP bilden.

Frage 9: Seit drei Wochen arbeitet *Sandrine* für ein Chemieunternehmen in Oberösterreich. Bereits zu Beginn dieser Tätigkeit gab sie dem zuständigen Meldeamt ihre neue Wohnadresse in Grünau im Almtal als Hauptwohnsitz bekannt. Da in einigen Tagen die Gemeinderatswahl in Grünau stattfinden soll, erkundigt sich *Sandrine* bei ihrem Kollegen *Klaus*, ob sie als französische Staatsangehörige denn ebenfalls am Sonntag wählen dürfe. *Klaus* verneint dies, das aktive Wahlrecht komme in Österreich nämlich bloß den österreichischen Staatsbürgern zu. Hat *Klaus* Recht?

Nein. Seit der mit dem Vertrag von Maastricht eingeführten und nunmehr in den Art 9 EUV und Art 20 ff AEUV geregelten **Unionsbürgerschaft** sind alle Staatsangehörigen der EU-Mitgliedstaaten gleichzeitig Unionsbürger und damit Träger der mit diesem Status verbundenen Rechte und Pflichten. Gem Art 20 Abs 2 lit b und Art 22 AEUV gehört dazu das Recht der Unionsbürger, in dem Mitgliedstaat, in dem sie ihren Wohnsitz haben, das **aktive und passive Wahlrecht bei den Kommunalwahlen** auszuüben. Dabei gelten für sie dieselben Bedingungen wie für die Angehörigen des betreffenden Mitgliedstaates. Daneben sind Unionsbürger insb auch dazu berechtigt,

- sich im Hoheitsgebiet der Mitgliedstaaten frei zu bewegen und aufzuhalten (Art 20 Abs 2 lit a und Art 21 AEUV),
- in dem Mitgliedstaat, in dem sie ihren Wohnsitz haben, das aktive und passive Wahlrecht bei den Wahlen zum Europäischen Parlament auszuüben (Art 20 Abs 2 lit b und Art 22 AEUV),
- im Hoheitsgebiet eines Drittlands, in dem der Mitgliedstaat, dessen Staatsangehörigkeit sie besitzen, nicht vertreten ist, Schutz durch die diplomatischen und konsularischen Behörden eines jeden Mitgliedstaates unter denselben Bedingungen wie Staatsangehörige dieses Staates zu erlangen (Art 20 Abs 2 lit c und Art 23 AEUV) und
- Petitionen an das EP zu richten und sich an den Europäischen Bürgerbeauftragten sowie in einer der Sprachen der Verträge an die Organe und die beratenden Einrichtungen der Union zu wenden und eine Antwort in derselben Sprache zu erhalten (Art 20 Abs 2 lit d und Art 24 AEUV).

In diesem Sinn setzt auch Art 117 Abs 2 Satz 4 B-VG die Vorgaben des Unionsrechts um, wonach unter den in der (landesrechtlich zu regelnden) Wahlordnung festzulegenden Bedingungen bei der Wahl des Gemeinderats auch die Staatsangehörigen anderer EU-Mitgliedstaaten wahlberechtigt und wählbar sind (vgl *Ö/E*, Rz 554).

Allerdings darf gem § 17 Abs 1 der im vorliegenden Fall einschlägigen **oberösterreichischen Kommunalwahlordnung** (LGBl 81/1996 idF LGBl 93/2020) neben anderen Voraussetzungen nur an den Wahlen teilnehmen, **wer am Stichtag** gem § 4 Abs 2 der Kommunalwahlordnung (idF LGBl 13/2015) **in der betreffenden Gemeinde den Hauptwohnsitz** hat. Nach letzterer Bestimmung darf der Stichtag nicht vor dem Tag der Wahlausschreibung und muss am 82. Tag vor dem Wahltag liegen. Diese Bedingungen für die Ausübung des Wahlrechts gelten für österreichische Staatsbürger und (nicht-österreichische) Unionsbürger gleichermaßen und sind demnach aus unionsrechtlicher Perspektive unproblematisch. Zudem ist das Wohnsitzerfordernis im betreffenden Mitgliedstaat bereits explizit in Art 22 AEUV verankert.

Im vorliegenden Fall wird *Sandrine* mangels eines am Stichtag bestehenden (und auch gemeldeten) Hauptwohnsitzes in Grünau nicht an der Gemeinderatswahl teilnehmen dürfen.

Frage 10: Die EK plant in Hinblick auf Maßnahmen der EU im Bereich des sozialen Schutzes von Arbeitnehmern, die gem Art 153 Abs 2 AEUV grundsätzlich in einem besonderen EU-Gesetzgebungsverfahren anzunehmen sind, auf das ordentliche Gesetzgebungsverfahren gem Art 289 Abs 1 AEUV überzugehen. Dies soll unter Rückgriff auf die Brückenklausel in Art 48 Abs 7 EUV erfolgen, die dafür (ua) einen einstimmigen Beschluss im ER verlangt. Dementsprechend werden die Staats- und Regierungschefs über

die geplante Beschlussfassung beim bevorstehenden EU-Gipfeltreffen informiert. Darf der österreichische BK im ER ohne Weiteres diesem Beschluss zustimmen?

Nein. Der BK hat bei einem Rückgriff auf die Brückenklausel (eine Form des vereinfachten Vertragsänderungsverfahrens auf EU-Ebene, auch ***Passerelle*** genannt) die im „staatlichen Unionsverfassungsrecht" normierten **Mitwirkungsrechte des NR und des BR** zu beachten.

Zunächst ist bereits aufgrund des Unionsrechts (gem Art 48 Abs 7 UAbs 3 EUV) jede derartige Initiative den nationalen Parlamenten zu übermitteln. Daneben bestehen die im B-VG geregelten Informationspflichten: Gem Art 23e Abs 1 B-VG hat der zuständige BM den NR und den BR unverzüglich über **alle EU-Vorhaben zu unterrichten** und ihnen **Gelegenheit zur Stellungnahme** zu geben. Zudem besteht die **besondere Informationspflicht** nach Art 23e Abs 2 Z 2 B-VG, wonach der zuständige BM den NR und BR unverzüglich über den bevorstehenden Beschluss des ER betreffend den Übergang von einem besonderen zum ordentlichen Gesetzgebungsverfahren ausdrücklich und rechtzeitig zu unterrichten hat.

Diese Bestimmung ist gemeinsam mit § 5 Z 3 des EU-Informationsgesetzes (BGBl I 113/2011) zu lesen, wonach der BM für europäische und internationale Angelegenheiten den NR und den BR halbjährlich über die vom jeweils zuständigen BM bekannt gegebenen Vorhaben der EU unterrichtet, zu welchen in den jeweils folgenden sechs Monaten die Aufnahme von Verhandlungen im Rat zu erwarten ist, sofern diese Vorhaben einer besonderen Informationspflicht nach Art 23e Abs 2 B-VG unterliegen.

Zusätzlich zu den Informationspflichten kommt dem NR und dem BR das **besondere Mitwirkungsrecht** in Art 23i Abs 1 B-VG zu. Demnach darf der BK dem Beschluss im ER nur **nach Ermächtigung durch den NR mit Zustimmung des BR** (unter Anwesenheit von mindestens der Hälfte der Mitglieder und einer Mehrheit von zwei Dritteln der abgegebenen Stimmen) aufgrund eines Vorschlages der BReg zustimmen.

Schließlich kann ein allenfalls im ER gefasster Beschluss gem Art 23i Abs 2 Z 2 B-VG vom **NR mit Zustimmung des BR** innerhalb der im Unionsrecht festgelegten Fristen **abgelehnt** werden, soweit unionsrechtlich für die nationalen Parlamente eine Ablehnungsmöglichkeit besteht. Tatsächlich berechtigt Art 48 Abs 7 UAbs 3 EUV die nationalen Parlamente dazu, den Beschluss innerhalb von sechs Monaten nach der Übermittlung abzulehnen. In einem solchen Fall darf der ER den Beschluss nicht erlassen. Dieses Ablehnungsrecht wird insb dann virulent, wenn der Beschluss im ER unter Stimmenthaltung des BK (aufgrund fehlender Zustimmung des österreichischen Parlaments gem Art 23i Abs 1 B-VG) gefasst wurde (vgl *Öhlinger/Eberhard/Potacs*, EU-Recht und staatliches Recht[8] [2023] 29 ff).

Frage 11: Auf Grundlage einer EU-Verordnung wird einer österreichischen Bank durch Bescheid die Einschränkung bestimmter Geschäftsbereiche aufgetragen. Die Bank ist jedoch der Meinung, dass die dem Bescheid zugrunde liegende EU-Verordnung verfassungswidrig sei und strebt nach Erschöpfung des Instanzenzuges deren Überprüfung durch den VfGH an. Darf der VfGH eine solche Kontrolle des Unionsrechts am Maßstab des nationalen Verfassungsrechts vornehmen?

Nein, der VfGH darf Unionsrecht aus mehreren Gründen nicht am Maßstab des österreichischen Verfassungsrechts prüfen. Erstens genießt das unmittelbar anwendbare Unionsrecht **Vorrang** vor widersprechendem nationalen Recht, einschließlich des **nationalen Verfassungsrechts** (EuGH 17.12.1970, Rs 11/70 Internationale Handelsgesellschaft mbH). Im vorliegenden Fall dürfte somit das mit der EU-Verordnung **kollidierende Verfassungsrecht** vom VfGH gar **nicht angewendet** werden, wodurch dieses gleichzeitig auch nicht mehr Prüfungsmaßstab für das Unionsrecht sein kann (*Öhlinger/Eberhard/Potacs*, EU-Recht und staatliches Recht[8] [2023] 189).

Zweitens ist der VfGH im Rahmen der Normenkontrolle lediglich zur Überprüfung von **innerstaatlichen Verordnungen**, **Gesetzen** oder **Staatsverträgen** befugt. Unionsrechtsakte lassen sich nicht in diese Kategorien einordnen.

Drittens besitzt der EuGH das **Verwerfungsmonopol für Unionsrecht** (mit Ausnahme des Primärrechts; vgl dazu Frage 15). Innerstaatliche Behörden oder Gerichte dürfen Unionsrecht daher nicht selbst auf dessen Gültigkeit überprüfen, sondern müssen den EuGH im Rahmen eines **Vorabentscheidungsverfahrens** nach Art 267 Abs 1 lit b AEUV eine Gültigkeitsfrage zur Entscheidung vorlegen (EuGH 22.10.1987, Rs 314/85 Foto-Frost). Insgesamt bildet das Unionsrecht somit weder einen zulässigen Prüfungsgegenstand des VfGH noch anderer österreichischer Gerichte.

Frage 12: *Eduard* möchte von einem Internetkauf zurücktreten. Zwar existiert eine EU-Richtlinie, die einen solchen Rücktritt ermöglicht, diese wurde jedoch in Österreich fehlerhaft umgesetzt. Aufgrund ihrer Unbestimmtheit ist diese Richtlinie nicht unmittelbar anwendbar. Zudem scheidet eine richtlinienkonforme Interpretation der fehlerhaften nationalen Regelung aus. Welche unionsrechtlichen Konsequenzen könnte diese Verletzung der Umsetzungspflicht nach sich ziehen?

Infolge der Unbestimmtheit kann sich *Eduard* nicht direkt auf das Rücktrittsrecht der EU-Richtlinie berufen. Denkbar wäre lediglich, dass die **EK** (eventuell auf Anregung *Eduards*) ein **Vertragsverletzungsverfahren** nach Art 258 ff AEUV gegen Österreich vor dem EuGH einleitet. Bei einer Verurteilung hätte

Österreich für die Verletzung der Umsetzungspflicht voraussichtlich **ein Zwangsgeld und einen Pauschalbetrag** zu zahlen.

Der Schaden, den *Eduard* durch das nicht gewährte Rücktrittsrecht erleidet, könnte schließlich im Rahmen einer **Staatshaftungsklage gegen Österreich** auf dem **innerstaatlichen Rechtsweg** geltend gemacht werden (grundlegend EuGH 19.11.1991, Rs C-6/90 und C-9/90 Francovich und Bonifaci). Dafür ist bei Verstößen der Legislative der VfGH im Rahmen seiner Kausalgerichtsbarkeit gem Art 137 B-VG zuständig, während die Feststellung von Vollzugsunrecht nach den Bestimmungen des AHG den Zivilgerichten als Amtshaftungsgerichten obliegt (*G/H*, Rz 718 f und 1058 ff; s jedoch die Ausnahme für höchstgerichtliche Verstöße, die ebenfalls in die Kausalgerichtsbarkeit des VfGH fallen). Eine Staatshaftungsklage wird jedoch nur erfolgreich sein, wenn die fehlerhafte Umsetzung klar und eindeutig erkennbar ist (es sich um einen **qualifizierten Verstoß** gegen Unionsrecht handelt), die entsprechenden Vorschriften der Richtlinie den **Einzelnen tatsächlich Rechte verleihen** (unabhängig von der unmittelbaren Wirksamkeit der Richtlinie), zwischen dem Verstoß und dem Schaden ein **Kausalzusammenhang** besteht sowie der **Schaden tatsächlich und sicher** vorliegt (EuGH 5.3.1996, Rs C-46/93 und C-48/93 Brasserie du pêcheur).

Frage 13: Eine EU-Richtlinie soll zukünftig Arbeitnehmern bei Zahlungsunfähigkeit ihres Arbeitgebers die Befriedigung nichterfüllter Ansprüche auf das Arbeitsentgelt garantieren. Diese Ansprüche umfassen mindestens die letzten drei Monate vor Insolvenzeröffnung. Aus dem österreichischen Verfassungsrecht lässt sich ableiten, dass lediglich ein Garantiezeitraum von fünf Monaten verfassungskonform wäre. Darf der einfache Gesetzgeber aus Anlass der Richtlinienumsetzung einen viermonatigen Zeitraum vorsehen?

Nein, denn der einfache Gesetzgeber ist in diesem Fall sowohl an das Unionsrecht als auch an das österreichische Verfassungsrecht gebunden **(„doppelte Bindung")**. Da die Richtlinie lediglich Mindestvorgaben hinsichtlich des Garantiezeitraums enthält, wird durch den Unionsrechtsetzer die konkrete Ausgestaltung des nationalen Umsetzungsakts **nicht vollständig determiniert**. Innerhalb dieses Spielraums besteht daher auch eine Bindung des einfachen Gesetzgebers an das höherrangige nationale Recht. Ist das österreichische Umsetzungsgesetz verfassungswidrig, so muss es vom VfGH im Zuge eines Normenprüfungsverfahrens aufgehoben werden.

Anderes gilt, wenn **keine derartige Mindestharmonisierung**, sondern eine abschließende unionsrechtliche Regelung ohne Mindestvorgaben oder Wahlmöglichkeiten vorliegt. Der Grundsatz der doppelten Bindung greift nämlich nur dann, wenn das Unionsrecht den Mitgliedstaaten einen Spielraum gewährt. Bei einer Vollharmonisierung käme der **Anwendungsvorrang** des Unionsrechts vollständig zum Tragen und würde das entgegenstehende nationale Verfassungsgesetz verdrängen. Da letzteres in Folge vom VfGH nicht mehr angewendet werden dürfte, könnte dieser als Konsequenz auch nicht das verfassungswidrige Umsetzungsgesetz am Maßstab des Verfassungsrechts prüfen (s dazu auch Frage 11).

Frage 14: Die Staatsanwältin *Petra* ermittelt wegen des Verdachts der Geldwäsche. Mit der anzuwendenden Strafbestimmung des österreichischen Strafgesetzbuchs wird die neue EU-Geldwäsche-Richtlinie umgesetzt. *Petra* ist sich nicht sicher, ob im betreffenden Fall ein Tatobjekt iSd Richtlinie vorliegt und erhofft sich Klärung vonseiten des EuGH. Darf *Petra* den EuGH im Rahmen eines Vorabentscheidungsverfahrens mit einer entsprechenden Auslegungsfrage befassen?

Nein, denn **die Staatsanwaltschaft ist kein vorlageberechtigtes Gericht** iSd Art 267 Abs 2 AEUV (EuGH 12.12.1996, Rs C-74/95 und C-129/95 X). Der dieser Bestimmung zugrunde liegende **Gerichtsbegriff** ist **autonom unionsrechtlich** zu interpretieren. Zum Zweck der Bestimmung der Gerichtseigenschaft lassen sich aus der EuGH-Judikatur mehrere Kriterien entnehmen. Für die Vorlageberechtigung spricht demnach, wenn es sich um eine ständige, unabhängige Einrichtung handelt, die rechtsprechend tätig ist, auf gesetzlicher Grundlage beruht, eine obligatorische Zuständigkeit besitzt und Entscheidungen nach Rechtsnormen in einem kontradiktorischen Verfahren fällt (zB EuGH 15.1.2002, Rs C-182/00 Lutz ua).

In Ö sind Staatsanwälte gem Art 90a B-VG zwar Organe der ordentlichen Gerichtsbarkeit, unterliegen aber den Weisungen der ihnen vorgesetzten Organe. Aufgrund der Weisungsbindung erfüllt die Staatsanwaltschaft daher nicht die unionsrechtliche Voraussetzung der Unabhängigkeit und ist folglich kein vorlageberichtigtes Gericht iSd Art 267 Abs 2 AEUV.

Prinzipiell sind **alle Gerichte** im genannten Sinne gem Art 267 Abs 2 AEUV bei allen Fragen hinsichtlich der Auslegung von Unionsrecht zur **Vorlage an den EuGH berechtigt** – vorausgesetzt der Vorlagefrage kommt **Entscheidungserheblichkeit** für die betreffende Rs zu. Eine **Vorlagepflicht** trifft bei Auslegungsfragen hingegen nur jene Gerichte, deren Entscheidungen **mit Rechtsmitteln des nationalen Rechts nicht mehr angegriffen** werden können (Art 267 Abs 3 AEUV).

Schließlich ist Gegenstand eines Vorabentscheidungsersuchens auch nicht die Auslegung der nationalen Strafbestimmung, sondern die Auslegung der betreffenden Richtlinienregelung. Gegenstand der Vorlageentscheidung des EuGH bildet nämlich lediglich Unionsrecht.

Frage 15: Das Bezirksgericht Linz muss in einem Zivilverfahren die SEPA-Verordnung über den einheitlichen Europäischen Zahlungsverkehrsraum heranziehen. Der zuständige Einzelrichter weigert sich jedoch, die Verordnung anzuwenden. Diese verstoße seiner Meinung nach gegen die Kapitalverkehrsfreiheit des AEUV. Darf der Richter die Verordnung bei Zweifeln über deren Primärrechtskonformität einfach unangewendet lassen?

Nein, bei Zweifeln über die Gültigkeit von Unionsrecht darf ein nationales Gericht dieses grundsätzlich nicht von sich aus unangewendet lassen. Vielmehr ist die Vereinbarkeit mit höherrangigem Unionsrecht, daher in diesem Fall mit der im Primärrecht verankerten Kapitalverkehrsfreiheit, vom EuGH **inzident im Rahmen eines Vorabentscheidungsverfahrens** nach Art 267 Abs 1 lit b AEUV zu prüfen (allerdings besteht eine Ausnahme bei der Gewährung von vorläufigem Rechtsschutz; vgl EuGH 21.2.1991, Rs C-143/88 und C-92/89 Zuckerfabrik Süderdithmarschen ua).

Zwar handelt es sich beim Bezirksgericht Linz nicht um ein letztinstanzliches Gericht iSd Art 267 Abs 3 AEUV. Demnach besteht bei **Auslegungsfragen** prinzipiell auch keine Vorlagepflicht. Im konkreten Fall hegt der Richter jedoch Zweifel an der **Gültigkeit** eines Unionsrechtsakts. Gem der ständigen Rsp des EuGH darf ein nationales Gericht – unabhängig von der Existenz einer Rechtsmittelmöglichkeit gegen dessen Entscheidung – einen solchen Unionsrechtakt bei Zweifeln über dessen Gültigkeit nur dann nicht anwenden, wenn die Ungültigkeit zuvor vom EuGH festgestellt wurde. Der EuGH besitzt demnach ein **Verwerfungsmonopol für Sekundärrecht** (EuGH 22.10.1987, Rs 314/85 Foto-Frost; vgl auch Frage 11). Dies gilt nicht für das Primärrecht, das grundsätzlich nur die Mitgliedstaaten als Herren der Verträge im Wege des Vertragsänderungsverfahrens ändern bzw verwerfen dürfen.

Frage 16: *Josef* muss wegen der Ausübung eines Gewerbes ohne Gewerbeberechtigung eine Verwaltungsstrafe in Höhe von 350 Euro (bei einer Strafdrohung von 700 Euro) zahlen. Er denkt jedoch, dass die zugrunde liegende Strafbestimmung der GewO gegen die unmittelbar anwendbare Niederlassungsfreiheit verstößt. Ohne die wegen Auslegungszweifeln notwendige Vorabentscheidung des EuGH einzuholen, bestätigt das LVwG den Strafbescheid unter Heranziehung eben dieser Strafbestimmung. Verletzt das Erk des LVwG *Josef* in seinen verfassungsgesetzlich gewährleisteten Rechten?

Ja. Im konkreten Fall hat nämlich das LVwG als vorlagepflichtiges Gericht gegen seine Vorlagepflicht gem Art 267 Abs 1 lit a iVm Abs 3 AEUV verstoßen. Zwar werden vor dem Hintergrund des **Revisionszulassungsmodells** in der österreichischen Verwaltungsgerichtsbarkeit noch **Diskussionen** darüber geführt, in welchen Fällen die **LVwG** bei Auslegungsfragen zum Unionsrecht **tatsächlich als letztinstanzliche Gerichte** iSd Art 267 Abs 3 AEUV und demnach als vorlagepflichtig zu erachten sind. Im konkreten Fall ist jedoch aufgrund der Unzulässigkeit der ordentlichen Revision gem § 25a Abs 4 VwGG (Verwaltungsstrafsache mit einer Strafdrohung unter 750 Euro und keiner Freiheitsstrafe sowie einer verhängten Geldstrafe unter 400 Euro) von einer solchen Vorlagepflicht auszugehen (*Ö/E*, Rz 211 und 664).

Durch den Verstoß gegen die Vorlagepflicht kommt es zu einer Verletzung der gesetzlich begründeten Zuständigkeitsverteilung (zu der eben auch Art 267 AEUV zählt) und in weiterer Konsequenz des **verfassungsgesetzlich gewährleisteten Rechts auf den gesetzlichen Richter** nach Art 83 Abs 2 B-VG. Denn eine dem EuGH zur Entscheidung vorbehaltene Frage konnte nicht durch diesen gelöst werden (VfSlg 14.390/1995). Für die Verletzung des Rechts auf den gesetzlichen Richter genügt bereits **jeglicher Verstoß** gegen die Vorlagepflicht, nicht bloß eine willkürlich unterlassene Vorlage (VfSlg 14.889/1997; dazu *Öhlinger/Eberhard/Potacs*, EU-Recht und staatliches Recht[8] [2023] 210 f). Die Verletzung des verfassungsgesetzlich gewährleisteten Rechts könnte daher im Zuge einer **Erkenntnisbeschwerde** nach Art 144 B-VG beim VfGH geltend gemacht werden.

Über die Verletzung von Art 83 Abs 2 B-VG hinaus kann beim VfGH auf Grundlage von Art 144 B-VG auch geltend gemacht werden, dass das Erkenntnis des LVwG andere verfassungsgesetzlich gewährleistete Rechte verletzt, insb indem das zugrunde liegende nationale Gesetz **denkunmöglich** angewendet wurde. Von einer solchen Denkunmöglichkeit ist auszugehen, wenn die Strafbestimmung der GewO **offenkundig**, daher ohne weitere Überlegungen den unmittelbar anwendbaren Bestimmungen über die **Niederlassungsfreiheit widerspricht**, aufgrund des Anwendungsvorrangs gar nicht angewendet hätte werden dürfen und somit letztlich zumindest das durch Art 1 (1.) ZPEMRK gewährleistete Recht auf Unversehrtheit des Eigentums verletzt (VfSlg 15.448/1999). Die Prüfung der Frage, inwieweit das Unionsrecht **im Rahmen des Denkmöglichen** richtig angewendet wurde, fällt demgegenüber in die Zuständigkeit des VwGH. Außerdem sieht der VfGH in der **qualifizierten Verletzung von Unionsrecht** durch Missachtung des Anwendungsvorrangs einen Verstoß gegen den **Gleichheitssatz** (*Ö/E*, Rz 1055).

Frage 17: Anlässlich des Austritts des Vereinigten Königreichs aus der EU sind die Abgeordneten zum EP besorgt, dass der „Brexit" auch den Austritt weiterer EU-Mitgliedstaaten nach sich ziehen könnte. Deshalb soll bei der nächsten Plenartagung des EP in Straßburg diskutiert werden, unter welchen Voraussetzungen ein solcher Austritt nach dem nationalen Recht der jeweiligen Mitgliedstaaten überhaupt möglich wäre, insb ob es dafür auch eines Referendums bedürfe. Wie ist die Rechtslage in Österreich?

Zunächst stellt sich die Frage, ob ein Austritt aus der EU aus unionsrechtlicher Perspektive überhaupt zulässig wäre. Mit dem im Jahr 2009 in Kraft getretenen Vertrag von Lissabon wurde ein solches **Austrittsrecht** der Mitgliedstaaten explizit in **Art 50 EUV** verankert. Diese primärrechtliche Bestimmung verweist dabei auf die „verfassungsrechtlichen Vorschriften“ der Mitgliedstaaten.

Nach österreichischem Recht wäre gem Art 65 Abs 1 iVm Art 67 B-VG vom BPräs auf Antrag der BReg oder des von ihr ermächtigten BM eine **Austrittserklärung** abzugeben, die der Gegenzeichnung des BK oder des zuständigen BM bedarf.

Eine solche Erklärung wäre als **Staatsvertrag iSd Art 50 Abs 1 Z 2 B-VG** einzuordnen, mit dem die vertraglichen Grundlagen der EU geändert werden. Daher bedarf es gem Art 50 Abs 4 B-VG vor der Abgabe der Erklärung durch den BPräs einer **Genehmigung durch den NR mit Zustimmung des BR** mit einer Mehrheit von zwei Dritteln der abgegebenen Stimmen unter Anwesenheit von mindestens der Hälfte der Mitglieder.

Zudem hat eine solche Genehmigung „unbeschadet des Art. 44 Abs. 3“ B-VG zu erfolgen. Tatsächlich ist strittig, ob ein Austritt Österreichs aus der EU (insb durch eine bundesverfassungsgesetzliche Ermächtigung zu einer Austrittserklärung, vergleichbar mit dem Beitritts-BVG) eine **Gesamtänderung der Bundesverfassung** bewirken und daher zusätzlich eine **Volksabstimmung** notwendig machen würde. Dies ist nach der wohl hA zu bejahen (vgl *Ö/E*, Rz 136 sowie *Öhlinger/Eberhard/Potacs*, EU-Recht und staatliches Recht[8] [2023] 63 f).

Frage 18: Als Teil des *European Green Deal* schlägt die EK eine Verordnung zur Wiederherstellung von Ökosystemen vor („Renaturierungs-Verordnung“). Dieser geplante Gesetzgebungsakt umfasst diverse Maßnahmen im Bereich des Naturschutzrechts, die in die Gesetzgebungskompetenz der Länder fallen. *Leandra* ist für die Land- und Forstwirtschaft zuständige BM in Ö und als solche auch Mitglied im Rat der EU. Müssen die Länder in Ö vor der im Rat anstehenden Abstimmung über die Renaturierungs-Verordnung konsultiert werden? Bejahendenfalls, haben diese auch ein Mitspracherecht hinsichtlich *Leandras* Abstimmungsverhalten im Rat?

Gem Art 23d Abs 1 B-VG ist der Bund verpflichtet, die Länder über alle Vorhaben im Rahmen der EU **zu unterrichten, die den selbstständigen Wirkungsbereich der Länder berühren** oder sonst für sie von Interesse sein könnten. Ergänzt und konkretisiert wird Art 23d Abs 1 (und Abs 2) durch eine in Art 23d Abs 4 vorgesehene **Bund-Ländervereinbarung nach Art 15a B-VG** über die Mitwirkungsrechte der Länder und Gemeinden in Angelegenheiten der europäischen Integration.

Der Begriff des Vorhabens in Art 23d B-VG ist sehr weit auszulegen und bezieht sich neben Rechtsakten auch auf zahlreiche weitere Informationen (*Egger*, Art 23d B-VG, in Kneihs/Lienbacher [Hrsg], Rill-Schäffer-Kommentar Bundesverfassungsrecht [18. Lfg 2017] Rz 13; *Öhlinger/Konrath*, Art 23d B-VG, in Korinek et al [Hrsg], Österreichisches Bundesverfassungsrecht [11. Lfg 2013] Rz 10). Da der Naturschutz gem Art 15 Abs 1 B-VG in Gesetzgebung und Vollziehung Landessache ist und die Angelegenheit demnach den selbstständigen Wirkungsbereich der Länder berührt, ist **der Bund** gem Art 23d Abs 1 B-VG verpflichtet, die Länder über dieses Vorhaben zu unterrichten und ihnen **Gelegenheit zur** (allgemeinen, rechtlich **nicht bindenden**) **Stellungnahme** zu geben.

Zudem können die Länder auch eine für *Leandra* **verbindliche einheitliche Stellungnahme** hinsichtlich der Abstimmung im Rat der EU abgeben, zumal im gegenständlichen Vorhaben die Gesetzgebungskompetenz der Länder betroffen ist (Art 23d Abs 2 B-VG). Allerdings legt Art 23d Abs 2 B-VG nicht eindeutig fest, wann eine solche Stellungnahme einheitlich zustande kommt. Insofern ist in Schrifttum und Lehre etwa strittig, inwiefern eine solche Stellungnahme im Rahmen der Integrationskonferenz der Länder und mit Einstimmigkeit aller Länder erfolgen muss. In Bezug auf letzteren Punkt dürfte nach der hM eine einheitliche Stellungnahme bereits vorliegen, wenn mindestens fünf Länder zustimmen und kein anderes Land widerspricht (*Egger* in Kneihs/Lienbacher, Art 23d B-VG Rz 40; *Öhlinger/Konrath* in Korinek et al, Art 23d B-VG Rz 19). Außerdem ist noch nicht abschließend geklärt, ob eine Stellungnahme der Länder ihre Bindungswirkung im Fall der späteren wesentlichen Änderung des Vorhabens verliert (*Öhlinger/Konrath* in Korinek et al, Art 23d B-VG Rz 25).

Wurde eine derartige Stellungnahme abgegeben, muss *Leandra ihr* Abstimmungsverhalten im Rat entsprechend der Stellungnahme ausrichten. Allerdings darf sie aus **zwingenden integrations- oder außenpolitischen Gründen** davon **abweichen**.

Bundesstaat

Michaela Zirm

Frage 1: Die Fortschritte auf dem Gebiet der Gentechnik ließen in Österreich Mitte der 90er-Jahre den Ruf nach einem Gentechnik-Gesetz laut werden. Die Suche nach einer Kompetenzgrundlage gestaltete sich jedoch schwierig: Auf das neue Phänomen Gentechnik gab die Kompetenzverteilung der alten Verfassung keine Antwort. Welches Problem ist hier angesprochen?

Dem ihr zugrundeliegenden **bundesstaatlichen Prinzip** entsprechend **teilt** die österreichische Bundesverfassung die **Gesetzgebungs-** und **Vollziehungskompetenzen zwischen dem Bund und den Ländern**. Dabei zählt sie die Kompetenzen des Bundes abschließend auf (Art 10–12 B-VG) und weist die verbleibenden Angelegenheiten mittels einer **Generalklausel** dem selbständigen Wirkungsbereich der **Länder** zu (Art 15 Abs 1 B-VG). Die einzelnen in den Art 10–12 B-VG genannten Tatbestände beschränken sich jedoch auf knappe Begriffe, die im B-VG nicht näher definiert werden. Da das Wissen um ihren Inhalt jedoch Voraussetzung für die Zuordnung einer gesetzlichen Regelung ist, sind die Kompetenztatbestände mittels **Interpretation** voneinander abzugrenzen. Die üblichen Auslegungsmethoden stoßen dabei an ihre Grenzen – weder lässt sich angesichts der Knappheit der Begrifflichkeiten mit der Wortlautinterpretation viel gewinnen, noch sind die Gesetzgebungsmaterialien besonders aussagekräftig. Man war daher auf die Entwicklung spezifischer Auslegungstechniken angewiesen. Unter ihnen hat die **Versteinerungstheorie** herausragende Bedeutung.

Die Versteinerungstheorie kombiniert **verbale, objektiv-historische und systematische Interpretationselemente** und beruht im Wesentlichen darauf, dass sie den **Begriffen** der Kompetenzartikel jene **Bedeutung zuschreibt, welche diese nach dem Stand und der Systematik der einfachgesetzlichen Rechtslage im Zeitpunkt des Inkrafttretens** des Kompetenzartikels hatten. Will man beispielsweise feststellen, was unter dem „Zivilrechtswesen" in Art 10 Abs 1 Z 6 B-VG zu verstehen ist, ist zu eruieren, welche Angelegenheiten zum Versteinerungszeitpunkt – zumeist ist das der 1.10.1925, an welchem die allgemeine Kompetenzverteilung in Kraft trat – zum „Zivilrecht" gehörten. Dabei ist insbesondere das bereits damals geltende ABGB heranzuziehen.

Hier werden sogleich die Schwachpunkte dieser Interpretationsmethode sichtbar: Die Versteinerungstheorie setzt den **Rückgriff auf die einfachgesetzliche Rechtsordnung** voraus. War ein Bereich zum Versteinerungszeitpunkt nun **unsystematisch oder gar nicht geregelt**, gelangt ihre Praktikabilität an ihre Grenzen. Abhilfe kann hier zunächst eine Erhöhung der Abstraktionsebene bieten:

„Versteinert" wird nicht das konkret bestehende Rechtsmaterial in all seinen Einzelheiten, sondern sein **typischer Rechtsgehalt**. Dieses so eruierte „typische" Begriffsbild kann dabei systematisch weitergedacht und auf die Einbeziehung neuer Regelungsbedürfnisse geprüft werden. Diese Vorgehensweise wird als **„intrasystematische Fortentwicklung"** bezeichnet.

Im Falle des Wunsches nach Schaffung eines Gentechnik-Gesetzes waren daher die entsprechend fortentwickelten Kompetenztatbestände des B-VG darauf zu untersuchen, ob sie die konkret ins Auge gefassten Regelungsinhalte zu tragen vermochten.

Frage 2: Die Bundesregierung legt dem Nationalrat einen Gesetzesentwurf zur Änderung des Bundesvergabegesetzes vor, mit dem die Regelungen betreffend die Eignungs- und Zuschlagskriterien im Rahmen eines Vergabeverfahrens geändert werden. Die Änderung wird einstimmig beschlossen. Nachdem auch der Bundesrat keinen Einspruch erhebt, wird die Novelle nach Beurkundung durch den Bundespräsidenten und Gegenzeichnung durch den Bundeskanzler im Bundesgesetzblatt kundgemacht. Als *Thomas Haarscharf*, ein Mitglied der Wiener Landesregierung, davon erfährt, ist er aufgebracht. Seiner Meinung nach hätten die Länder im Bereich des öffentlichen Auftragswesens auch ein Wörtchen mitzureden. Hat *Haarscharf* Recht? Kann er gegen das Gesetz etwas ausrichten?

Das B-VG ordnet nicht alle Angelegenheiten den klassischen Kompetenzkatalogen der Art 10, 11, 12 oder 15 zu, sondern trifft insbesondere auf dem Gebiet der Finanzen (im F-VG), der Schule (Art 14 und 14a B-VG) und des öffentlichen Auftragswesens (Art 14b B-VG) differenzierte Regelungen.

Art 14b B-VG regelt die Verteilung der Kompetenzen zwischen dem Bund und den Ländern in den Angelegenheiten des öffentlichen Auftragswesens. Darunter versteht man grob gesprochen die Beschaffung von Gütern und Dienstleistungen durch öffentliche Auftraggeber (staatliche oder staatsnahe Einrichtungen, zB Bundesministerien) gegen Entgelt (öffentlicher Auftrag) oder gegen die Einräumung von Nutzungsrechten (Konzession). Art 14b B-VG weist die Gesetzgebungskompetenz vorwiegend dem Bund zu (Abs 1). Nur in den **Angelegenheiten der Nachprüfung** (Rechtsschutzinstrument in einem Vergabeverfahren) im Rahmen der Vergabe von Aufträgen durch Auftraggeber, die in den Vollziehungsbereich der Länder gem Abs 2 Z 2 fallen, wie etwa Gemeinden, kommt den Ländern die Gesetzgebungskompetenz zu (Abs 3).

Allerdings kommt den Ländern gem Art 14b Abs 4 B-VG ein **Mitwirkungsrecht an der Vorbereitung von Gesetzesvorhaben** des Bundes im Bereich des öffentlichen Auftragswesens gem Abs 1 zu. Zudem dürfen BG nur mit **Zustimmung der Länder kundgemacht** werden, wenn sie Angelegenheiten regeln, die (auch) in den Vollziehungsbereich der Länder fallen (zB wenn sich die Vorschriften auch an öffentliche Auftraggeber aus dem Landesbereich richten, ausgenommen in den Angelegenheiten der Nachprüfung, da hier ohnedies eine geteilte Gesetzgebungskompetenz besteht).

Das Mitwirkungsrecht der Länder ist dabei mehr als ein bloßes Anhörungsrecht. Sie müssen in die Vorbereitung des Gesetzesvorhabens ausdrücklich eingebunden werden. In der Regel geschieht dies durch Gesprächsrunden auf Beamtenebene im Zuge der Erarbeitung einer Regierungsvorlage.

Für die Zustimmung vor der Kundmachung ist **Art 42a B-VG** maßgeblich. Der BK hat den Ämtern der LReg den Gesetzesbeschluss des NR nach dem Verfahren im BR bekanntzugeben. Die Zustimmung gilt als erteilt, wenn der LH nicht innerhalb von acht Wochen nach dem Tag, an dem der Gesetzesbeschluss beim Amt der LReg eingelangt ist, dem BK mitgeteilt hat, dass die Zustimmung verweigert wird. Vor Ablauf dieser Frist darf die Kundmachung des Gesetzesbeschlusses nur erfolgen, wenn die LHs die ausdrückliche Zustimmung mitgeteilt haben.

Haarscharf hat also Recht. Die Länder wurden entgegen den Vorgaben des Art 14b Abs 4 B-VG weder in die Vorbereitung des Gesetzesvorhabens einbezogen, konnten also nicht am Entwurf mitwirken, noch haben sie vor der Kundmachung im BGBl dem Gesetzesbeschluss zugestimmt. Die achtwöchige Frist konnte mangels Übermittlung des Gesetzesbeschlusses an die Ämter der LReg nicht zu laufen beginnen.

Die Novelle zum Bundesvergabegesetz ist somit verfassungswidrig. *Haarscharf* könnte als Mitglied der LReg zwar nicht alleine eine Gesetzesprüfung durch den VfGH erwirken, allerdings könnte die Wiener LReg als Kollegium gem Art 140 Abs 1 Z 2 B-VG einen Gesetzesprüfungsantrag beim VfGH stellen. Die Erfolgsaussichten sind gut.

Frage 3: *Andreas* und *Sonja* geraten beim Lernen für ihre Verfassungsrechtsprüfung in eine heftige Diskussion: *Andreas* ist der Meinung, die Kompetenzverteilung nach dem B-VG sei so konzipiert, dass es keine konkurrierenden oder geteilten Zuständigkeiten von Bund und Ländern gäbe. *Sonja* hingegen ist sich sicher, dass einzelne Ausnahmen dieses System durchbrechen. Helfen Sie den beiden auf die Sprünge!

Die Kompetenzverteilung des B-VG beruht auf dem Prinzip der **strikten Kompetenztrennung**. Demnach besitzen Bund und Länder einen exklusiven Kompetenzbereich. Aufgrund der Generalklausel des Art 15 Abs 1 B-VG ist die Kompetenzverteilung lückenlos. Demnach verbleiben alle Angelegenheiten, die durch die Bundesverfassung nicht ausdrücklich in die Gesetzgebungs- und/oder Vollziehungszuständigkeit des Bundes übertragen werden, im selbständigen Wirkungsbereich der Länder.

Grundsätzlich besteht daher auch ein **Ausschluss konkurrierender Kompetenzen**. Für eine Angelegenheit kann nur entweder der Bund oder die Länder zuständig sein. Macht eine Gebietskörperschaft von ihrer Kompetenz keinen Gebrauch, so wird nicht automatisch die andere Gebietskörperschaft dafür zuständig. Ausnahmslos gilt dies jedoch nicht: Beispielsweise devolviert die Kompetenz zur Erlassung von Ausführungsgesetzen im Sinne des Art 12 Abs 1 B-VG zeitweise auf den Bund, wenn die Länder ihre Zuständigkeit zur Ausführungsgesetzgebung nicht wahrnehmen (vgl Art 15 Abs 6 B-VG; s dazu Frage 8; vgl auch Art 16 Abs 4 B-VG betreffend die Durchführung von Staatsverträgen und Art 23d Abs 5 B-VG zur Durchführung von Rechtsakten im Rahmen der Europäischen Union). Umgekehrt können die Länder Angelegenheiten des Art 12 B-VG so lange frei regeln, bis der Bund seine Kompetenz zur Grundsatzgesetzgebung in Anspruch nimmt. So hat der Bund etwa im Bereich der bedarfsorientierten Mindestsicherung („Armenwesen") erst mit dem Sozialhilfe-Grundsatzgesetz, BGBl I 2019/41 von seiner Kompetenz Gebrauch gemacht und die Länder binnen sieben Monaten zur Ausführung dieses Gesetzes (Anpassung der bis dahin geltenden landesgesetzlichen Regelungen) verpflichtet.

Eine **echte Konkurrenz** bilden die Zuständigkeiten zum Abschluss von StV in Angelegenheiten, die in den selbständigen Wirkungsbereich der Länder fallen: Die Länder können StV gem Art 16 Abs 1 B-VG in Angelegenheiten des Art 15 Abs 1 B-VG abschließen; dem Bund kommt dieselbe Zuständigkeit gem Art 10 Abs 1 Z 2 B-VG zu („äußere Angelegenheiten mit Einschluss der politischen und wirtschaftlichen Vertretung gegenüber dem Ausland, insbesondere Abschluss von Staatsverträgen, unbeschadet der Zuständigkeit der Länder nach Art. 16 Abs. 1"). Das bedeutet, dass sowohl Bund als auch Länder theoretisch in ein und derselben Angelegenheit StV abschließen können. Entstehen Konflikte aufgrund sich widersprechender StV von Bund und Land (Ländern), so sind diese über die lex-posterior-Regel zu lösen (vgl *Ö/E*, Rz 257).

Ebenso stellt die sog **lex Starzynski** (Art 15 Abs 9 B-VG) eine Kompetenzkonkurrenz dar. Der Bund ist gem Art 10 Abs 1 Z 6 B-VG für das Zivilrechtswesen und für das Strafrechtswesen zuständig. Die lex Starzynski ermächtigt die Länder jedoch im Bereich ihrer Gesetzgebung, die zur Regelung des Gegenstandes erforderlichen Bestimmungen auch auf dem Gebiet des **Straf- und Zivilrechtes** zu treffen. Diese Regelungen müssen nach der Judikatur des VfGH in einem unerlässlichen Zusammenhang mit der Hauptmaterie stehen (vgl *Ö/E*, Rz 249 mwN).

Frage 4: Nach drei Bauverfahren betreffend seine drei Immobilien in unterschiedlichen Bundesländern ist der Nationalratsabgeordnete *Clemens Berger* nicht nur Baurechtsspezialist, er hat auch eine Mission: Es müsse endlich ein österreichweit einheitliches Baurecht her, das Bauwesen solle Bundessache werden. Seine Kollegin *Catharina Reiter* wendet ein, dass dies ohne Verstoß gegen das bundesstaatliche Prinzip nicht möglich sei. Hat sie Recht?

Das Bauwesen fällt mangels ausdrücklicher Zuweisung in die Kompetenz des Bundes in den Art 10–12 B-VG in Gesetzgebung und Vollziehung den Ländern zu (Art 15 Abs 1 B-VG, **Generalklausel zugunsten der Länder**). Die **Regelung der Kompetenzverteilung** (auch **Kompetenz-Kompetenz** genannt) kommt gem Art 10 Abs 1 Z 1 B-VG der Bundesverfassungsgesetzgebung zu: Durch **verfassungsänderndes Gesetz** (ein solches erfordert gem Art 44 Abs 1 B-VG erhöhte Präsenz- und Konsensquoren bei der Beschlussfassung im NR) kann der NR **Kompetenzverschiebungen** zwischen dem Bund und den Ländern beschließen. Bei **Kompetenzänderungen zu Lasten der Länder** kommt zudem dem BR ein **qualifiziertes Mitwirkungsrecht** zu: Steht dem BR gegen einen Gesetzesbeschluss des NR gem Art 42 Abs 2 B-VG gewöhnlich nur die Möglichkeit eines suspensiven Vetos offen, bedarf ein die Zuständigkeiten der Länder in Gesetzgebung und Vollziehung einschränkender Beschluss gem Art 44 Abs 2 B-VG seiner **Zustimmung** bei erhöhten Präsenz- und Konsensquoren (verschiedentlich auch **„absolutes Veto"** genannt, vgl *Ö/E*, Rz 291). Kompetenzverschiebungen (zu Lasten der Länder) sind damit im B-VG ausdrücklich grundgelegt und folglich grundsätzlich zulässig.

Das von *Catharina Reiter* ins Treffen geführte bundesstaatliche Prinzip ist Teil der **verfassungsrechtlichen Grundordnung**: Mit dem demokratischen, dem republikanischen, dem rechtsstaatlichen, dem gewaltenteilenden und dem liberalen Grundprinzip bildet das bundesstaatliche Prinzip eine im Stufenbau der Rechtsordnung **über dem einfachen Verfassungsrecht stehende Verfassungsschicht**. Diese kann **rechtmäßig** nur im Wege der **Gesamtänderung der Bundesverfassung** gem Art 44 Abs 3 B-VG abgeändert oder aufgehoben werden (vgl VfSlg 2455/1952). Die Grundordnung bindet die **einfache Verfassungsgesetzgebung**: Verfassungsänderungen, welche die **Grundordnung berühren**, sind in einem besonderen Gesetzgebungsverfahren – das die zwingende Durchführung einer Volksabstimmung beinhaltet – zu beschließen, widrigenfalls sie **verfassungswidriges Verfassungsrecht** darstellen. Nicht jede „Berührung" eines Grundprinzips iS einer näheren Ausgestaltung überschreitet die Grenze zu einer Gesamtänderung der Bundesverfassung. Lediglich eine **wesentliche Modifikation**, eine „tiefgreifende, die Individualität und mit ihr die spezifische Wesenheit des Staates ‚Republik Österreich' verändernde Regelung" (*Ringhofer*, Die österreichische Bundesverfassung [1977] 151) bzw eine wesentliche Änderung der Ordnungsprinzipien und/oder ihres Verhältnisses zueinander (*Berka*, Verfassungsrecht[8] [2021] Rz 119) ist als Gesamtänderung der Bundesverfassung zu qualifizieren. Wann diese Grenze im Einzelnen überschritten wird, ist freilich eine schwer zu beantwortende, im Detail strittige Frage.

Was das bundesstaatliche Prinzip betrifft, kann man festhalten, dass nicht jede Kompetenzverschiebung eine das bundesstaatliche Grundprinzip berührende Gesamtänderung darstellt. Nun ist die **Kompetenzverteilung** aber von jeher sehr **bundeslastig** ausgestaltet: Insbesondere politisch wichtige Kompetenzen bleiben dem Bund vorbehalten. Auch die ursprünglich den Ländern verbliebenen Kompetenzen wurden kontinuierlich geschmälert. Dieses Vorgehen hat zu der Diskussion geführt, ob damit nicht sukzessive das **bundesstaatliche Prinzip ausgehöhlt** wird, was letztlich zu einer **„schleichenden Gesamtänderung“** der Bundesverfassung führt. Wann auf diese Weise tatsächlich eine Gesamtänderung vorliegt, ist schwer festzustellen. Da jedoch das Bauwesen eine der mengen- und bedeutungsmäßig größten verbliebenen Länderkompetenzen darstellt, kann im Falle seiner gänzlichen Übertragung argumentiert werden, dass die Grenze einer einfachen Verfassungsänderung überschritten ist.

Frage 5: **Der Student *Sascha Krems* ist irritiert. Konkret gibt ihm die Kompetenz zur Regelung des Verwaltungsverfahrens Rätsel auf: Folgt die Zuständigkeit der jeweiligen Sachkompetenz? Kommt sie generell der Bundesgesetzgebung zu? Kann diese etwa über die Kompetenz verfügen? Haben die Länder bei der ganzen Sache auch ein Wort mitzureden? Und wer soll das alles überprüfen? Sein Übungsleiter entgegnet ihm, dass alles zutreffe. Können Sie den nun endgültig verwirrten *Krems* aufklären?**

Die Regelung des Verwaltungsverfahrens stellt grundsätzlich eine sog **Annexmaterie** (auch **Adhäsionskompetenz/-prinzip** genannt) dar: Diejenige Gesetzgebung, die zur Regelung einer bestimmten Verwaltungsmaterie kompetent ist, darf auch das betreffende Verfahrensrecht ausgestalten. Beispielsweise ist der Bund, dem gem Art 10 Abs 1 Z 8 B-VG die Regelung der Angelegenheiten des Gewerbes zukommt, grundsätzlich auch zur Normierung der entsprechenden Verfahrensbestimmungen zuständig. Umgekehrt fällt den Ländern die Kompetenz zu, Verfahrensvorschriften für das Bauverfahren vorzusehen, da das Baurecht gem Art 15 Abs 1 B-VG zum Gesetzgebungsbereich der Länder gehört. Dass es hierdurch zu einer großen Zersplitterung der Verfahrensvorschriften kommen kann, liegt auf der Hand. Dem will **Art 11 Abs 2 B-VG** vorbeugen: Soweit ein **Bedürfnis nach Erlassung einheitlicher Vorschriften als vorhanden erachtet** wird, kann die Bundesgesetzgebung auch in Angelegenheiten, in denen die Gesetzgebung den Ländern zukommt, einheitliche Verfahrensvorschriften erlassen.[1] **Art 11 Abs 2 B-VG** normiert damit eine **Bundeszuständigkeit**, knüpft sie allerdings an die **Bedingung eines bestehenden Bedarfes**. Man nennt derartige Zuständigkeiten daher auch **Bedarfskompetenzen**. Ob ein Bedarf besteht, hat die Bundesgesetzgebung selbst zu beurteilen: An objektive Kriterien ist sie dabei nicht gebunden, sie muss den Bedarf lediglich als vorhanden erachten. Sie entscheidet damit autonom über das Bestehen ihrer eigenen Kompetenz, weshalb in diesen Fällen verschiedentlich von einer **Kompetenz-Kompetenz** der einfachen

[1] Neben dem (allgemeinen) Verwaltungsverfahren betrifft das allgemeine Bestimmungen des Verwaltungsstrafrechts, das Verwaltungsstrafverfahren und die Verwaltungsvollstreckung.

Bundesgesetzgebung gesprochen wird: Die Kompetenzrechtslage ändert sich erst im Zeitpunkt der Inanspruchnahme der bedarfsabhängigen Kompetenz: Statt einer der Materie folgenden Zuständigkeit der Länder liegt dann eine – materienunabhängige – Zuständigkeit des Bundes vor.

Diese Zuständigkeit des Bundes wird allerdings ihrerseits durchbrochen: **Art 11 Abs 2 B-VG** gibt der jeweiligen **Materiengesetzgebung** – und damit auch der Landesgesetzgebung – die **Möglichkeit** an die Hand, von den einheitlichen Vorschriften des Bundes wiederum **abweichende Regelungen** zu treffen, sofern sie **zur Regelung des Gegenstandes erforderlich** sind. Anders als die Bundesgesetzgebung hinsichtlich der Kompetenz zur Erlassung einheitlicher Vorschriften, ist die Materiengesetzgebung hier jedoch an eine **objektiv zu beurteilende Erforderlichkeit** gebunden (vgl VfSlg 8583/1979).

Zusammengefasst gilt für Verfahrensvorschriften prinzipiell der Grundsatz der Adhäsion: Die Materiengesetzgebung regelt auch das dazu gehörende Verfahren. Bei Bedarf nach materienübergreifenden, einheitlichen Vorschriften kann die Bundesgesetzgebung ebensolche normieren. Sind von diesen einheitlichen Vorschriften abweichende Regelungen objektiv erforderlich, greift wiederum das Adhäsionsprinzip: Die jeweils zuständige Materiengesetzgebung – damit die Länder wie auch der Bund selbst – kann im entsprechenden Materiengesetz Abweichungen vorsehen.

Zur **Überprüfung der Kompetenz- und damit Verfassungsmäßigkeit der einzelnen Verfahrensvorschriften** ist der **VfGH** zuständig. Da aber nur die Abweichung – von den gem Art 11 Abs 2 B-VG erlassenen einheitlichen Vorschriften – an bestimmte Voraussetzungen gebunden ist, kann auch nur sie – und nicht auch die Inanspruchnahme der Kompetenz gem Art 11 Abs 2 B-VG durch den Bund – überprüft werden.

Nimmt man die Unterscheidung zwischen der autonomen Entscheidung des Bundes über das Bestehen eines Bedarfs und die an objektive Kriterien gebundene Kompetenz der Länder hinsichtlich der Erforderlichkeit einer Abweichung ernst, kann nur die Inanspruchnahme der „zweiten Kompetenz-Kompetenz“ überprüft werden.

Diese Fragen können auf mehrere Weise beim VfGH zur Überprüfung einlangen: Im Rahmen der **präventiven Kompetenzfeststellung** gem **Art 138 Abs 2 B-VG** stellt der Gerichtshof auf Antrag der BReg oder einer LReg fest, ob der Akt in die Zuständigkeit des Bundes oder der Länder fällt. Des Weiteren kann die Frage auch nach Erlassung des entsprechenden Gesetzes vom VfGH geprüft werden: Im Rahmen der **abstrakten Normenkontrolle** gem **Art 140 Abs 1 B-VG** kann die BReg einen Antrag auf Überprüfung des Landesgesetzes stellen. Soweit das die Landesverfassung vorsieht, steht dieses Recht auch einem Drittel der Mitglieder des jeweiligen LT zu. Im Zuge der Vollziehung des fraglichen Gesetzes steht bestimmten Stellen außerdem die Möglichkeit offen, den VfGH im Wege der **konkreten Normenkontrolle** gem **Art 140 Abs 1 B-VG** zu befassen: Dies dann, wenn ein ordentliches Gericht, ein VwG, der VwGH oder der VfGH selbst die fragliche Norm in einem bei ihnen anhängigen Verfahren anzuwenden haben, die Norm damit **präjudiziell** ist. Zu einer konkreten Normenkontrolle kann der VfGH daher auch über den Umweg der **Erkenntnisbeschwerde gem Art 144 Abs 1 B-VG** gelangen: Hat er die fragliche Norm in einem solchen Verfahren anzuwenden, kann er von Amts wegen ein Normenkontrollverfahren einleiten. Schließlich bieten die Instrumente des **Individualantrags gem Art 140 Abs 1 Z 1 lit c B-VG** und des **Parteiantrags auf Normenkontrolle gem Art 140 Abs 1 Z 1 lit d B-VG** auch natürlichen wie juristischen Personen – bei Vorliegen der entsprechenden Voraussetzungen und daher im Bereich des Art 11 Abs 2 B-VG praktisch nicht bedeutsam – die Möglichkeit einen Antrag auf konkrete Normenkontrolle an den VfGH zu richten.

Frage 6: Der für Land- und Forstwirtschaft zuständige Bundesminister beobachtet mit Sorge den fortschreitenden Verfall der ländlichen Buschenschanken. Nach Rücksprache mit dem Finanzminister wird die Förderung des Buschenschankwesens durch öffentliche Mittel beschlossen. Die Zuerkennung soll privatrechtlich erfolgen. Ein BuschenschankförderG soll erstens die Grundsätze der Förderung transparent machen; zweitens soll es für die Betreiber von Buschenschanken einzuhaltende und behördlich überprüfbare Hygienestandards aufstellen. Die Bundesregierung bringt eine entsprechende Regierungsvorlage ein. Darf der Nationalrat ein solches Gesetz beschließen?

Das B-VG teilt die Kompetenzen zu Gesetzgebung und Vollziehung in den Art 10-15 an sich abschließend zwischen Bund und Ländern auf: Die Art 10-12 sowie 14-14b (hinsichtlich Schul- und Vergabewesen) zählen die Kompetenzen des Bundes abschließend auf; die verbleibenden Angelegenheiten weist Art 15 Abs 1 B-VG mittels einer Generalklausel dem selbständigen Wirkungsbereich der Länder zu (vgl bereits oben Frage 1).

Die in den Art 10-15 B-VG niedergelegte bundesstaatliche Kompetenzverteilung erfasst allerdings nur die hoheitlichen Funktionen der Gebietskörperschaften Bund und Länder, mithin die Zuständigkeit zur Erlassung und (hoheitlichen) Vollziehung sog **außenwirksamer Normen**, die Rechte und Pflichten natürlicher wie juristischer Personen begründen können.

Die Gebietskörperschaften sind in ihrem Tätigwerden allerdings nicht auf diese unter dem Begriff **„Hoheitsaufgaben“** zusammengefassten Befugnisse eingeschränkt. Daneben steht dem Bund wie den Ländern noch eine weitere Handlungsmöglichkeit offen: Sie können im Rahmen jener **Rechtsformen tätig** werden, welche auch **Privaten** zur Verfügung stehen. Dieser Tätigkeitsbereich wird – in Abgrenzung zur **Hoheitsverwaltung** – als **Privatwirtschaftsverwaltung** bezeichnet. Für die Zuordnung eines Aktes zur Hoheits- oder Privatwirtschaftsverwaltung kommt es lediglich auf dieses **formale Kriterium** an: Handelt der „Staat" in einem konkreten Fall als Träger hoheitlicher Befugnisse oder tritt er als Träger eigener subjektiver Rechte auf?

Gem **Art 17 B-VG** wird „durch die Bestimmungen der Art 10 bis 15 über die Zuständigkeit in Gesetzgebung und Vollziehung [...] die Stellung des Bundes und der Länder als Träger von Privatrechten in keiner Weise berührt". Diese Bestimmung vermittelt nicht nur die Stellung der Gebietskörperschaften als **„Träger von Privatrechten"** und damit die **verfassungsrechtliche Zulässigkeit der Privatwirtschaftsverwaltung**. Sie bestimmt gleichzeitig ausdrücklich, dass die Verfassungsbestimmungen über die Verteilung der Gesetzgebungs- und Vollziehungskompetenzen diese Rechtsträgerschaft nicht berühren. Bund wie Länder können daher auch in solchen Bereichen privatwirtschaftlich tätig werden, in welchen sie nicht Träger hoheitlicher Vollziehungsbefugnisse sind. Die Privatwirtschaftsverwaltung ist **kompetenzrechtlich neutral**.

Fasst man nun die bisherigen Überlegungen zusammen, ist die Privatwirtschaftsverwaltung nicht auf bestimmte „typisch privatwirtschaftliche" Tätigkeitsfelder eingeschränkt. Es obliegt daher der einfachen Gesetzgebung eine Angelegenheit dem Bereich der hoheitlichen oder aber der privatwirtschaftlichen Verwaltung zuzuweisen. In der Wahl der Rechtsform ist sie frei.[2]

Will sie die Angelegenheit dem hoheitlichen Vollzugsbereich zuweisen, ist sie durch die Bestimmungen der Kompetenzverteilung gebunden und kann daher nur tätig werden, wenn sie über die entsprechende Gesetzgebungskompetenz verfügt. Will sie in einer Angelegenheit dagegen mit den Mitteln des Privatrechts tätig werden, kann sie auch „kompetenzübergreifend" handeln.

Im Einzelnen war lange strittig, inwieweit rechtsstaatliche Verbürgungen, wie die Grundrechte oder das Legalitätsprinzip, in diesem Bereich gelten. Inzwischen genießen die **Fiskalgeltung der Grundrechte** wie auch die Gesetzesbindung weithin Anerkennung (s dazu die Ausführungen bei *Ö/E*, Rz 737 ff; *Berka*, Verfassungsrecht[8] [2021] Rz 663; *Mayer/Kucsko-Stadlmayer/Stöger*, Bundesverfassungsrecht[11] [2015] Rz 560 ff). Unbestritten ist jedenfalls, dass privatrechtsförmiges Staatshandeln geregelt werden **darf**. Auch im Bereich der Privatwirtschaftsverwaltung können daher gesetzliche Regelungen bestehen. Art 17 B-VG entbindet die Gebietskörperschaften hier von der Bindung an die Kompetenzverteilung und erlaubt **nicht-hoheitliche Verwaltung** auch dort, wo hoheitliches Tätigwerden nicht möglich ist.

Nach der überwiegenden Lehre stellt Art 17 B-VG auch eine Kompetenzgrundlage für sog **Selbstbindungsgesetze** dar (vgl *Ö/E*, Rz 239; vgl auch VfSlg 15.430/1999). Diese Gesetze dürfen keine subjektiven Rechte einräumen oder Pflichten begründen, sondern ausschließlich **Innenwirkung** entfalten. Mit ande-

2 Nur erwähnt seien in diesem Zusammenhang die Grenzen dieser prinzipiellen Wahlfreiheit: So können die verfassungsrechtlich zulässigen Regelungen durch einzelne Kompetenztatbestände bereits so vorgeprägt sein, dass eine Entscheidungsfreiheit nicht gegeben ist. Auch das Rechtsstaatsprinzip setzt gewisse unverrückbare Grenzen. Vgl *Ö/E*, Rz 239; *Berka*, Verfassungsrecht[8] (2021) Rz 659, 670.

ren Worten kann die Gesetzgebung also lediglich die **privatwirtschaftlich tätige Verwaltung an bestimmte Regeln, Ziele etc binden** und damit die **Ausübung der Privatwirtschaftsverwaltung gestalten**. Die Begründung von Rechten und Pflichten ist demgegenüber eine **hoheitliche Gestaltung** der Rechtslage. Hier ist die Gesetzgebung wiederum an die Bestimmungen der Kompetenzverteilung gebunden.

Für den konkreten Fall ist nun Folgendes zu schließen: Die Art 10–12 B-VG nennen das Buschenschankwesen nicht ausdrücklich. Bei der Suche nach einem Kompetenztatbestand, unter welchen man Regelungen des Buschenschankwesens subsumieren könnte, stößt man zwar auf Art 10 Abs 1 Z 8 B-VG und die Angelegenheiten des Gewerbes. Ein Blick in das Versteinerungsmaterial – konkret das Einführungspatent zur GewO 1859, RGBl 1859/227 – zeigt jedoch, dass das Buschenschankwesen davon unberührt bleiben sollte. Die außenwirksame Regelung des Buschenschankwesens fällt damit in die Zuständigkeit der Länder gem Art 15 Abs 1 B-VG.

Das in Aussicht genommene BuschenschankförderG darf daher nur als Selbstbindungsgesetz des Bundes erlassen werden und keine Rechte und Pflichten Dritter begründen: Es ist daher jedenfalls in jenen Teilen verfassungskonform, in welchen die **Grundsätze der Förderung** festgeschrieben werden. Die entsprechenden Vorschriften richten sich allein an die privatwirtschaftlich fördernde Verwaltung und setzten dieser Ziele und Grenzen.

Problematisch kann das BuschenschankenförderG allerdings in jenem Umfang sein, in welchem es Hygienestandards für die Betreiber von Buschenschanken aufstellt. Nicht zuletzt die behördliche Überprüfbarkeit der Einhaltung dieser Standards spricht dafür, dass die Bundesgesetzgebung hier eine **materielle Regelung des Buschenschankenwesens** treffen will. Dieses fällt jedoch, wie gezeigt, in Gesetzgebung und Vollziehung in die Kompetenz der Länder. In seiner Funktion als (Teil-)**Organ**[3] **der** ***einfachen*** **Bundesgesetzgebung** darf der **NR** das BuschenschankförderG in seinem intendierten Umfang daher nicht beschließen.

Möglich wäre es lediglich, dass das BuschenschankförderG die Einhaltung gewisser Hygienestandards zur Voraussetzung der Gewährung der privatrechtlichen Förderung macht und dem Förderwerber einen entsprechenden Nachweis aufträgt. Behördliche Überprüfungsbefugnisse – die gegebenenfalls mit Befehl und Zwang durchgesetzt werden können – können allerdings keinesfalls in einem einfachen Bundesgesetz festgelegt werden.

Der NR (gemeinsam mit dem BR) wird jedoch nicht nur als Organ der einfachen Bundesgesetzgebung aktiv; ihm kommt vielmehr als Gesetzgebungsorgan des Bundes auch die **Bundesverfassungsgesetzgebung** zu. Angelegenheiten der „Bundesverfassung“ sind nämlich gem Art 10 Abs 1 Z 1 B-VG Bundessache

[3] Gem Art 24 B-VG übt der NR die Gesetzgebung des Bundes gemeinsam mit dem **BR** aus. In Art 42 Abs 5 B-VG sind einige wenige Ausnahmen normiert. In allen anderen Fällen sind Gesetzesbeschlüsse des NR gem Art 42 Abs 1 B-VG unverzüglich dem BR zu übermitteln.

in Gesetzgebung und Vollziehung. Die Bestimmungen über die Kompetenzverteilung sind natürlich Angelegenheiten der „Bundesverfassung". Das Organ der **Bundesverfassungsgesetzgebung** ist jedoch gleichfalls der **NR** (wiederum gemeinsam mit dem BR). Wird der NR (gemeinsam mit dem BR) als Organ der Bundesverfassungsgesetzgebung tätig, gelten lediglich erhöhte Präsenz- und Konsensquoren bei der Beschlussfassung. Dem NR (und dem BR) und damit einem **Bundesorgan** obliegt damit auch die Entscheidung über etwaige Kompetenzverschiebungen, dh über eine Änderung der Art 10–15 B-VG. Diese unterliegen gem Art 44 Abs 2 B-VG einer qualifizierten Zustimmung des BR. Das BuschenschankförderG könnte daher als BVG erlassen werden. Der Kompetenzbereich der einfachen Gesetzgebung wird dadurch natürlich beschränkt. Grenzen setzen dieser Praxis allenfalls die Grundprinzipien (s Frage 4).

Im gegebenen Fall darf der NR das vorgeschlagene Gesetz daher beschließen. Er darf dies allerdings nicht in seiner Funktion als Organ der einfachen Bundesgesetzgebung, sondern lediglich als Organ der Bundesverfassungsgesetzgebung.

Frage 7: Das neu erlassene Alkoholausschankgesetz des Landes S verbietet Betreibern von Gastgewerbebetrieben und Buschenschanken alkoholische Getränke an Personen auszuschenken, die das 18. Lebensjahr noch nicht vollendet haben. Aus den Erläuterungen geht hervor, dass damit „das Nötige zum Schutz der Jugend" getan werden soll. Weiters bestimmt dieses Landesgesetz, dass derjenige eine Verwaltungsübertretung begeht, der entgegen der genannten Bestimmung Alkohol ausschenkt. Ist dieses Landesgesetz kompetenzkonform?

Den Erläuterungen zu Folge soll das LG „das Nötige zum Schutz der Jugend" beitragen. Es scheint sich dabei also auf die – den Ländern gem **Art 15 Abs 1 B-VG** zukommende – Kompetenz zur Erlassung von **Jugendschutzvorschriften** zu stützen. Tatsächlich bezweckt das LG den Schutz der Jugend. Als Mittel zur Erreichung dieses Zieles trifft das Gesetz allerdings Regelungen über die Führung von (Gast)Gewerbebetrieben und Buschenschanken. Diese Regelungen könnten nach **Art 10 Abs 1 Z 8 B-VG als „Angelegenheiten des Gewerbes"** in Gesetzgebung und Vollziehung dem Bund vorbehalten sein. Aus der Gewerbeordnung waren Buschenschanken im Versteinerungszeitpunkt allerdings ausgenommen (s dazu Frage 6). Soweit sich das LG auf sie bezieht, ist Art 10 Abs 1 Z 8 B-VG also nicht einschlägig und das LG kompetenzkonform, da es sich insoweit jedenfalls auf Art 15 Abs 1 B-VG (Buschenschanken oder Jugendschutz) stützen kann.

Ob das an Gastgewerbetreibende gerichtete Ausschankverbot Art 10 Abs 1 Z 8 B-VG unterfällt oder dem Jugendschutz gem Art 15 Abs 1 B-VG, ist eine nur mittels Versteinerungsmaterial zu beurteilende Frage. Der VfGH erkannte unter Rückgriff auf frühere Judikatur betreffend die Beschränkung der Gewerbeausübung mittels Automaten zum Zwecke des Schutzes unmündiger Minderjähriger in VfSlg 19.583/2011, dass das Verbot eines Alkoholausschanks an Jugendliche in Gewerbebetrieben dem Kompetenztatbestand des Art 10 Abs 1 Z 8 B-VG, nicht jedoch der Generalklausel des Art 15 Abs 1 B-VG zu unterstellen sei. Dem entspricht auch § 114 GewO 1994, der ein Ausschankverbot für Gewerbetreibende enthält. Die Bundesgesetzgebung ist somit zur Regelung solcher Verbote zuständig; die Regelung ist, soweit sie sich auf Gastgewerbetreibende bezieht, kompetenzwidrig.

Verwaltungsstrafrechtliche Regelungen folgen kompetenzrechtlich der Hauptmaterie (Art 10 Abs 1 Z 6 B-VG; **Adhäsions- oder Annexprinzip**, vgl *Ö/E*, Rz 279). Jedenfalls kompetenzkonform ist daher die Anordnung der Strafe, soweit sie sich auf die Betreiber von Buschenschanken bezieht. Da das Ausschankverbot für Gastgewerbetreibende als kompetenzwidrig beurteilt wurde, muss konsequenterweise auch die Strafbestimmung als kompetenzwidrig angesehen werden.

Frage 8: Das Bundesgesetz über Kranken- und Kuranstalten wird anlässlich der Gesundheitsreform geändert. Unter anderem finden sich darin Neuerungen betreffend die Regelungen über die Errichtung von Krankenanstalten. Die Änderungen dieses Bundesgesetzes sollen am Tag nach der Kundmachung in Kraft treten. Für die Länder sieht das Bundesgesetz eine Frist von sechs Monaten für die Erlassung von Ausführungsbestimmungen vor. Müssen die Länder tätig werden und was geschieht, wenn binnen sechs Monaten keine Ausführungsbestimmungen erlassen werden?

Die Gesetzgebungskompetenz betreffend Heil- und Pflegeanstalten ist zwischen Bund und Ländern „geteilt“: Gem **Art 12 Abs 1 Z 1 B-VG** kommt dem **Bund** die **Gesetzgebung über die Grundsätze** zu; die **Länder** sind zur **Erlassung von Ausführungsgesetzen** kompetent. Die Abgrenzung der jeweiligen Inhalte von Grundsatz- und Ausführungsgesetz ist im Einzelnen schwer zu treffen: Prinzipiell gilt, dass Grundsatzgesetze **Grundzüge der jeweiligen Regelung** festzulegen haben, welche durch die **darauf gestützten Ausführungsgesetze näher ausgeführt** werden. Die Regelungen des Grundsatzgesetzes müssen daher einerseits so weit bestimmt sein, dass eine Zuordnung zu einem der Kompetenztatbestände des Art 12 Abs 1 B-VG möglich ist; sie dürfen andererseits nicht so bestimmt sein, dass das BG im Hinblick auf Art 18 B-VG einwandfrei vollziehbar ist. Ein Grundsatzgesetz kann daher sowohl an Überdeterminierung als auch an mangelnder Bestimmtheit leiden und damit verfassungswidrig sein (vgl *Mayer/Kucsko-Stadlmayer/Stöger*, Bundesverfassungsrecht[11] [2015] Rz 266). Ein Grundsatzgesetz ist jedenfalls nicht unmittelbar anwendbar – alleine das Ausführungsgesetz bietet die Grundlage für Rechtsakte in der entsprechenden Angelegenheit. Es bedarf allerdings umgekehrt nicht notwendigerweise eines Grundsatzgesetzes, damit die Länder in der betreffenden Angelegenheit ein – unmittelbar anwendbares – Landesgesetz erlassen dürfen: Stellt die **Bundesgesetzgebung keine**

Grundsätze auf, können die **Länder** die **betreffende Angelegenheit gem Art 15 Abs 6 B-VG frei regeln.** Diese Ermächtigung zur freien Regelung erstreckt sich nicht nur auf Tatbestände, in welchen der Bund völlig untätig geblieben ist; auch in Fällen, in denen die Grundsatzgesetzgebung lediglich Teilbereiche ungeregelt lässt, können die Länder selbständig tätig werden.

Im vorliegenden Sachverhalt wurde die Grundsatzgesetzgebung durch eine Änderung tätig, sodass die Ausführungsgesetzgebung gehalten ist, entsprechende Anpassungen vorzunehmen: Die LG sind innerhalb einer von der Grundsatzgesetzgebung zu bestimmenden **Frist** – die gem Art 15 Abs 6 B-VG ohne Zustimmung des BR nicht kürzer als sechs Monate und nicht länger als ein Jahr sein darf – anzupassen. Gegenständlich wurden sechs Monate vorgesehen und haben die Länder daher binnen dieser Frist in Bindung an die Grundsätze ihre LG entsprechend anzupassen. Geschieht dies nicht, führt das zur **Invalidation des Landesgesetzes:** Es wird **verfassungswidrig, gilt** jedoch bis zu seiner Aufhebung oder Anpassung weiter (vgl *Ö/E*, Rz 246). Allein die Erlassung des Bundes-Grundsatzgesetzes führt damit weder zur Derogation noch zur Unanwendbarkeit des Landes-Ausführungsgesetzes. Auch kann ein Grundsatzgesetz des Bundes nach Ablauf der Ausführungsfrist **nicht „unmittelbar anwendbar"** werden, wenn ein Land kein Ausführungsgesetz erlässt bzw dieses nicht anpasst. Lediglich für den Fall, dass gar keine landesgesetzliche Regelung besteht, tritt **Devolution** an den Bund ein, das heißt, dieser kann anstelle des Landes Ausführungsbestimmungen erlassen, die bei Tätigwerden des Landesausführungsgesetzgebers jedoch wieder automatisch außer Kraft treten.

Frage 9: ***Marion*, eine gebürtige Steirerin, zieht nach ihrem Musikstudium an der Grazer Kunstuniversität nach Wien, um dort ihre Karriere zu starten. Da *Marion* plant, ihre Familie in Graz weiterhin zu besuchen, gegebenenfalls dort auch Solokonzerte zu geben, will sie einen „Doppelwohnsitz" beantragen. Als *Marion* vom Magistrat der Stadt Wien darüber aufgeklärt wird, dass sie nur einen Hauptwohnsitz haben dürfe, ist *Marion* empört. Es könne ganz sicher nicht verfassungsmäßig sein, dass sie als steirische Landesbürgerin keinen Anspruch auf einen Grazer Hauptwohnsitz habe und dort in Folge nicht mehr wahlberechtigt sei, nur weil sie nunmehr in Wien arbeite und lebe. Erklären Sie *Marion* diesbezüglich die geltende Verfassungsrechtslage!**

Art 6 Abs 1 bis 3 B-VG regelt das Verhältnis von **Staatsbürgerschaft** und **Landesbürgerschaft** sowie den **Hauptwohnsitz** einer Person. In Österreich gibt es eine einheitliche und ungeteilte Staatsbürgerschaft. Die Landesbürgerschaft spielt für die Staatsbürgerschaft keine eigenständige Rolle; sie grenzt jenen Personenkreis ein, der grundsätzlich an der politischen Willensbildung in einem Land beteiligt ist. Zu den **Landesbürgern** zählen jedenfalls jene Staatsbürger, die in dem Land den **Hauptwohnsitz** haben; die Landesgesetze können jedoch vorsehen, dass auch Staatsbürger, die einen anderen Wohnsitz (Zweit- oder Nebenwohnsitz) in dem Land haben, dessen Landesbürger sind.

Für die Landesbürgerschaft ist somit grundsätzlich der Hauptwohnsitz ausschlaggebend. Art 6 Abs 3 B-VG legt fest, dass jede Person nur **einen Hauptwohnsitz** begründen kann. Ihr ist es jedoch nicht verwehrt, weitere Wohnsitze (außer Hauptwohnsitze) zu begründen. Als Hauptwohnsitz ist jener Ort zu bezeichnen, an dem die betreffende Person beabsichtigt, den **Mittelpunkt ihrer Lebensinteressen** zu schaffen. Dabei spielen berufliche, wirtschaftliche und gesellschaftliche Gesichtspunkte eine Rolle. Kommen mehrere Wohnsitze dafür in Frage, ist bei einer Gesamtbetrachtung das überwiegende Naheverhältnis ausschlaggebend.

Für *Marion* bedeutet das Folgendes: Es ist verfassungsrechtlich unzulässig, mehr als einen Hauptwohnsitz zu begründen, jedoch zulässig neben einem Hauptwohnsitz weitere (Neben-)Wohnsitze zu haben. In ihrem Fall ist zu beurteilen, wo sich der Mittelpunkt ihrer Lebensinteressen befindet. Eine Gesamtabwägung dürfte aufgrund der Tatsache, dass *Marion* in Wien arbeiten und leben und in Graz „nur" ihre Familie regelmäßig besuchen bzw hin und wieder ein Konzert geben wird, ergeben, dass sich in Wien ihr neuer Lebensmittelpunkt befindet. Damit wäre ihr Hauptwohnsitz in Wien gelegen, sie könnte jedoch in Graz einen weiteren Wohnsitz behalten. Ihre „steirische Landesbürgerschaft" ergibt sich nicht aus der Tatsache, dass sie in der Steiermark geboren wurde, sondern richtet sich grundsätzlich nach ihrem Hauptwohnsitz. Nur wenn ein steirisches Landesgesetz auch anderen Personen mit einem weiteren Wohnsitz in der Steiermark die Landesbürgerschaft zuerkennt, kann *Marion* diese behalten. Jedenfalls erhält sie mit der Begründung des Hauptwohnsitzes in Wien die Wiener Landesbürgerschaft. Die Auskunft des Magistrats der Stadt Wien war somit richtig.

Frage 10a: *Elfriede* ist begeistert vom derzeitigen Engagement der Politik in Sachen Bildung. Wie sie in den Nachrichten gehört hat, haben Bund und Länder einen Vertrag über die Förderung von Hochbegabten geschlossen. Enthusiastisch schickt sie die Rechnungen für den Hochbegabtenkurs ihres Sohnes unter Hinweis auf den Vertrag zwischen Bund und Ländern und Bekanntgabe ihrer Bankverbindung an das Bundesministerium für Bildung. Worum handelt es sich bei diesem Vertrag, wer kann ihn abschließen und kann *Elfriede* tatsächlich mit dem Geld rechnen?

Bei dem in der Frage angesprochenen Vertrag handelt es sich um eine sog „Art 15a-Vereinbarung". Darunter werden öffentlich-rechtliche Verträge verstanden, die Bund und Länder oder Länder untereinander gem Art 15a B-VG über Angelegenheiten ihres selbständigen Wirkungsbereiches abschließen können. Gegenstand der zwischen den Gebietskörperschaften abzuschließenden Verträge können Angelegenheiten der Gesetzgebung, der Vollziehung sowie der Privatwirtschaftsverwaltung sein.

Abschlussberechtigt ist auf Seiten des Bundes die BReg oder der zuständige BM; auf Seiten des Landes das durch Landesverfassungsgesetz festgelegte Organ. Durch landesverfassungsgesetzliche Regelungen wird die Kompetenz zum Eingehen derartiger Vereinbarungen regelmäßig dem LH (teilweise unter Mitwirkung der LReg) zugewiesen. Gesetzesändernde oder -ergänzende Verträge bedürfen einer Genehmigung durch den NR unter Mitwirkung des BR. Mitwirkungsrechte eines LT können durch die jeweilige Landesverfassung festgelegt werden.

Art 15a-Vereinbarungen binden die Vertragsparteien, somit Bund und Länder, nicht aber Dritte. Solche Vereinbarungen sind also **nicht unmittelbar anwendbar** wie ein Gesetz oder eine Verordnung. Sie begründen keine Rechte und Pflichten für Dritte (non self-executing). Diese entstehen erst nach einer Transformation des Vertrages in gesetzliche Regelungen oder – bei entsprechender gesetzlicher Grundlage – in Verordnungen.

Im vorliegenden Fall ist von Bund und Ländern in der Art 15a-Vereinbarung die Hochbegabtenförderung beschlossen worden. Selbst wenn in der Vereinbarung ganz bestimmte Summen und Anspruchsvoraussetzungen genannt würden, könnte sich *Elfriede* aber nicht darauf berufen.

Frage 10b: Das Land K ist der Meinung, der Bund würde seine vertraglichen Verpflichtungen nicht erfüllen, weil er das in der Vereinbarung genannte Fördergesetz nicht erlassen hätte. Hat das Land K Möglichkeiten, die Erlassung des Gesetzes zu erzwingen?

Gem **Art 138a B-VG** stellt der VfGH auf Antrag der BReg oder einer beteiligten LReg fest, ob eine Vereinbarung im Sinne des Art 15a Abs 1 B-VG vorliegt und ob von einem Land oder dem Bund die aus einer solchen Vereinbarung folgenden Verpflichtungen, soweit es sich nicht um vermögensrechtliche Ansprüche handelt, erfüllt worden sind.

Die **LReg von K** sollte somit an den VfGH herantreten. Tatsächlich durchsetzbar ist die Erlassung des Gesetzes durch den VfGH allerdings nicht; dieser ist auf eine **Feststellung** der mangelnden Erfüllung von Verpflichtungen aus dem Vertrag beschränkt. Entstehen vermögensrechtliche Ansprüche aus einer Art 15a-Vereinbarung, so sind diese im Wege des Art 137 B-VG beim VfGH geltend zu machen (Kausalgerichtsbarkeit).

Frage 11a: Im Land S kommt es in letzter Zeit rund um ein Asylheim vermehrt zu polizeilichen Einsätzen wegen Diebstahls. Dem Landtagsabgeordneten *Helmut Angst* gelingt es, im Landtag eine Novelle des Landessozialhilfegesetzes durchzusetzen. Seiner Meinung nach müsse für Asylwerber im Land S ausreichend ge-

sorgt werden, damit diese nicht zu Straftaten verleitet würden. Ein neu geschaffener § 7b regelt, dass jedem Asylwerber während des Asylverfahrens ein Versorgungsanspruch eingeräumt wird. Zusätzlich wird mit § 7c ein Ausgangsverbot für Asylwerber zwischen 20 und 6 Uhr verhängt; die Asylheime werden in dieser Zeit verriegelt und ein Verstoß mit Verwaltungsstrafe bedroht. Auf Bundesebene gibt es dazu keine Regelungen. Kann das Land S eine solche Novelle verfassungskonform erlassen?

Der Landesgesetzgeber fügt § 7b in das Landessozialhilfegesetz ein; er nimmt also offenbar an, dass es sich hier um **Armenwesen iSd Art 12 Abs 1 Z 1 B-VG** handelt. Angelegenheiten des Art 12 B-VG sind in der Grundsatzgesetzgebung Bundessache, dem Land kommt nur die Ausführungsgesetzgebung und Vollziehung zu. Stellt der Bundesgesetzgeber keine Grundsätze auf, so kann das Land solche Angelegenheiten aber frei regeln (Art 15 Abs 6 B-VG). Ob es gegenständlich ein Grundsatzgesetz des Bundes gibt, ist aber gar nicht von Relevanz: Nicht überall wo „Sozialhilfe" draufsteht, ist Sozialhilfe drin. Denn fraglich ist, ob die **Grundversorgung von Fremden** kompetenzrechtlich überhaupt zum Armenwesen gehört. Denn diese Versorgung wird ja nicht allein aus dem Motiv der Hilfsbedürftigkeit gewährt; sie steht vielmehr im Zusammenhang mit einer bestimmten Verwaltungsmaterie, nämlich dem **Asyl- bzw Fremdenpolizeirecht**, also zwei Angelegenheiten, die in Gesetzgebung und Vollziehung Bundessache sind **(Art 10 Abs 1 Z 3 und 7 B-VG)**. So gesehen lässt sich mit guten Gründen vertreten, dass die Regelung der Grundversorgung von vornherein keine Landessache ist.

Kompetenzrechtlich unproblematisch sind landesrechtliche Regelungen freilich, soweit sie nur **privatwirtschaftlich** zu erbringende Leistungen vorsehen: Denn im Rahmen der Privatwirtschaftsverwaltung sind Bund und Länder ja nach Art 17 B-VG nicht an die Kompetenzverteilung gebunden (s Frage 6).

§ 7c ordnet demgegenüber Hoheitsmaßnahmen an, nämlich massive, mit Zwangsgewalt durchsetzbare Eingriffe in die Rechte der Asylwerber. Diese Hoheitsmaßnahmen sollen Gefahren abwehren, die auf dem Gebiet des Asyl- bzw Fremdenpolizeirechts auftreten können, also in Materien, die kompetenzrechtlich Bundessache sind (Art 10 Abs 1 Z 3 und 7 B-VG). § 7c ist daher insoweit kompetenzwidrig.

Auch die Strafvorschrift will flankierend zu § 7c Gefahren abwehren, die im Asyl- bzw Fremdenpolizeirecht, also in einer Bundesmaterie (Art 10 Abs 1 Z 3 und 7 B-VG) auftreten können. Denkbar wäre auch eine Zuordnung zur **Sicherheitspolizei**, dort aber nur zur **überörtlichen (Art 10 Abs 1 Z 7 B-VG)**, nicht hingegen zur örtlichen Sicherheitspolizei (Art 15 Abs 2 B-VG). So oder so regelt § 7c kompetenzwidrig eine Angelegenheit, die in Gesetzgebung und Vollziehung Bundessache ist.

Frage 11b: Damit nicht genug, schlägt *Helmut Angst* vor, einen eigenen Wachkörper einzurichten, der sich im Land S um die Einhaltung der Vorschriften des § 7c durch Asylwerber kümmern solle. Die Polizei gehöre von solchen Dingen entlastet. Ist dies aus kompetenzrechtlicher Sicht möglich?

Die Errichtung von **Wachkörpern** ist – von Gemeindewachkörpern abgesehen – nach **Art 10 Abs 1 Z 14 B-VG** dem Bund vorbehalten. Die Errichtung eines Wachkörpers durch Landesgesetz wäre daher kompetenzwidrig.

Frage 11c: Ändert sich an der Beurteilung unter a) und b) etwas, wenn der Bund und das Land S eine diesbezügliche Art 15a-Vereinbarung abschließen?

An den festgestellten Kompetenzwidrigkeiten ändert die Art 15a B-VG-Vereinbarung nichts, weil Bund und Länder nach Art 15a B-VG nur eine Vereinbarung über Angelegenheiten ihres jeweiligen Wirkungsbereiches schließen können. Fehlende Kompetenzen ersetzen oder bestehende Kompetenzen verschieben kann eine solche Vereinbarung nicht.

Frage 12a: Frau *Klug* möchte ihre Kinder unbedingt im schönsten Kindergarten des Landes W unterbringen. Die Voranmeldung hat sie versäumt. Als man ihr sagt, die Gruppengröße sei mit maximal 12 Kindern gesetzlich begrenzt und es sei kein Platz mehr frei, ist Frau *Klug* verwundert. Sie ist sich ganz sicher, dass das Kind ihrer Freundin *Felicitas* im Land N mit 15 anderen Kindern in einer Kindergartengruppe ist und überhaupt findet sie es seltsam, dass man in W per Voranmeldung einen Platz reservieren sollte. Wie kann es sein, dass es unterschiedliche Vorgaben im Land W und im Land N gibt?

Die unterschiedlichen Vorgaben ergeben sich offensichtlich aus Landesgesetzen, die im Land W hinsichtlich der Kindergartenanmeldung und der Gruppengröße anderes vorsehen als im Land N. Das **Kindergartenwesen und Hortwesen** ist gem **Art 14 Abs 4 lit b B-VG** Landessache in Gesetzgebung und Vollziehung. Die Länder sind sohin frei in der Ausgestaltung der Kindergartenformen und -organisation, wie etwa der Schaffung eines Voranmeldesystems und der Begrenzung von Gruppengrößen.

Frage 12b: Frau *Klug* hat gehört, dass es eine Behörde gibt, die für das Schul- und Erziehungswesen im Land W zuständig ist. Welche Behörde meint Frau Klug und ist diese Behörde für ihr Anliegen zuständig?

Frau *Klug* meint die in Art 113 B-VG vorgesehene Bildungsdirektion, eine auf verfassungsgesetzlicher Ebene vorgesehene gemeinsame Behörde von Bund und Land. In jedem Land ist eine solche Bildungsdirektion einzurichten. Sie ist gem Art 113 Abs 1 B-VG jedoch ausdrücklich nicht für die Vollziehung des Kindergartenwesens und Hortwesens gem Art 14 Abs 4 lit b B-VG zuständig. Die Vollziehung des Kindergartenwesens und Hortwesens erfolgt daher in normaler Landesvollziehung. Frau *Klug* muss sich daher an die im Land W zuständige Landesbehörde, nicht jedoch an die Bildungsdirektion wenden.

Frage 13: Der Datenschutz ist seit Jahren in aller Munde. *Verena* hat gehört, dass das Unionsrecht den Datenschutz regelt. *Stefanie* bildet sich jedoch ein, vor nicht allzu langer Zeit gelesen zu haben, dass auch die österreichische Bundesverfassung einen Kompetenztatbestand dazu enthält. Wie ist die Kompetenzverteilung im Bereich des Datenschutzrechts geregelt?

Verena hat insofern Recht, als das Unionsrecht das Datenschutzrecht sehr weitgehend in Form von Richtlinien und Verordnungen determiniert. Diese Regelungen müssen jedoch in nationales Recht umgesetzt (Richtlinien) bzw. ausgeführt (Verordnungen) werden und bedarf es daher nationaler Rechtsakte. Seit Inkrafttreten des BGBl I 14/2019 enthält Art 10 Abs 1 Z 13 B-VG die Gesetzgebungs- und Vollziehungskompetenz des Bundes im Bereich **allgemeiner Angelegenheiten** des Schutzes personenbezogener Daten.

Davor war die Gesetzgebungskompetenz zwischen Bund und Ländern geteilt: Der Bund war nur im Bereich des automationsunterstützten Datenverkehrs für den Datenschutz zuständig, die Länder hingegen für den Datenschutz bei konventionellen (manuellen) Datenverarbeitungen. Insbesondere die Richtlinie 95/46/EG[4] musste durch das DSG 2000 und eigene Datenschutzgesetze der Länder umgesetzt werden, wobei der den Ländern – infolge der Vorgaben der Richtlinie und des Grundrechts auf Datenschutz gem § 1 DSG 2000 – verbliebene Gestaltungsspielraum äußerst gering war (vgl EB RV 301 BlgNR XXVI. GP 3).

[4] Dabei handelt es sich um die Vorgängerrichtlinie der DSGVO.

Die damalige Einschränkung der Gesetzgebungszuständigkeit des Bundes auf den Schutz personenbezogener Daten im automationsunterstützten Datenverkehr entfiel mit dem genannten BGBl durch Änderungen des B-VG und des DSG. Der Bund kann nunmehr daher die DSGVO[5] und die Richtlinie (EU) 2016/680[6] einheitlich und vollständig, also auch hinsichtlich manueller personenbezogener Dateisysteme durchführen bzw umsetzen.

Durch die Einschränkung der Bundeskompetenz auf allgemeine Angelegenheiten des Schutzes personenbezogener Daten bleibt die Zuständigkeit zur Erlassung von auf einen bestimmten Gegenstand bezogenen datenschutzrechtlichen Regelungen unberührt. Die Regelungen betreffend allgemeine Angelegenheiten des Schutzes personenbezogener Daten werden auf den Kompetenztatbestand in Art 10 Abs 1 Z 13 B-VG gestützt; hingegen sollen die spezifischen datenschutzrechtlichen Regelungen sowohl in Angelegenheiten der Bundesgesetzgebung als auch in Angelegenheiten der Landesgesetzgebung weiterhin auf die Kompetenztatbestände der jeweiligen Materie gestützt werden (**materienspezifischer Datenschutz als Annexmaterie**).

Die Regelungen im DSG betreffend den Datenschutzbeauftragten im öffentlichen Bereich gründen sich insbesondere auf Art 10 Abs 1 Z 16 B-VG. Dienst- und organisationsrechtliche Vorschriften im Bereich der Länder sind daher nicht von der Bundeskompetenz umfasst.

Die Vollziehung des Datenschutzrechts liegt zur Gänze beim Bund und wird von diesem in unmittelbarer Bundesverwaltung (Art 102 Abs 2 B-VG) vollzogen.[7]

---

5 Verordnung (EU) 2016/679 zum Schutz natürlicher Personen bei der Verarbeitung personenbezogener Daten, zum freien Datenverkehr und zur Aufhebung der Richtlinie 95/46/EG (Datenschutz-Grundverordnung), ABl L 119 vom 4.5.2016 S 1.

6 Richtlinie (EU) 2016/680 zum Schutz natürlicher Personen bei der Verarbeitung personenbezogener Daten durch die zuständigen Behörden zum Zwecke der Verhütung, Ermittlung, Aufdeckung oder Verfolgung von Straftaten oder der Strafvollstreckung sowie zum freien Datenverkehr und zur Aufhebung des Rahmenbeschlusses 2008/977/JI des Rates, ABl L 119 vom 4.5.2016 S 89.

7 Keine Vollziehung des Datenschutzrechts stellt die bloße Verarbeitung von personenbezogenen Daten durch Länder und Gemeinden als Verantwortliche oder Auftragsverarbeiter dar. Da es für die faktische Handhabung personenbezogener Daten durch Behörden insofern keiner allgemeinen datenschutzrechtlichen Vollzugskompetenz, sondern lediglich einer Zuständigkeit aus einem „Materiengesetz" bedarf, und der Vollzug des DSG bzw der DSGVO ausschließlich bei der unabhängigen Aufsichtsbehörde liegen soll, bedarf es keiner gesonderten Regelung im DSG (EB RV 301 BlgNR XXVI. GP 4).

Demokratische Republik I: Grundbegriffe, Volksvertretung und Gesetzgebung

Martin Lenzbauer

Frage 1: Austauschstudent *Petr* liest in Art 60 B-VG: „Der Bundespräsident wird vom Bundesvolk [...] gewählt." Er schließt daraus, dass die österreichische Verfassung die Demokratie als Regierungsform vorschreibe. Stimmen Sie zu?

Wahlen spielen in einer (mittelbaren) Demokratie eine wichtige Rolle, es kommt aber auch darauf an, *was* gewählt wird. Von einer Demokratie sprechen wir va dann, wenn der *Gesetzgeber* mittels Volkswahl bestimmt wird. Das ist in Österreich auf Bundesebene der NR – unter Mitwirkung des BR –, nicht der BPräs, der Teil der Vollziehung ist. Mit anderen Worten: Gäbe es – wie noch 1920 – keine Volkswahl des BPräs, wäre damit noch nicht die Demokratie abgeschafft.

Die demokratische Ausrichtung Österreichs ergibt sich im B-VG va aus Art 1 („Österreich ist eine demokratische Republik. Ihr Recht geht vom Volk aus") sowie aus den Bestimmungen zur Gesetzgebung des Bundes (Art 24 ff, Art 41 ff) und der Länder (Art 95 ff). Auch Art 23a B-VG gehört hierher (Wahl des europäischen Parlaments). Nach der Rsp des VfGH (VfSlg 17.264/2004) wird man außerdem Art 117 B-VG, der die Wahlen zum GR regelt, dazurechnen müssen. Dieser ist zwar kein gesetzgebendes Organ, wohl aber – wie NR, BR und LT – ein „allgemeiner Vertretungskörper", der die Interessen der Menschen in seinem Gebiet vertritt.

Frage 2: Warum spricht man in Österreich von einem „parlamentarischen Regierungssystem"? Aus welchen Verfassungsbestimmungen ergibt sich dieses? Welchen Einfluss haben die Parteien auf dieses System? Welchen der Bundespräsident?

Das österreichische Regierungssystem wird deshalb als ein „parlamentarisches" bezeichnet, weil die Volksvertretungen starken Einfluss auf die Regierung haben: Der NR kann etwa der BReg das Vertrauen entziehen (politische Verantwortlichkeit), und bei Gesetzesverstößen Anklage beim VfGH erheben (rechtliche Verantwortlichkeit).

Das ergibt sich aus Art 74 B-VG (Misstrauensvotum) sowie Art 76 und Art 142 B-VG („Ministeranklage", „Staatsgerichtsbarkeit").

Weil die stimmenstärksten Parteien regelmäßig sowohl im NR wie auch in der BReg vertreten sind, kommen diese Instrumente aber kaum zum Einsatz. Konflikte werden intern ausgetragen; ein Minister tritt mitunter bereits zurück, bevor ein Misstrauensvotum eingeleitet wird.

Einen starken „präsidentiellen“ Einschlag hat dieses System 1929 durch die Neuregelung der Stellung des BPräs bekommen. Dieser bestellt und entlässt die BReg und kann sogar den NR auflösen. Weil das freilich die Macht des NR beschränkt, wird seither auch der BPräs direkt gewählt.

Frage 3: Welche Rolle spielen die Grundrechte für die Demokratie? Welche Grundrechte sind für die Demokratie von besonderer Bedeutung? Kann der Gesetzgeber diese Grundrechte abschaffen?

Für die demokratische Meinungsbildung ist es wichtig, dass sich der Wahlberechtigte frei über die (politischen) Entwicklungen informieren kann, dass er sich frei darüber austauschen kann und dass es ihm freisteht, seine gewonnene Einsicht auch mitzuteilen. Nur so gewinnt die abgegebene Stimme eine Qualität, die den Wahlausgang tragbar macht.

Damit das Wahlrecht – das selbst grundrechtlich geschützt ist – sinnvoll ausgeübt werden kann, verbürgt die Verfassung daher etwa Meinungs-, Presse-, Petitions-, Vereins- und Versammlungsfreiheit. Auch das mit der Nov BGBl I 2024/5 neu eingeführte – bislang als einfachgesetzliches Auskunftsrecht ausgestaltete – Grundrecht auf Zugang zu Informationen (Art 22a Abs 2 und 3 B-VG) ist hier zu erwähnen.

Der Gesetzgeber kann diese Grundrechte nicht ohne weiteres abändern oder ganz streichen. Weil die Grundrechte in Verfassungsrang stehen, benötigt er dazu jedenfalls eine sog Verfassungsmehrheit (Art 44 Abs 1 B-VG: ⅔ Konsensquorum, ½ Anwesenheitsquorum). Die Aufhebung oder Änderung von Grundrechten kann zudem eine Gesamtänderung der Verfassung bedeuten, sodass ein solches Verfassungsgesetz zu seinem Zustandekommen einer Abstimmung des gesamten Bundesvolkes bedarf (Art 44 Abs 3 B-VG; wo diese Grenze liegt, ist freilich auch hier schwierig zu beurteilen – genügt die Einschränkung oder Abschaffung eines einzelnen Grundrechts?).

Frage 4: Die linksextreme „Rote Rüben Fraktion“ (RRF) lehnt den Parlamentarismus strikt ab, möchte aber dennoch als politische Partei auftreten, um die von ihr angestrebten Umschwünge auf legalem Wege einzuleiten. Zu diesem Zweck wird eine Satzung verfasst und beim Innenministerium hinterlegt, in der sich die RRF ganz offen zur „Abschaffung der Demokratie“ und der „Etablierung einer egalitären Gesellschaft“ bekennt.

a) Ist eine politische Partei erfolgreich gegründet worden? Kann sie behördlich aufgelöst werden?

b) Könnte die RRF die Demokratie auf verfassungskonforme Weise abschaffen?

a) Für die Gründung nach dem BG über die Finanzierung politischer Parteien (Parteiengesetz 2012 – PartG) genügt die Hinterlegung einer Satzung, wenn sie bestimmte Mindesterfordernisse aufweist (vgl § 1 Abs 4 PartG: Regelung der Parteiorgane und Vertreter, Rechte und Pflichten der Mitglieder, Parteigliederung, freiwillige Auflösung). Liegen diese Voraussetzungen vor, erlangt die RRF mit Hinterlegung Rechtspersönlichkeit als Partei, sonst nicht.

Dass die RRF demokratiefeindliche Absichten hat und dem Linksextremismus zugeordnet wird, schadet wohl nicht: Nach § 1 Abs 3 PartG ist die Parteigründung frei, wenn bundesverfassungsgesetzlich nicht anderes bestimmt ist. Solche Verfassungsbestimmungen finden sich zwar im Verbotsgesetz 1947 (§ 3 ff) und im StV von Wien (Art 4 und 9), diese beziehen sich aber ausschließlich auf nationalsozialistische Organisationen.

Ein behördliches Verfahren zur Auflösung von Parteien gibt es nicht. Die Satzung darf nach der Rsp auch nicht abgelehnt werden (VfSlg 19.844/2014). Ob eine Partei Rechtspersönlichkeit erlangt hat, ist jeweils inzident zu klären – also im Zuge von Verfahren, in denen die RRF als Verfahrenspartei auftritt (etwa vor der Wahlbehörde, wenn die RRF einen Wahlvorschlag einbringt).

b) Anders als etwa in Deutschland (vgl Art 79 Abs 3 iVm Art 20 Grundgesetz) kennt die österreichische Verfassung keine positivrechtliche Verbürgung einer sog „streitbaren" bzw „wehrhaften" Demokratie. Es gibt mit anderen Worten keine Verfassungsbestimmung, welche die Abschaffung des demokratischen Grundprinzips (oder anderer Grundprinzipien) auf legalem Wege verbieten würde (keine „Ewigkeitsklausel"). Nach dem Wortlaut des B-VG ist es daher möglich, die Demokratie (bzw die Verfassung überhaupt) mit ⅔-Mehrheit im National- und Bundesrat und einer (positiven) Volksabstimmung abzuschaffen (Art 44 B-VG). Ob dem ein ungeschriebener Grundsatz entgegensteht, ist umstritten.

Frage 5: Müssen „politische" Parteien immer auch „wahlwerbende" Parteien sein und umgekehrt?

Nein, die Begriffe sind zu trennen:

Die *politische* Partei entsteht – sofern sie den Erfordernissen des PartG entspricht – durch Hinterlegung ihrer Satzung beim Innenministerium (§ 1 Abs 4 PartG). Die *wahlwerbende* Partei entsteht grundsätzlich mit dem Einbringen eines konkreten Wahlvorschlags (eine Liste der antretenden Kandidatinnen der Partei) bei der Wahlbehörde. Nur die wahlwerbende Partei tritt daher jedenfalls zur Wahl an, die politische Partei bekennt sich dazu allenfalls in ihrer Satzung (vgl § 1 Abs 2 PartG). Nur eine wahlwerbende Partei kann daher die Wahl anfechten (§ 67 Abs 2 VfGG iVm Art 141 B-VG).

Wahlwerbende Parteien genießen nach der Judikatur des VfGH bloß vorübergehende, auf die konkrete Wahl und die Rechte und Pflichten aus der entsprechenden Wahlordnung *beschränkte Rechtspersönlichkeit* (die Lehre nimmt teilweise eine unbeschränkte Rechtspersönlichkeit an – vgl *Mayer/Kucsko-Stadlmayer/Stöger*, Bundesverfassungsrecht[11] [2015] Rz 317). Politische Parteien werden dagegen mit der Satzungshinterlegung jedenfalls dauerhaft *vollrechtsfähig*.

Die Begriffe müssen sich also nicht decken: Es gibt „politische" Parteien, die nie zu einer Wahl antreten, während eine „wahlwerbende" Partei nicht unbedingt eine (hinterlegte) Satzung braucht.

Regelmäßig ist eine Partei freilich beides, was nicht zuletzt an der *Finanzierung* liegt: Nur politische Parteien bekommen Fördermittel (vgl § 3 PartG) und diese fallen umso höher aus, je stärker die Partei in einem allgemeinen Vertretungskörper repräsentiert ist; dazu muss die politische Partei zuvor als wahlwerbende Partei einen Wahlvorschlag eingebracht und an der Wahl teilgenommen haben. Mitunter schließen sich auch mehrere politische Parteien zu einer wahlwerbenden Partei zusammen, um bessere Chancen bei der Wahl zu haben.

Frage 6: In den Medien wird über die US-amerikanische Präsidentschaftswahl von immensen – mittlerweile milliardenschweren – Wahlkampfbudgets berichtet, die sich zu großen Teilen aus privaten Spenden ergeben. Wie funktioniert die Parteienfinanzierung demgegenüber in Österreich? Gibt es hierzulande Obergrenzen?

Parteien erzielen Einnahmen im Wesentlichen durch öffentliche Förderungen und private Spenden, aber auch durch Mitgliedsbeiträge, eigene Einkünfte und Kreditaufnahmen, Sponsoring und Mandatsträgerabgaben bzw Parteisteuern (Abgeordnete und Regierungsmitglieder führen einen Teil ihrer Einkünfte an die Partei ab). Förderungen aus öffentlichen Mitteln machen dabei den größten Anteil aus.

Die Parteienfinanzierung ist geregelt durch das PartG, das BG über die Förderungen des Bundes für politische Parteien (PartFörG) und entsprechende ParteienförderungsG der Länder.

Zur Erfüllung ihrer Aufgaben, insbesondere für die Mitwirkung an der demokratischen Willensbildung, gebühren den Parteien Bundes- und Landesförderungen, deren Höhe sich im Wesentlichen nach dem jeweiligen Wahlerfolg errechnet. Nach der Verfassungsbestimmung des § 3 PartG müssen Bund und Länder politischen Parteien jährlich angemessene Fördermittel zuwenden, die je Wahlberechtigtem zum jeweiligen Vertretungskörper mindestens 3,10 Euro und höchstens 11 Euro ausmachen. Auf Bundesebene wurden im Jahr 2024 insgesamt etwa 37 Mio. Euro an Fördermitteln vergeben. Dazu kommen zusätzliche Förderungen iHv etwa 15 Mio. Euro für Parteien, die im Europäischen Parlament vertreten sind (§ 2 PartFörG).

Dazu kommen private Spenden (§ 6 PartG). Sie dürfen jedoch grundsätzlich je Partei und Kalenderjahr einen Gesamtwert von 750.000 Euro, sowie pro Spender 7.500 Euro nicht überschreiten. Für neu gegründete Parteien, die erstmals bei einer Wahl antreten, gelten in diesem Jahr höhere Grenzen. Zudem bestehen bestimmte Spendenannahmeverbote. Die Bedeutung von Spenden ist daher kraft gesetzlicher Beschränkung ungleich geringer als im internationalen Vergleich.

Für einen Wahlkampf darf eine Partei zudem nach § 4 PartG maximal 7 Mio. Euro aufwenden.

Hinweis: Für die eben genannten Mindest- und Höchstbeträge nach § 3, § 4 und § 6 PartG ist die Valorisierungsregel des § 14 PartG zu beachten, wonach sich die Beträge mit dem von der Bundesanstalt „Statistik Österreich" verlautbarten Verbraucherpreisindex ändern.

Frage 7: *Andreas* ist unzufrieden: Die Zusammensetzung des Nationalrates und dessen Leistungen seien indiskutabel, was vor allem daran liege, dass „jeder Depp stimmberechtigt ist". Besserung soll eine Wahltauglichkeitsprüfung bringen, die den allgemeinen Wissensstand sowie gesellschaftsrelevante Einstellungen der wahlinteressierten Staatsbürger zum Thema hat. Das Erreichen einer Mindestpunktezahl garantiert das Wahlrecht, bessere Prüfungsleistungen erhöhen stufenweise dessen Zählwert bis zum Vierfachen des Ausgangswerts. Im Ergebnis sollen Menschen reiferen Alters und höherer Bildung einen verstärkten Einfluss auf die Gesetzgebung haben. Die so Erkorenen sollen ihre Stimme künftig auch telefonisch, elektronisch oder mündlich vor der Wahlbehörde abgeben dürfen, was weniger aufwendig sei und daher die Wahlbeteiligung anrege. Haben Sie gegen diesen Vorschlag verfassungsrechtliche Bedenken? Welche Voraussetzungen müsste ein entsprechendes Gesetz erfüllen?

Andreas' Vorschlag steht im Widerspruch zu den verfassungsrechtlichen Wahlprinzipien des allgemeinen, gleichen und geheimen Wahlrechts:

Ein derart voraussetzungsvolles Wahlrecht ist nicht mehr „allgemein". Gem Art 26 Abs 1 B-VG sind grundsätzlich alle Männer und Frauen ab dem 16. Lebensjahr wahlberechtigt, ohne dafür zuvor eine Prüfung abgelegt oder auch nur einen Antrag gestellt zu haben.

Wenn – wie hier aufgrund verschiedener Prüfungsergebnisse – die Stimmen in ihrem Zählwert voneinander abweichen, dann ist auch das „gleiche Wahlrecht" verletzt, demzufolge jede Stimme das gleiche Gewicht haben muss.

Die Modalitäten der Stimmabgabe greifen schließlich in das Prinzip des „geheimen Wahlrechts" ein: Die Wahlentscheidung darf nicht auf den Stimmberechtigten zurückführbar sein, was jedenfalls bei mündlicher, aber auch bei telefonischer, mitunter sogar bei elektronischer Stimmabgabe problematisch sein wird.

Die Wahlgrundsätze stehen in Verfassungsrang (Art 26 B-VG), es braucht daher zumindest ein Verfassungsgesetz und damit die Anwesenheit von ½ bzw die Zustimmung von ⅔ der Nationalratsabgeordneten. Ob es darüber hinaus einer Volksabstimmung bedarf (Art 44 Abs 3 B-VG), ist schwieriger zu beurteilen, es lässt sich aber argumentieren: Der Vorschlag bedeutete einen spürbaren Einschnitt in das demokratische Grundprinzip, sodass eine „Gesamtänderung der Bundesverfassung" durchaus in Frage kommt.

Frage 8: Bei den oberösterreichischen Landtagswahlen kommt es zu Ungereimtheiten: Im Vorfeld werden fast alle Plakate der XY-Partei von Radaubrüdern übermalt, zerrissen oder sonst wie verunstaltet. Für Aufsehen sorgt auch ein auf der Homepage des Landes veröffentlichter „offener Brief" des Landeshauptmanns, in dem einige im Wahlkampf vertretene Positionen wahlwerbender Parteien scharf kritisiert werden. Am Wahltag übersteigt die Wahlbeteiligung in manchen Sprengeln alle Erwartungen. Organe der Wahlbehörde händigen daraufhin den vor den Wahllokalen lagernden Massen Wahlumschläge mit Stimmzetteln aus, die sie mit nach Hause nehmen, ausfüllen und später in einen Behälter der Behörde einwerfen können, allerdings nur, wenn dem Stimmzettel eine Kopie des Personalausweises beigelegt wird, um die persönliche Stimmabgabe sicherzustellen. Gegen Mittag gibt die Landeswahlbehörde Rohdaten über die vorläufigen Wahlergebnisse an ausgesuchte Medienvertreter weiter, sodass bereits am frühen Nachmittag in sozialen Netzwerken über den (vorläufigen) Ausgang der Wahl berichtet wird.

Ein Funktionär der XY-Partei wendet sich an Sie: Hat eine Wahlanfechtung vor dem VfGH Aussicht auf Erfolg? Wenn ja: Was hat der VfGH zu tun?

Plakate: Die Zerstörung von Wahlplakaten durch Unbekannte macht die Wahl noch nicht fehlerhaft. Zwar verbürgt die Verfassung ein „freies" Wahlrecht, das auch die Freiheit der Wahlwerbung garantiert (Art 95 Abs 1 B-VG). Verpönt sind allerdings bloß *staatliche* Eingriffe, etwa durch einseitige Vergabe von Plakatflächen, oder die Abnahme von Plakaten durch Staatsorgane (dazu VfSlg 3000/1956).

Offener Brief: Durch die Veröffentlichung auf der Internetseite des Landes ist der „offene Brief" wohl dem LH als Staatsorgan zuzurechnen, und nicht bloß der dahinterstehenden Person, die sich im eigenen Namen oder dem Namen ihrer Partei äußert (und schlicht Wahlwerbung betreibt). Zudem werden einzelne Parteien dadurch benachteiligt (scharfe Kritik). Dadurch ist das *freie* Wahlrecht verletzt (Gebot der „Äquidistanz" staatlicher Organe im Wahlkampf, zB VfSlg 20.006/2015).

Wahlumschläge/Personalausweis: Jedenfalls wurde das *geheime* Wahlrecht verletzt, da die Stimmabgabe durch die beigelegte Kopie des Ausweises ohne weiteres einer Person zugeordnet werden kann. Auch dem *persönlichen* Wahlrecht wurde – entgegen der Annahme der Wahlbehörde – wohl nicht entsprochen: Voraussetzung ist nach hA die physische Präsenz vor der Wahlkommission (für die Briefwahl gibt es deshalb eine eigene Verfassungsbestimmung in Art 26 Abs 6 B-VG).

Weitergabe von Rohdaten an Medien: Abermals wurde gegen den Grundsatz der *Wahlfreiheit* verstoßen, da die vorzeitige Weitergabe von Informationen eine sofortige und weitreichende Berichterstattung durch soziale Medien ermöglicht, wodurch das Wahlverhalten und das Ergebnis der Wahl beeinflusst werden kann – insbesondere dadurch, dass bei Wählern der Eindruck entstehen kann, ihre Stimmabgabe mache ohnehin keinen Unterschied mehr (vgl VfSlg 20.071/2016 zur Bundespräsidentenwahl).

Die Partei XY ist als Wahlwerberin anfechtungsberechtigt. Gem Art 141 B-VG müssen sich die Anfechtungsgründe zudem auf das Wahlergebnis ausgewirkt haben (Erheblichkeitsprinzip). Davon ist hier auszugehen, eine Wahlanfechtung vor dem VfGH wird daher Erfolg haben.

Der VfGH hat der Wahlanfechtung stattzugeben und das ganze Wahlverfahren aufzuheben (§ 70 Abs 1 VfGG). Hinweis: Da sich der vorletzte Anfechtungsgrund (*Wahlumschläge/Personalausweis*) auf einzelne Wahlsprengel beschränkt, würde diesbezüglich eine teilweise Aufhebung genügen.

Frage 9: Der Gemeindebedienstete *Franz* aus Wien wird von einem Kollegen darauf aufmerksam gemacht, dass *Franz* nicht in der Wählerevidenz eingetragen ist. *Franz* wundert sich außerdem, dass seine 12-jährige Tochter *Simone* dort sehr wohl aufscheint. Was kann *Franz* tun?

Franz kann gem § 6 Wählerevidenzgesetz 2018 (WEviG) einen Berichtigungsantrag stellen, indem er seine Aufnahme in die Wählerevidenz bzw die Streichung von *Simone* begehrt. Zuständig ist dafür in Wien die Bezirkswahlbehörde (§ 9 Abs 1 WEviG). *Simone* ist von diesem Antrag zu verständigen und kann dagegen (durch einen Vertreter, zB einen Elternteil) Einwendungen erheben (§ 7 Abs 1 WEviG). Gegen die Entscheidung (Bescheid) der Wahlbehörde steht Beschwerde an das BVwG offen (§ 10 WEviG iVm § 130 Abs 1 Z 1 B-VG).

Hinweis: Dasselbe Prozedere wird auch in der NRWO bezüglich des Wählerverzeichnisses normiert, das aufgrund der Wählerevidenz erstellt wird (§§ 28 ff NRWO). Steht eine Nationalratswahl an, brauchen aber nicht zwei getrennte Anträge eingebracht zu werden (vgl § 33 NRWO, wonach die §§ 28 ff auch auf noch nicht erledigte Anträge nach dem WEviG anzuwenden sind).

Frage 10: *Lukas* studiert im dritten Semester Jus in Wien und hat hier auch seinen Hauptwohnsitz, um diverse Vergünstigungen (U-Bahnkarte, Wohnförderung etc) zu bekommen. Auch in seiner burgenländischen Heimat in Steinberg-Dörfl hat er weiterhin einen Wohnsitz. Ist *Lukas* zum Wiener Landtag wahlberechtigt? Ist er zum burgenländischen Landtag wahlberechtigt? Sind Fälle denkbar, in denen ein Staatsbürger seine Stimme bei gar keiner Landtagswahl abgeben darf?

Nach Art 95 B-VG kommt es für das Landtagswahlrecht auf die Landesbürgerschaft an. Diese ergibt sich gem Art 6 Abs 2 B-VG grundsätzlich aus dem Hauptwohnsitz, wobei die Länder abweichende Regelungen treffen können. Es kommt daher auf die Landesverfassungen an, in denen sich solche Bestimmungen regelmäßig finden.

In Wien ist *Lukas* jedenfalls wahlberechtigt, da er hier seinen Hauptwohnsitz hat. Und auch im Burgenland darf *Lukas* seine Stimme abgeben: Als Land mit vielen Pendlern hat sich die Landesverfassung für den einfachen Wohnsitz entschieden (Art 5 bgld L-VG).

Mitunter haben Staatsbürger keine Stimme im LT: Dazu gehören etwa Auslandsösterreicher, die keinen Wohnsitz im Staatsgebiet mehr haben. Sie können dann nur an der Nationalratswahl teilnehmen – sofern sie keine fremde Staatsbürgerschaft angenommen haben, was grundsätzlich (allerdings mit einigen Ausnahmen, vgl § 28 Staatsbürgerschaftsgesetz 1985) zum Verlust der österreichischen Staatsbürgerschaft führt.

Vereinzelt sehen die LG allerdings gem Art 95 Abs 1 B-VG Ausnahmen vor, wenn sich der letzte inländische Wohnsitz im Landesgebiet befunden hat und nicht mehr als zehn Jahre zurückliegt (vgl Art 8 Abs 4 NÖ LV, Art 17 Abs 2 lit b Tir LandesO, § 4 Vbg WählerkarteiG).

Frage 11: a) Eine Novelle der steiermärkischen Landtags-Wahlordnung (LTWO) sieht vor, dass neben Landesbürgern auch ausländischen Staatsbürgern das Wahlrecht zukommt, wenn sie in der Steiermark einen Wohnsitz haben. Die Bundesregierung beobachtet die Entwicklung argwöhnisch und überlegt, einen Antrag auf Aufhebung dieser Novelle vor dem VfGH zu stellen. Verspricht ein solcher Antrag Erfolg?

Die BReg kann das LG zur Prüfung dem VfGH vorlegen (Art 140 Abs 1 Z 3 B-VG: „abstrakte Normenkontrolle"). Mit Erfolg:

Nach der (umstrittenen) Rsp des VfGH ist die Nov schon deshalb verfassungswidrig, weil Art 1 B-VG unter „Volk" bloß Staatsbürger verstehe und eine Ausdehnung der Wahlberechtigung auf Ausländer deshalb unzulässig sei (VfSlg 17.264/2004).

Jedenfalls aber verstößt die Nov gegen Art 95 Abs 1 B-VG, der für die Wahl den Besitz der Landesbürgerschaft verlangt, die sich gem Art 6 Abs 2 B-VG von der österreichischen Staatsbürgerschaft ableitet (s oben Frage 10).

Gegen das wahlrechtliche Homogenitätsprinzip verstößt die Regelung dagegen nicht, da dieses bloß Verengungen, aber keine Erweiterungen des aktiven Wahlrechts verbietet (Art 95 Abs 2 B-VG).

Frage 11: b) In Vorarlberg und im Burgenland wird eine Änderung des Wahlalters für die Landtagswahl erwogen. Die Tendenzen gehen allerdings in ganz verschiedene Richtungen: Im Westen setzt man auf Erfahrung und hofft mit einem höheren Mindestalter (21) auf tragbare Wahlergebnisse. Die Burgenländer sind sich dagegen einig, man müsse noch früher, mit 15 Jahren schon, den Urnengang zulassen. Wie sind diese Reformideen rechtlich zu beurteilen?

Das Wahlalter wird grundsätzlich durch die Länder (in den Landtagswahlordnungen – LTWO) selbständig geregelt. Sie dürfen aber die Bedingungen des Wahlrechts (und der Wählbarkeit) nicht enger ziehen als das B-VG für die NR-Wahl (Art 95 Abs 2 B-VG, wahlrechtliches Homogenitätsprinzip). Nach Art 26 Abs 1 B-VG wird der NR von Männern und Frauen ab dem 16. Lebensjahr gewählt. Eine Senkung des Wahlalters – wie im Burgenland erwogen – ist als Erweiterung des Wahlrechts zulässig, eine Erhöhung des Wahlalters (Vorarlberg) als Verengung dagegen nicht.

Frage 11: c) In Kärnten wird eine Änderung der Wählbarkeit zum Landtag beschlossen. Nicht wählbar ist nunmehr etwa, wer zu einer unbedingten Freiheitsstrafe von mehr als drei (bisher: sechs) Monaten gerichtlich verurteilt wurde. Ebenso nicht wählbar ist, über wen infolge einer Verwaltungsübertretung eine Geldstrafe von mehr als 50.000 € verhängt wurde.
Ist diese Änderung verfassungskonform?

Die erste Änderung ist mit Art 95 Abs 2 B-VG wohl vereinbar. Durch Herabsetzung von sechs auf drei Monate regelt die Landtagswahlordnung die „Bedingungen der Wählbarkeit“ nicht *enger* als die *Bundesverfassung* für die NR-Wahl, weil Art 26 B-VG die Wählbarkeit nur an die Staatsbürgerschaft und ein Mindestalter knüpft (Abs 4), konkrete Wahlausschlussgründe bei gerichtlicher Verurteilung aber dem einfachen Bundesgesetz (der NRWO) überlässt (Abs 5). Die Bedingungen der Wählbarkeit werden aber auch nicht *weiter* gezogen als die *bundesgesetzlichen Bestimmungen* (= NRWO) für Wahlen zum NR (Art 95 Abs 2 2. Halbsatz B-VG), weil die gegenständliche Bestimmung den Wahlausschluss bei gerichtlicher Verurteilung *strenger* regelt als § 41 NRWO (sechs Monate).

Eine Landtagswahlordnung darf also die Wählbarkeitsbedingungen Staatsbürgerschaft und Wahlalter nicht enger ziehen als das B-VG, wohl aber den Wahlausschluss bei gerichtlicher Verurteilung strenger regeln als die NRWO.

Die zweite Änderung ist dagegen verfassungswidrig: Ein Ausschluss von der Wählbarkeit zum Nationalrat kann gem Art 26 Abs 5 B-VG nur für den Fall einer rechtskräftigen *gerichtlichen* Verurteilung vorgesehen werden. Für Verwaltungsübertretungen ist das nicht vorgesehen. Insoweit regelt die gegenständliche Bestimmung die Bedingungen der Wählbarkeit zum Landtag enger als das B-VG.

Frage 12: Um endlich Geld in die marode Staatskasse zu spülen, soll eine neue Steuer beschlossen werden. Ein Gesetzesentwurf steht bereits, nur der Beschluss des Nationalrats fehlt. Die Partei ABC hat zuvor eine Sitzung einberufen, um die Parteilinie abzusprechen: Man ist *für* ein solches Gesetz. Der Abgeordnete *Peter*, Mitglied der ABC-Partei, ist sich am Tag der Abstimmung nicht mehr so sicher, stimmt schließlich gegen die neue Steuer und wird in der Folge von der Partei ausgeschlossen. Hat sich Peter rechtswidrig verhalten? Verliert er sein Mandat im Nationalrat?

Nein, als Mitglied des NR verfügt *Peter* über ein „freies Mandat“ (Art 56 Abs 1 B-VG). Das bedeutet, dass er in seinem Stimmverhalten völlig unabhängig ist, die Parteilinie verpflichtet ihn nicht (kein „Klubzwang“).

Straf- und zivilrechtlich kommt *Peter* zudem die berufliche Immunität zugute: Für sein Stimmverhalten darf er nicht zur Verantwortung gezogen werden (Art 57 Abs 1 B-VG).

Auch sein Mandat verliert er durch den Parteiausschluss nicht, obwohl er dieses dem Wahlvorschlag der Partei verdankt. Andernfalls käme die Androhung des Ausschlusses einem Klubzwang gleich, der dem freien Mandat widersprechen würde. Abgeordnete ohne Partei- und Klubzugehörigkeit werden auch „wilde Abgeordnete“ genannt.

Frage 13: a) Im Zuge einer Plenarsitzung, die unter anderem den Umgang mit Flüchtlingen zum Thema hat, bezeichnet der Nationalratsabgeordnete *Edwin* seinen verhassten Kollegen *Michael* (Mitglied einer ideologisch anders eingestellten Partei) als „linkslinkes Gesindel“. In einem Gasthaus gerät *Edwin* am selben Abend mit ebenjenem Kollegen in Streit und versetzt ihm eine Ohrfeige. *Michael* erstattet Anzeige und meint, *Edwin* hätte sich gleich zweimal strafbar gemacht: Einmal wegen Ehrenbeleidigung, das andere Mal wegen Körperverletzung. Kann *Edwin* überhaupt rechtlich verfolgt werden? Wer entscheidet darüber?

b) In der Krönchenzeitung macht man sich über die Meldung *Edwins* in der Sitzung lustig und berichtet ausführlich. Wird *Michael* mit entsprechenden Anzeigen und Klagen (etwa wegen Verspottung) Erfolg haben?

a) Abgeordnete zum NR genießen grundsätzlich Immunität, dh Freiheit vor straf- und zivilrechtlicher Verfolgung (Art 57 B-VG). Im Einzelfall ist jedoch zu unterscheiden: Für die Äußerung in der Plenarsitzung („linkslinkes Gesindel") kann *Edwin* nicht verantwortlich gemacht werden, er genießt den Schutz der *beruflichen* Immunität (Art 57 Abs 1 B-VG). Der Nationalratspräsident kann bloß einen (nachträglichen) „Ordnungsruf" erteilen und ihm allenfalls das Wort entziehen (vgl §§ 102 f GOG-NR).

Hinweis: Dieser ehemals absolute Schutz besteht (seit der Nov BGBl I 2014/101) nur mehr für das Stimmverhalten im NR. Für Äußerungen in Ausübung des Berufes gibt es nunmehr zwei Ausnahmen: Macht sich der Abgeordnete der Verleumdung (§ 297 StGB) oder einem Vergehen nach § 18 InfOG schuldig, gelten die Regeln der außerberuflichen Immunität.

Die Ohrfeige geschieht dagegen nicht in Ausübung seines Berufes, weshalb Edwin bloß *außerberufliche* Immunität (Art 57 Abs 3 B-VG) zukommt; diese gilt nicht absolut, da der NR der (straf-)rechtlichen Verfolgung zustimmen kann. Mitunter braucht es diese Zustimmung auch nicht, wenn etwa – wie hier – ein Zusammenhang mit der politischen Tätigkeit des Abgeordneten *offensichtlich* fehlt. Ob das der Fall ist, hat zunächst die Strafverfolgungsbehörde selbst zu entscheiden und gegebenenfalls ein Zustimmungsersuchen an den NR zu stellen. Die Verfolgung kann beginnen, sobald der NR zustimmt oder mit seiner Entscheidung acht Wochen säumig ist.

Michael kann bezüglich der Ohrfeige außerdem Schadenersatz einfordern, da die zivilrechtliche Haftung durch die außerberufliche Immunität jedenfalls nicht blockiert wird.

b) Hat die Zeitung wahrheitsgetreu berichtet, kommt ihr die sachliche Immunität gem Art 33 B-VG (vgl auch § 30 MedienG) zugute, sodass auch sie von jeder zivil- und strafrechtlichen Verfolgung ausgenommen ist. „Wahrheitsgetreu" bedeutet freilich nur, ob *Michael* tatsächlich als „linkslinkes Gesindel" bezeichnet wurde, nicht aber, ob das auch stimmt. Für jede darüber hinausgehende Berichterstattung ist die Zeitung dagegen belangbar. Veröffentlicht sie etwa ein ungünstig bearbeitetes Foto von *Michael*, sind Klagen durchaus denkbar.

Frage 14: *Stefan* ist Außenminister und Nationalratsabgeordneter. Weil sein Vater in Pension gehen möchte, will sich *Stefan* an dessen Stelle zudem um den Familienbetrieb kümmern. Prüfen Sie den Sachverhalt auf Unvereinbarkeiten! Was sind die Konsequenzen allfälliger Inkompatibilitäten?

Zwischen *Stefans* Nationalratsmandat und seinem Ministeramt besteht zunächst keine Unvereinbarkeit, auch wenn es üblich ist, auf das Mandat in diesem Fall zu verzichten.

Problematischer ist die Übernahme des Familienbetriebs. Als Nationalratsabgeordneter hat *Stefan* diese Tätigkeit samt Einkommenshöhe jedenfalls zu melden (§ 6 Abs 2, 4 und 5 Unvereinbarkeits- und Transparenz-Gesetz – Unv-Transparenz-G). Handelt es sich beim Familienbetrieb um eine Aktiengesellschaft, Gesellschaft mit beschränkter Haftung, Stiftung oder Sparkasse und übernimmt *Stefan* darin eine leitende Stellung, entscheidet der Unvereinbarkeitsausschuss über die Zulässigkeit der Ausübung der Tätigkeit (§ 6 Abs 2 Z 1 und Abs 6 Unv-Transparenz-G). Ist dieser Tatbestand nicht erfüllt (etwa bei einem Einzelunternehmen), braucht es die Zustimmung des Unvereinbarkeitsausschusses nicht.

Noch strenger sind die Regelungen für aktive Mitglieder der BReg: Als solches darf *Stefan* grundsätzlich keinem Beruf mit Erwerbsabsicht nachgehen (§ 2 Abs 1 Unv-Transparenz-G). Will er den Familienbetrieb weiterführen – was unzweifelhaft eine auf Erwerb gerichtete Tätigkeit darstellt –, muss er das dem Unvereinbarkeitsausschuss anzeigen und dessen Genehmigung beantragen (§ 2 Abs 3 Unv-Transparenz-G).

Nimmt *Stefan* die Tätigkeit auf, obwohl der Ausschuss die Unvereinbarkeit ausgesprochen hat, kann der Unvereinbarkeitsausschuss (für den NR) beim VfGH beantragen, den Verlust des Regierungsamts auszusprechen (§ 10 Abs 1 Unv-Transparenz-G).

Frage 15: § 108 des Bundesgesetzes vom 4. Juli 1975 über die Geschäftsordnung des Nationalrates (GOG-NR) bestimmt, dass dieses Bundesgesetz nur auf Grund eines „Selbständigen Antrages" von Nationalratsabgeordneten geändert werden kann. Haben Sie gegen diese Bestimmung verfassungsrechtliche Bedenken?

Ein Gesetzgebungsverfahren kann von Mitgliedern des NR oder dessen Ausschüssen eingeleitet werden („Selbständiger Antrag"); regelmäßig geht die Gesetzesinitiative aber von der BReg aus („Regierungsvorlage"); auch der BR kann ein Verfahren in Gang bringen (vgl Art 41 Abs 1 B-VG). Schließlich kann auch das Wahlvolk einen Gesetzesvorschlag einbringen, wenn er von mindestens 100.000 Stimmberechtigten bzw einem Sechstel der Stimmberechtigten dreier Länder getragen wird (Art 41 Abs 2 B-VG).

Eine Beschränkung auf eine dieser Initiativen sieht das B-VG nicht vor; wird sie einfachgesetzlich eingeführt, dürfte das Art 41 B-VG widersprechen (vgl *Mayer/Kucsko-Stadlmayer/Stöger*, Bundesverfassungsrecht[11] [2015] Rz 439). Zwingend ist das freilich nicht. Man wird wohl darauf abstellen müssen, wer am Initiativrecht primär ein Interesse hat: Problematischer wäre es in diesem Fall, dem NR das Initiativrecht zu nehmen und ausschließlich dem BR zuzuschlagen.

Hinweis: Eine verfassungsrechtlich vorgesehene Beschränkung der Gesetzesinitiative findet sich in Art 51 Abs 1 B-VG (ausschließliches Initiativrecht der BReg in Bezug auf das Bundesfinanzrahmengesetz und das Bundesfinanzgesetz).

Frage 16: a) Das Bundesgesetz vom 4. Juli 1975 über die Geschäftsordnung des Nationalrates (GOG-NR) soll geändert werden.

b) Eine Novelle zum Strafgesetzbuch (StGB) soll beschlossen werden.

c) Art 10 Abs 1 Z 10 B-VG soll um den Begriff „Naturschutz" erweitert werden.

Welche Mitwirkungsbefugnisse kommen dem Bundesrat in diesen Fällen zu?

a) Dem BR kommt weder ein Einspruchs- noch ein Zustimmungsrecht zu, er ist am Verfahren nicht beteiligt (Art 42 Abs 5 B-VG). Das liegt nahe, denn bei seiner eigenen Geschäftsordnung soll der NR nicht auf die Ländervertreter angewiesen sein.

b) Im Regelfall hat der BR – wie hier – die Möglichkeit, gegen einen Gesetzesbeschluss *Einspruch* zu erheben (Art 42 Abs 2-4 B-VG). Dieser wirkt allerdings bloß aufschiebend, der NR kann den Einspruch verwerfen, muss dazu aber ein erhöhtes Anwesenheitsquorum erfüllen (mindestens ½ der Abgeordneten; „Beharrungsbeschluss").

c) Hier braucht es die *Zustimmung* des BR, weil die Zuständigkeit der Länder in Gesetzgebung oder Vollziehung beschränkt werden soll (Art 44 Abs 2 B-VG). Ein solcher Fall liegt hier deshalb vor, weil „Naturschutz" eine Materie ist, die unter die Generalklausel des Art 15 Abs 1 B-VG fällt, also in Gesetzgebung und Vollziehung Landessache ist. Ohne die (unter erhöhten Quoren zu beschließende) Zustimmung des BR darf eine solche Verfassungsänderung nicht in Kraft treten (absolutes Vetorecht).

Frage 17: a) Um der zunehmenden Gefahr durch Pandemien auch in Österreich Herr zu werden, wird seit einiger Zeit intensiv über ein neues Pandemiegesetz diskutiert, das den Gesundheitsbehörden unter anderem weitreichende Freiheiten im Umgang mit Daten ermöglichen soll. In der Bevölkerung ist dieses Vorhaben sehr umstritten, weshalb im Nationalrat überlegt wird, das Volk selbst entscheiden zu lassen. Welche Instrumente kommen dafür in Betracht? Was unterscheidet sie? Ist der Gesetzgeber bei der Auswahl gebunden?

Zur Wahl stehen Volks*abstimmung* (Art 43 B-VG) und Volks*befragung* (Art 49b B-VG): Bei einer Volksabstimmung stimmt das wahlberechtigte Volk bindend für oder gegen einen konkreten Gesetzesbeschluss. Gegenstand der Volksbefragung ist dagegen bloß eine Frage (zB zu einem Gesetzgebungsvorhaben), deren Beantwortung den NR in keiner Weise verpflichtet. Zudem muss der in der Volksbefragung behandelten Angelegenheit „grundsätzliche und gesamtösterreichische Bedeutung“ zukommen. Grundsätzlich steht es dem Gesetzgeber frei, ob und wenn ja, welches dieser Instrumente er anwendet.

Obligatorisch kann nur eine Volksabstimmung sein und auch nur dann, wenn ein Verfassungsgesetz beschlossen wird, das eine Gesamtänderung der Bundesverfassung bedeuten würde (Art 44 Abs 3 B-VG).

Hinweis: Das Volks*begehren* (Art 41 Abs 2 B-VG) ist hier nicht einschlägig, da es nicht vom Gesetzgeber, sondern vom Volk selbst ausgeht. Dabei handelt es sich um kein Zustimmungs-, sondern um ein Initiativrecht. Will das Volk nicht nur über das Zustandekommen eines Gesetzes mitentscheiden (Ja oder Nein), sondern auf die Gestaltung des konkreten Inhalts Einfluss nehmen, bleibt nur das – allerdings unverbindliche – Volksbegehren.

Frage 17: b) Das Pandemiegesetz wird letztlich beschlossen und dem Bundespräsidenten zur Beurkundung vorgelegt. Ein Mitarbeiter der Präsidentschaftskanzlei äußert Bedenken: Zum einen seien zur Abstimmung in dritter Lesung bloß 59 Abgeordnete erschienen, zum anderen verstoße das Gesetz in offenkundiger Weise gegen das Grundrecht auf Datenschutz. Im Übrigen habe kein Ausschuss das Gesetz je zu Gesicht bekommen. Beurteilen Sie diese Einwände! Was hat der Bundespräsident zu tun?

Der BPräs beurkundet mit seiner Unterschrift das verfassungsmäßige Zustandekommen von BG (Art 47 Abs 1 B-VG). Damit ist die Befugnis verbunden, das Gesetz auf seine Verfassungskonformität zu prüfen – insofern gibt es in Österreich neben der nachgelagerten Normenkontrolle durch den VfGH auch eine vorgelagerte Normenkontrolle durch den BPräs. Umstritten ist aber, ob sich diese Prüfung bloß auf formelle oder auch auf materielle Verfassungswidrigkeiten beziehen darf.

Anwesenheit: Das Fehlen der erforderlichen Mindestanzahl an Nationalratsmitgliedern ist jedenfalls ein Mangel, der vom BPräs aufgegriffen werden muss. Dadurch wird nämlich Art 31 B-VG verletzt, also eine Bestimmung, die das Verfahren der Gesetzgebung regelt. Ein solcher Formmangel ist vom BPräs aufzugreifen, er hat die Beurkundung des Gesetzes zu verweigern.

Datenschutz: Es handelt sich um einen inhaltlichen Mangel, bei dem strittig ist, ob er vom BPräs aufzugreifen ist. Oft wird das zumindest dann angenommen, wenn die Verfassungswidrigkeit auf der Hand liegt, der Verstoß also *offenkundig* ist. Vereinzelt wird im Schrifttum auch ein unbeschränktes materielles Prüfungsrecht angenommen. Nach einem Teil der Lehre hätte der BPräs im vorliegenden Fall die Beurkundung daher auch aus diesem Grund zu verweigern.

Ausschuss: Nach der Rsp des VfGH bildet grundsätzlich auch das BG vom 4. Juli 1975 über die Geschäftsordnung des NR (GOG-NR) einen Maßstab dafür, ob ein Gesetz iSd Art 47 Abs 1 B-VG verfassungsgemäß zustandegekommen ist (Verfassungsrecht im materiellen Sinn). Aber nicht jede Verletzung einer Bestimmung der Geschäftsordnung führt zur Verfassungswidrigkeit, sondern nur solche, die verhindern, dass im Beschluss der wahre Wille der Mehrheit der Abgeordneten zum Ausdruck kommt. Das ist etwa dann der Fall, wenn eine Abstimmung bezüglich eines Antrages überhaupt nicht stattfindet. Die Verletzung bloßer Ordnungsvorschriften schadet dagegen nicht (VfSlg 16.151/2001).

In unserem Fall ist die Zuordnung fraglich. Die entsprechende Regelung zur Vorberatung der Verhandlungsgegenstände durch Ausschüsse enthält § 32 GOG-NR. Handelt es sich dabei um eine bloße Ordnungsvorschrift? Oder bilden die Vorberatungen im Ausschuss eine derart wichtige Entscheidungsgrundlage, dass ohne sie gar keine sinnvolle Abstimmung denkbar ist?

Frage 17: c) Trotz einiger Bedenken beurkundet der Bundespräsident das Gesetz schließlich doch. Der Bundeskanzler dagegen ist mit dem neuen Pandemiegesetz überhaupt nicht einverstanden und verweigert seine Unterschrift. Auf Drängen der Partei wird das Gesetz aber schließlich trotzdem – wenn auch ohne seine Unterschrift – im Bundesgesetzblatt elektronisch kundgemacht. Zuvor werden jedoch auf Anordnung des Bundeskanzlers die im Hinblick auf den Datenschutz kritischen Passagen durch einige wenige Streichungen und Ergänzungen entschärft. aa) Ist das Gesetz gehörig kundgemacht bzw ist es verfassungswidrig? bb) Müssen Gerichte und Verwaltungsbehörden das Gesetz anwenden? cc) Kann der Bundeskanzler für sein Handeln zur Rechenschaft gezogen werden?

aa) Nein, da nicht einmal die Mindestvoraussetzungen einer gehörigen Kundmachung erfüllt wurden: Eine solche findet sich in Art 47 Abs 3 B-VG, wonach der BK ein vom BPräs beurkundetes BG gegenzuzeichnen hat. Fehlt diese Gegenzeichnung, kommt ein Gesetz nicht zustande (absolute Nichtigkeit).

Manche Mängel führen dagegen bloß zur Verfassungswidrigkeit des Gesetzes, hindern sein grundsätzliches Zustandekommen aber nicht (relative Nichtigkeit). Auch ein solcher Mangel liegt hier vor: Weicht der Text der Kundmachung vom Beschluss des NR in einer Weise ab, dass sich der materielle Gehalt des Gesetzes ändert, kann das Gesetz vor dem VfGH angefochten werden (VfSlg 16.152/2001). Darin liegt nämlich ein Verstoß gegen das Gebot der vollständigen Publikation im BGBl (Art 49 B-VG).

bb) Aus Art 89 Abs 1 B-VG ergibt sich, dass Gerichte (ordentliche Gerichte, VwG und VwGH) nur gehörig kundgemachte Gesetze anzuwenden haben (beim VfGH ist das strittig). Gerichte müssen bzw dürfen das Pandemiegesetz daher nicht beachten.

Ob das auch für Verwaltungsbehörden gilt, ist umstritten. Nach der *Gehorsamsthese* ist das nicht der Fall, da das nicht gehörig kundgemachte Gesetz zumindest eine Weisung (des BK) sei, an die sich die Verwaltungsbehörden halten müssten. Eine andere Auffassung vertritt das Gegenteil: Die Deutung als Weisung scheide aus, und dass sich Verwaltungsbehörden an absolut nichtige Gesetze halten müssen, komme schon deshalb nicht in Frage, da alle ihre Bescheide von den VwG, spätestens vom VwGH aufgehoben werden, weil es ihnen an einer gesetzlichen Grundlage fehlt.

cc) Im Gegensatz zum BPräs hat der BK kein Recht zur Prüfung des ihm vorgelegten Gesetzesbeschlusses, sondern die Pflicht, die Beurkundung des BPräs zu unterzeichnen (Art 47 Abs 3 B-VG). Der BK hat (durch seine Weisung, Änderungen vorzunehmen) auch gegen das Gebot der vollständigen Publikation verstoßen – s oben bei aa). Beides kann ihm auf Beschluss des NR in einer Anklage vor dem VfGH zur Last gelegt werden (Art 142 Abs 2 lit b B-VG), was bei einer Verurteilung zum Amtsverlust führen kann (Art 142 Abs 4 B-VG).

Davon abgesehen kann der NR dem BK auch das Vertrauen entziehen (Art 74 B-VG: Misstrauensvotum) und auch der BPräs kann ihn – ohne Vorschlag der BReg – seines Amtes entheben (Art 70 Abs 1 B-VG). Anders als bei der Anklage vor dem VfGH braucht es dafür keine Rechtsverletzung des BK.

Frage 18: *Philipp* hat gehört, dass für Rennräder besondere Bestimmungen gelten und fragt seinen Freund *Ralph*, der Jus studiert, wo er das nachlesen könne. Dieser antwortet ihm: „Das steht in der Fahrradverordnung des Verkehrsministers, die findest du im Internet, so wie alle Verordnungen von Verwaltungsbehörden.“ Wo genau ist die Fahrradverordnung publiziert? Gilt das tatsächlich für alle Verordnungen?

Die Fahrradverordnung ist als Verordnung eines BM (hier: BMIMI) gem § 4 Abs 1 Bundesgesetzblattgesetz (BGBlG) im BGBl II des Rechtsinformationssystems des Bundes (RIS) kundgemacht (www.ris.bka.gv.at).

Nicht alle Verordnungen finden sich dort: Zunächst beschränkt sich das RIS auf die Verordnungen der obersten Verwaltungsorgane des Bundes (BPräs, BReg, BM, Vorsitzender der VA sowie der jeweilige Präsident des NR, des RH, des VwGH und des VfGH). Verordnungen anderer Behörden werden auf vielfältige Weise verlautbart: Verkehrsregeln etwa durch Straßenverkehrszeichen und Bodenmarkierungen (vgl § 44 StVO), polizeiliche Platzverbote mitunter per Megaphon (§ 36 Abs 4 SPG). Regelmäßig erfolgen Kundmachungen auch in Zeitungen, oftmals schlicht auf der Amtstafel einer Behörde (idR auf deren Homepage).

Frage 19: *Susi* ist empört: Im März bekommt sie einen Strafbescheid, weil sie am 29. Jänner im Bereich eines Platzverbotes gegen den Akademikerball demonstriert hat. Auf Nachfrage erfährt sie, dass das Platzverbot nur an diesem Tag im Jänner gegolten hat. Ist der Bescheid rechtswidrig? Hat er gar gegen das Rückwirkungsverbot verstoßen?

Nein, die Verordnung (Platzverbot) ist auf alle Sachverhalte anzuwenden, die sich während ihrer Geltung ereignen (zeitlicher „Bedingungsbereich" bzw „Geltungsbereich"). Die Rechtsfolge (Strafe) kann freilich auch erst danach eintreten, denn der „Rechtsfolgenbereich" geht – wenn nichts anderes bestimmt ist – über den Bedingungsbereich hinaus.

Mit dem Rückwirkungsverbot hat das alles freilich nichts zu tun. Es wäre dann verletzt, wenn die Verordnung ein Verhalten für strafbar erklären würde, das zum Zeitpunkt des Verhaltens noch nicht strafbar war – wenn also der Geltungsbereich vor dem Zeitpunkt des In-Kraft-Tretens der Norm liegt (Art 7 Abs 1 EMRK).

Frage 20: Die Bundesministerin für Landesverteidigung schließt Verträge mit Rüstungsfabrikanten ab, verweigert aber nach erbrachter Leistung die Zahlung mit dem Hinweis, das Budgetlimit gem BundesfinanzG sei bereits erreicht, weitere Zahlungen damit unzulässig. Außerdem mache eine Bestimmung im BundesfinanzG für einen solchen Fall den Vertrag einseitig auflösbar, wovon die Ministerin Gebrauch mache. Wie ist diese Argumentation zu beurteilen?

Das BundesfinanzG bindet die Gebarung der Verwaltung, hat aber keinen Einfluss auf Rechtsbeziehungen mit Dritten. Die Erfüllung einer vertraglich mit einem Dritten eingegangenen Pflicht kann deshalb nicht mit Hinweis auf das BundesfinanzG verweigert werden. Eine anderslautende ausdrückliche Bestimmung würde diesem Konzept widersprechen und wäre verfassungswidrig. Sie würde das sog „Bepackungsverbot" verletzen, nach dem es unzulässig ist, im BundesfinanzG Außenwirkungen zu normieren – nicht zuletzt deshalb, weil der BR an diesem Gesetz nicht beteiligt ist (Art 42 Abs 5 B-VG). Das BundesfinanzG gilt nämlich bloß als Gesetz „im formellen" Sinn, weil es zwar äußerlich als Bundesgesetz beschlossen wird, sich inhaltlich aber nur an die Verwaltung richtet.

Frage 21: a) Der Grüne Klub im Nationalrat (16 Mandate) ist mit den Äußerungen des Innenministers zur Flüchtlingssituation nicht einverstanden und verlangt eine Klarstellung sowie sein Erscheinen vor dem Plenum. Muss der Innenminister dieser Aufforderung nachkommen?

b) Auch der Präsident des OGH hat mit Bemerkungen auf sich aufmerksam gemacht. Der Grüne Klub fordert auch ihn bzw die Justizministerin zu einer Stellungnahme auf und verlangt eine öffentliche Entschuldigung in den Medien. Mit Erfolg?

c) Weil in den Flüchtlingsquartieren und den umliegenden Gebieten blankes Chaos herrscht, möchte der Grüne Klub schließlich einen Ausschuss einsetzen, der die Maßnahmen der Bundesregierung und der Entscheidungen des Bundesverwaltungsgerichts analysieren soll. Wie kann eine solche Untersuchung eingeleitet werden?

d) Im Rahmen der Untersuchung entstehen Streitigkeiten über die Ladung einer Auskunftsperson sowie darüber, ob das Bundesamt für Fremdenwesen und Asyl (BFA) Informationen bereitstellen muss. Wo können diese Auseinandersetzungen ausgetragen werden?

a) Der Grüne Klub kann Fragen an den Innenminister stellen (Art 52 B-VG; Interpellationsrecht), auf die er zumindest reagieren muss – eine Auskunftsverweigerung ist also zu begründen. Dazu braucht es eine schriftlich formulierte Anfrage, die von wenigstens fünf Abgeordneten getragen sein muss (§ 91 Abs 1 GOG-NR). Der Innenminister muss jedoch nicht mündlich vor dem Plenum antworten, auch eine schriftliche Beantwortung ist zulässig (§ 91 Abs 4 GOG-NR).

Sein Erscheinen vor dem Plenum kann dagegen nur durch Mehrheitsbeschluss des NR verlangt werden (*Zitationsrecht*: Art 75 B-VG, § 18 Abs 3 GOG-NR) – es handelt sich nicht um ein Minderheitenrecht, das der Grüne Klub allein ausüben könnte.

b) Die Gerichtsbarkeit ist vom Interpellationsrecht ausgenommen, auch wenn Art 52 Abs 1 B-VG von „Vollziehung" spricht. Auch die Justizministerin kann bloß zu Verwaltungsagenden befragt werden, nicht aber zu Äußerungen der Richter.

Das gilt auch für das *Resolutionsrecht*, wonach der NR Wünsche in Bezug auf die Ausübung der Vollziehung abgeben kann (Art 52 Abs 1 B-VG). Schon deshalb müssen weder der OGH-Präsident noch die Justizministerin dem Verlangen auf öffentliche Entschuldigung nachkommen. Resolutionen des NR sind überdies unverbindlich. Zuletzt handelt es sich abermals nicht um ein Minderheitenrecht: Der Grüne Klub kann bloß einen Resolutionsantrag stellen (vgl § 55 GOG-NR).

c) Gem Art 53 Abs 2 B-VG können Untersuchungsausschüsse (UA) zu bestimmten abgeschlossenen Vorgängen in der Bundesvollziehung eingesetzt werden. Eine Überprüfung der Rechtsprechung (des Bundesverwaltungsgerichts) ist aber ausgeschlossen. Gerichte müssen aber dem Ersuchen eines UA um Beweiserhebungen Folge leisten und Akten vorlegen, sofern dadurch nicht die nationale

Sicherheit oder die Sicherheit von Menschen gefährdet werden (Art 53 Abs 3 iVm Art 52a Abs 2 B-VG).

Das Recht, einen UA einzusetzen, steht auch einer Minderheit von einem Viertel der Abgeordneten (= 46) zu (Art 53 Abs 1 Satz 2 B-VG). Der Grüne Klub müsste daher für die Einsetzung eines Ausschusses noch 30 Abgeordnete finden. Ansonsten bleibt nur die Möglichkeit, einen Antrag zu stellen, über den die Mehrheit entscheidet.

d) Entsprechende Entscheidungsbefugnisse hat der VfGH nach Art 138b B-VG. Dieser entscheidet etwa über Streitigkeiten zur Informationserteilung an den Untersuchungsausschuss (Z 4) und die Rechtmäßigkeit von Ausschussbeschlüssen über die Ladung von Auskunftspersonen (Z 5).

Hinweis: Von dieser Bestimmung ist Art 130 Abs 1a B-VG zu unterscheiden, wonach das BVwG über die Anwendung von Zwangsmitteln gegenüber Auskunftspersonen eines Untersuchungsausschusses erkennt.

Demokratische Republik II: Bundespräsident, Verwaltung und Kontrollorgane

Lisa Prisching

Frage 1: Dem Bundespräsidenten wird ein Gesetzesbeschluss des Nationalrats über das Fremdenrechtsänderungsgesetz 2020 vorgelegt, das eine Bestimmung zur Verkürzung der Beschwerdefrist für Asylwerber von vier auf zwei Wochen vorsieht. Eine entsprechende Regelung wurde bereits drei Mal vom Verfassungsgerichtshof als verfassungswidrig aufgehoben. Der Bundespräsident teilt die Ansicht des Verfassungsgerichtshofs und möchte den Gesetzesbeschluss daher nicht beurkunden. Darf der Bundespräsident die Beurkundung verweigern?

Der BPräs beurkundet gem Art 47 B-VG das verfassungsgemäße Zustandekommen der Bundesgesetze. Dem BPräs kommt nicht nur ein Prüfrecht, sondern eine Prüfpflicht zu. Wie weit diese reicht, wird in der Literatur unterschiedlich beurteilt. Während ein Teil der Lehre von einer bloß formellen Prüfungsbefugnis ausgeht (etwa *Muzak*, B-VG-Kommentar[6] [2020] Rz 2 zu Art 47 B-VG oder *Melichar* Thesaurus Acroasium IV 454), nimmt ein anderer Teil der Lehre eine materielle Prüfungsbefugnis an (etwa *Koja,* Die Stellung des Bundespräsidenten in der Verfassung. Seine politische Funktion in Weissensteiner [Hrsg] Die österreichischen Bundespräsidenten, Leben und Werk [1982] 13).

Eine **formelle Prüfungsbefugnis** bedeutet, dass der BPräs lediglich überprüfen kann, ob die verfahrensrechtlichen Bestimmungen im Gesetzgebungsprozess eingehalten wurden, wie zB die Rechtmäßigkeit des Abstimmungsprozesses, die Einhaltung der Quoren oder die Durchführung einer Volksabstimmung bei einer Gesamtänderung der Bundesverfassung (*Muzak*, B-VG-Kommentar[6] [2020] Rz 2 zu Art 47 B-VG). Eine **materielle Prüfungsbefugnis** ermöglicht dem BPräs hingegen zusätzlich zu überprüfen, ob der Inhalt des Gesetzesbeschlusses verfassungskonform ist. Wobei diesbezüglich Unterschiedliches vertreten wird, etwa, dass der BPräs jede Verfassungswidrigkeit aufgreifen kann (*Paar,* Das Beurkundungsrecht des Bundespräsidenten nach Art 47 B-VG, ZÖR 2009, 64) oder dass sich die Prüfungsbefugnis auf evidente und/oder gravierende Verfassungswidrigkeiten zu beschränken hat (zum diesbezüglichen Meinungsstand siehe *Ö/E,* Rz 433).

Der Wortlaut „Zustandekommen" (*Hinghofer-Szalkay,* Die neuere Auslegung von Art 47 Abs 1 B-VG im Spannungsfeld zu den Wurzeln und Funktionen dieser Bestimmung, JBl 2014, 28) deutet auf eine rein formelle Prüfungsbefugnis hin. Ebenfalls für eine bloß formelle Prüfungsbefugnis spricht, dass gem

Art 140 B-VG der VfGH zur Prüfung der Verfassungsmäßigkeit von Gesetzen zuständig ist (Normenprüfungsmonopol des VfGH) und der BPräs im Gegensatz zu Mitgliedern des VfGH über keinerlei juristische Ausbildung verfügen muss (*Muzak*, B-VG-Kommentar[6] [2020] Rz 3 zu Art 47 B-VG). Auch weitere Qualitätssicherungsmaßnahmen fehlen bei der Verweigerung der Beurkundung durch den BPräs. So entscheidet dieser monokratisch und nicht, wie der VfGH, in einem kollektiven und deliberativen Entscheidungsprozess und er muss seine Entscheidung nicht begründen (auf die fehlenden Qualitätssicherungsmaßnahmen bei der Prüfung durch den BPräs hinweisend *Hiesel*, Einige Überlegungen zur Prüfkompetenz des Bundespräsidenten in Bezug auf das verfassungsmäßige Zustandekommen der Bundesgesetze, ZfV 2012, 922). Darüber hinaus fehlt für den Fall der Verweigerung der Beurkundung ein Konfliktlösungsmechanismus, denn sollte der Bundespräsident die Beurkundung verweigern, könnte die Bundesversammlung ihn nur beim VfGH wegen schuldhafter Verletzung der Verfassung gem Art 68 und 142 B-VG anklagen (*Stelzer*, Grundzüge des öffentlichen Rechts[4] [2019] 38).

Für eine materielle Prüfungsbefugnis wird hingegen ins Treffen geführt, dass der BPräs als Hüter der Verfassung inhaltliche Mängel schon aus rechtsstaatlichen Erwägungen wahrzunehmen hätte (*Rill*, Die Rolle des Bundespräsidenten als Hüter der Verfassung, ZfV 2008, 314). Darüber hinaus seien für offenkundige Verfassungswidrigkeiten keine juristischen Fachkenntnisse erforderlich (*Hiesel*, Einige Überlegungen zur Prüfkompetenz des Bundespräsidenten in Bezug auf das verfassungsmäßige Zustandekommen der Bundesgesetze, ZfV 2012, 922).

2008 verweigerte der damalige BPräs erstmals die Beurkundung aufgrund einer inhaltlichen Verfassungswidrigkeit, weil der vorgelegte Gesetzesbeschluss eine rückwirkende Strafbestimmung enthielt und somit eine Verletzung des Art 7 EMRK darstellte (siehe *Mayer/Kucsko-Stadlmayer/Stöger*, Bundesverfassungsrecht[11] [2015] Rz 470).

Folgt man der Ansicht, dass dem BPräs eine bloß formelle Prüfungsbefugnis zukommt, darf der BPräs die Beurkundung nicht verweigern, da keine Verfahrensmängel vorliegen. Nimmt man hingegen eine materielle Prüfungsbefugnis an, dürfte der BPräs die Beurkundung verweigern; dies selbst unter der Annahme, dass sich die Prüfungsbefugnis auf evidente und/oder gravierende Verfassungswidrigkeiten beschränke, denn eine solche liegt nach dreimaligem Aufheben entsprechender Bestimmungen durch den VfGH jedenfalls vor.

Frage 2: a) Der Bundespräsident befindet sich zusammen mit dem Bundeskanzler auf einer einwöchigen Dienstreise in China. Welches Organ vertritt in diesem Fall den Bundespräsidenten bei seinen Amtsgeschäften?

Art 64 B-VG trifft Regelungen für die Vertretung des BPräs, wobei zwischen zwei Vertretungsfällen unterschieden wird: einerseits die **dauernde Erledigung** der Stelle des BPräs (zB durch dessen Tod), andererseits die **zeitweilige Verhinderung** des BPräs an der Ausübung seines Amtes. Letztere liegt immer dann vor, wenn der BPräs seine Funktionen bloß temporär nicht ausüben kann (zB aufgrund einer Krankheit).

Eine dauernde Verhinderung des BPräs hat gem Art 64 Abs 1 B-VG zur Folge, dass die Funktionen des BPräs auf **die drei Präsidenten des NR** übergehen.

Im Fall einer zeitweiligen Verhinderung ist zu unterscheiden, ob diese kürzer als 20 Tage dauert oder diesen Zeitraum übersteigt: Bei einer zeitweiligen Verhinderung des BPräs **unter 20 Tagen** gehen gem Art 64 Abs 1 B-VG alle Funktionen auf den **BK** über. Ist auch der BK verhindert, so ist gem Art 69 Abs 1 B-VG für dessen Vertretung der VK zuständig. Dauert die zeitweilige Verhinderung des BPräs hingegen **länger als 20** Tage, sind gem Art 64 Abs 1 B-VG für seine Vertretung – wie bei der dauernden Erledigung des Amtes – die **drei Präsidenten des NR als Kollegium** zuständig.

Ob eine zeitweilige Verhinderung oder eine dauerhafte Amtserledigung vorliegt, ist durch die zur Vertretung befugten Organe – BK oder die Präsidenten des NR – selbst festzustellen (siehe *Berka*, Verfassungsrecht[8] [2021] Rz 688; *Mayer/Kucsko-Stadlmayer/Stöger*, Bundesverfassungsrecht[11] [2015] Rz 632; *Ö/E*, Rz 480).

Im vorliegenden Fall handelt es sich um eine zeitweilige Verhinderung des BPräs von unter 20 Tagen aufgrund seines einwöchigen Auslandsaufenthaltes außerhalb der EU, weshalb seine Funktionen gem Art 64 Abs 1 B-VG auf den BK übergehen. Da der BK jedoch aufgrund der gemeinsamen Dienstreise auch verhindert ist, ist für dessen Vertretung der VK zuständig (Art 69 Abs 1 B-VG).

b) Der Bundespräsident wird auf seiner Dienstreise nicht nur vom Bundeskanzler, sondern auch vom Vizekanzler begleitet. Die einwöchige Dienstreise führt ihn diesmal jedoch nicht nach China, sondern nach Italien. Welches Organ vertritt den Bundespräsidenten in diesem Fall bei seinen Amtsgeschäften?

Zu den allgemeinen Ausführungen zur Vertretung des BPräs siehe oben unter 2 a).

Ein Aufenthalt des BPräs in einem **anderen Mitgliedstaat der EU** gilt **nicht als Verhinderung** des BPräs iSd Art 64 Abs 1 B-VG. Im vorliegenden Fall liegt daher gar kein Vertretungsfall vor.

Hätte die Auslandsreise den BPräs in einen Staat außerhalb der EU geführt, so würde Folgendes gelten: Bei einer zeitweiligen Verhinderung des BPräs unter 20 Tagen gehen – wie unter 2 a) bereits ausgeführt – grundsätzlich gem Art 64 Abs 1 B-VG alle Funktionen auf den BK über. Sind der BK und der VK jedoch gleichzeitig verhindert, wird der BK gem Art 69 Abs 2 B-VG durch das **dienst**älteste, nicht verhinderte Mitglied der BReg vertreten. Bei gleichen Jahren wird der BK durch das an Jahren **älteste**, nicht verhinderte Mitglied der BReg vertreten.

Frage 3: Der Vizekanzler, der auch mit der Führung des Bundesministeriums für Inneres betraut ist, erkrankt plötzlich und wird voraussichtlich für einige Wochen ausfallen. Wer ist für seine Vertretung als Ressortchef zuständig?

Für die Vertretung des **VK als Ressortchef** sowie für seine Vertretung als Mitglied der BReg ist **Art 73 Abs 1 B-VG** maßgeblich. Der VK hat im Falle seiner zeitweiligen Verhinderung (zB Krankheit) im Einvernehmen mit einem anderen BM diesen, einen ihm beigegebenen Staatssekretär oder einen leitenden Beamten des betreffenden Bundesministeriums mit seiner Vertretung zu beauftragen. Die Beauftragung mit der Vertretung ist dem BPräs und dem BK zur Kenntnis zu bringen. Der Vertreter trägt die gleiche Verantwortung wie der BM (siehe *Mayer/Kucsko-Stadlmayer/Stöger*, Bundesverfassungsrecht[11] [2015] Rz 668).

Umstritten ist hingegen die Frage, wer den VK vertritt, wenn dieser kein Ressortchef, sondern lediglich VK ist. Die hL geht davon aus, dass auch in einem solchen Fall eine Vertretung des VK in Betracht kommt. Begründet wird dies vor allem damit, dass der VK auch Mitglied der BReg ist und es keinen Grund gibt, warum im Fall seiner Verhinderung sein Stimmrecht wegfallen solle (siehe *Wieser*, Zur Vertretung des Vizekanzlers, ZfV 1995, 298).

Frage 4: Inwieweit ist der Bundespräsident für seine Amtsführung rechtlich und politisch verantwortlich?

In **rechtlicher** Hinsicht trägt der BPräs die Verantwortung die Bundesverfassung einzuhalten und ist nicht (wie die BReg) für jede Gesetzesverletzung verantwortlich (siehe *Berka*, Verfassungsrecht[8] [2021] Rz 683). Verletzt er die Bundesverfassung schuldhaft (Art 142 Abs 1 B-VG), kann ihn die Bundesversammlung beim VfGH anklagen (Art 142 Abs 2 lit a B-VG). Zur Geltendmachung dieser Verantwortung ist die Bundesversammlung auf Beschluss des NR oder des BR vom BK einzuberufen. Für eine Anklageerhebung bedarf es der Anwesenheit von mehr als der Hälfte der Mitglieder jedes der beiden Vertretungskörper und einer Mehrheit von zwei Dritteln der abgegebenen Stimmen (Art 68 Abs 2 und 3 B-VG). Darüber hinaus kann die Bundesversammlung den Amtsverlust des BPräs beantragen (Art 141 Abs 1 lit d), wenn dieser seine Wählbarkeit (Art 60 Abs 3 B-VG) verliert.

In **politischer** Hinsicht trägt der BPräs die Verantwortung für eine zweckmäßige Amtsführung. Er ist dem Volk gegenüber für diese verantwortlich und kann gem Art 60 Abs 6 B-VG durch Volksabstimmung abgesetzt werden. Das Absetzungsverfahren ist vom NR einzuleiten. Beschließt der NR mit Zweidrittelmehrheit bei Anwesenheit der Hälfte der Abgeordneten, dass der BPräs seines

Amtes zu entheben ist, so hat der BK die Bundesversammlung einzuberufen. Die Bundesversammlung beschließt sodann, ob eine Volksabstimmung abzuhalten ist. Wird eine solche durchgeführt und spricht das Volk sich im Rahmen dieser für den BPräs aus, kommt dies einem Misstrauensvotum gegenüber dem gesamten NR gleich. Der NR wäre sodann aufzulösen und Neuwahlen anzuberaumen. Im entgegengesetzten Fall, also wenn sich das Volk gegen den BPräs ausspricht, scheidet dieser sofort aus seinem Amt aus und es sind von der BReg Neuwahlen für das Amt des BPräs auszuschreiben.

Frage 5: In Österreich steht die Neuwahl des Bundespräsidenten an. Die Wahl ist für Sonntag, den 04.05.2025 angesetzt. Inmitten des Wahlkampfes – am 17.04.2025 – verstirbt eine Wahlwerberin. Das Entsetzen in der Bevölkerung ist groß, dennoch findet die Wahl wie geplant statt. Dies wird damit begründet, dass die Wahlausschreibung durch Verordnung der Bundesregierung ordnungsgemäß erfolgt ist: *„Aufgrund des § 1 Abs. 1 des Bundespräsidentenwahlgesetzes 1971 (...) wird verordnet: § 1. Die Wahl des Bundespräsidenten wird ausgeschrieben. § 2. Im Einvernehmen mit dem Hauptausschuss des Nationalrates wird als Wahltag der 04.05.2025 festgesetzt (...)“.* Die Verordnung wurde im Bundesgesetzblatt kundgemacht und in allen Gemeinden durch öffentlichen Anschlag bekanntgemacht. Nach dem Wahlsonntag wird das Wahlergebnis am Montag, den 05.05.2025, von der Bundeswahlbehörde auf der Amtstafel des Bundesministeriums für Inneres und im Internet verlautbart. Am Dienstag, den 06.05.2025, diskutieren einige engagierte Jusstudierende nach einer Vorlesung aus Verfassungsrecht über das Wahlergebnis. Sie sind sich einig, dass bei der Wahl *„etwas nicht mit rechten Dingen zugegangen sei. Dagegen müsse man unbedingt etwas tun.“* 1) Was meinen die Studierenden damit? 2) Haben sie eine Möglichkeit gegen das Wahlergebnis vorzugehen?

1. Die Wahl ist gem § 1 Abs 1 BPräsWG durch Verordnung der BReg im BGBl auszuschreiben und hat den Wahltag zu enthalten. Er ist im Einvernehmen mit dem Hauptausschuss des NR auf einen Sonntag oder einen gesetzlichen Feiertag festzusetzen. Weiters ist die Verordnung der BReg über die Wahlausschreibung in allen Gemeinden durch öffentlichen Anschlag bekanntzumachen (§ 1 Abs 2 BPräsWG). Der Wahltag ist sohin ordnungsgemäß kundgemacht worden. § 8 Abs 4 BPräsWG sieht jedoch vor, dass eine Wahl zu verschieben ist, wenn ein Wahlwerber innerhalb von 37 Tagen vor dem Wahltag verstirbt. Den engagierten Studierenden ist daher Recht zu geben. Es liegt eine **Rechtswidrigkeit des Wahlverfahrens aufgrund eines Verstoßes gegen § 8 Abs 4 BPräsWG** vor.

2. Eine Rechtswidrigkeit eines Wahlverfahrens kann gem Art 141 B-VG mit einer Wahlanfechtung geltend gemacht werden. Das Wahlergebnis kann gem § 21 Abs 2 BPräsWG **innerhalb einer Woche** vom Tag der Beendigung des Wahlverfahrens angefochten werden. Beendet ist das Wahlverfahren nach Ansicht des VfGH mit dem letzten in der Wahlordnung vorgesehenen Rechtsakt, dh der letzten allgemeinen Verlautbarung des Wahlergebnisses. Für den Beginn der Frist ist somit der Tag der Verlautbarung des Wahlergebnisses maßgeblich (*Mayer/Kucsko-Stadlmayer/Stöger*, Bundesverfassungsrecht[11] [2015] Rz 1179 mit Verweis auf VfSlg 9342/1982, 11.022/1986).
   Die Frist für die Wahlanfechtung beginnt im vorliegenden Fall daher am Montag, den 05.05.2025, zu laufen und endet am Montag, den 12.05.2025.
   Über die Anfechtung der Wahl des BPräs erkennt gem Art 141 Abs 1 lit a B-VG der VfGH. Der VfGH hat über die Wahlanfechtung gem § 68 Abs 1 VfGG binnen vier Wochen zu entscheiden.
   Anfechtungsberechtigt sind gem § 67 Abs 2 VfGG Wahlwerber sowie Wählergruppen (Parteien). Anfechtungsberechtigte Wählergruppen sind solche, die bei einer durch die Wahlordnung vorgeschriebenen Wahlbehörde Wahlvorschläge für die angefochtene Wahl rechtzeitig vorgelegt haben. Die Anfechtung hat gem § 21 Abs 2 BPräsWG vom zustellungsbevollmächtigten Vertreter eines dem Gesetz entsprechenden Wahlvorschlages (§ 9 BPräsWG) zu erfolgen. Sie hat den begründeten Antrag auf Nichtigerklärung des Wahlverfahrens oder eines bestimmten Teiles desselben zu enthalten. Der VfGH nimmt seine Prüfungsbefugnis nur in den Grenzen der behaupteten Rechtswidrigkeit wahr (*Mayer/Kucsko-Stadlmayer/Stöger*, Bundesverfassungsrecht[11] [2015] Rz 1177 mit Verweis auf VfSlg 8700/1979, 9011/1981, 14.080/1995, 19.345/2011; VfGH 3.12.2014, W I 2/2013).
   Da es sich bei den Studierenden weder um Wahlwerber noch um eine anfechtungsberechtigte Wählergruppe handelt, fehlt es ihnen an der Anfechtungslegitimation. Die Studierenden haben daher keine Möglichkeit, das Wahlergebnis anzufechten.

Frage 6: Während der SARS-CoV-2 Pandemie erkrankt ein Nationalratsabgeordneter an dem Virus. Der gesamte Nationalrat muss sich daraufhin in Quarantäne begeben und kann daher nicht zusammentreten. Der Bundespräsident erlässt aufgrund der drastisch steigenden Infektionszahlen eine Notverordnung, die normiert, dass Drittstaatsangehörige nicht mehr in das Bundesgebiet einreisen dürfen, und macht diese im Bundesgesetzblatt kund. Die Notverordnung steht im Widerspruch zu dem zuvor erlassenen COVID-19-Maßnahmengesetz, das eine Einreise unter Vorlage eines negativen PCR-Tests erlaubt. Als der Nationalrat zwei Wochen später wieder zusammentreten kann, findet die Vorgehensweise des Bundespräsidenten dennoch große Zustimmung. Die

Notverordnung bleibt daher unverändert in Kraft. Welche Fehler sind hier unterlaufen?

Der BPräs kann gem Art 18 Abs 3-5 B-VG bei Vorliegen von höherer Gewalt (wie Kriegs- oder Krisensituationen) Notverordnungen erlassen (sog **Notverordnungsrecht**). Voraussetzung für den Erlass einer Notverordnung ist gem Art 18 Abs 3 B-VG, dass der NR Gesetze, die notwendig wären, um einen offenkundigen, nicht wiedergutzumachenden Schaden für die Allgemeinheit abzuwenden, nicht mehr rechtzeitig erlassen kann. Eine derartige Krisensituation liegt im gegenständlichen Fall vor, da der NR laut Sachverhalt nicht zusammentreten kann und aufgrund der drastisch steigenden Infektionszahlen ein offenkundiger, nicht wiedergutzumachender Schaden droht. Gem Art 18 Abs 3 B-VG können Notverordnungen nur auf Vorschlag der BReg (im Einvernehmen mit dem ständigen Unterausschuss des Hauptausschusses des NR), mit deren Zustimmung und Gegenzeichnung erlassen werden. Sie sind anschließend im BGBl kundzumachen. Die Notverordnung wurde laut Sachverhalt zwar ordnungsgemäß vom BPräs kundgemacht, allerdings hat der BPräs die Notverordnung ohne Vorschlag der BReg erlassen. Insofern ist dem BPräs beim Erlass der Notverordnung ein Formfehler unterlaufen.

Des Weiteren sollen Notverordnungen die Tätigkeit des NR nur vorläufig ersetzen. Die Notverordnung ist gem Art 18 Abs 4 B-VG unverzüglich dem NR von der BReg vorzulegen. Binnen acht Tagen ab Vorlage ist eine Sitzung des NR einzuberufen. Der NR kann anschließend binnen vier Wochen ein der Notverordnung entsprechendes Bundesgesetz beschließen oder von der BReg verlangen, die Notverordnung unverzüglich außer Kraft zu setzen (siehe *Mayer/Kucsko-Stadlmayer/Stöger*, Bundesverfassungsrecht[11] [2015] Rz 641). Der NR hat im gegenständlichen Fall kein entsprechendes Bundesgesetz gefasst, denn die Notverordnung ist unverändert in Kraft geblieben und somit verfassungswidrig.

Notverordnungen sind gem Art 18 Abs 3 B-VG „vorläufig gesetzesändernde" Verordnungen, dh sie können einfachgesetzliche Bestimmungen abändern. Es ist daher unproblematisch, dass die Notverordnung dem COVID-19-Maßnahmengesetz widerspricht.

Zusammenfassend ist festzuhalten, dass im vorliegenden Fall zwar die Voraussetzungen für den Erlass einer Notverordnung vorlagen, allerdings sind sowohl dem BPräs als auch dem NR Fehler unterlaufen: Zum einen hätte der BPräs die Notverordnung nur auf Vorschlag der BReg (im Einvernehmen mit dem ständigen Unterausschuss des Hauptausschusses des NR) erlassen dürfen und zum anderen hätte der NR ein der Notverordnung entsprechendes Bundesgesetz fassen müssen.

Frage 7: ***Susanne* interessiert sich für die Schaffung von Berufstiteln in Österreich. Sie entdeckt dazu folgenden im Bundesgesetzblatt kundgemachten „Text": *„Auf Grund des Art. 65 Abs. 2 lit. b B-VG schaffe ich zur Auszeichnung von Personen, die sich in langjähri-***

ger Ausübung ihres Berufes Verdienste um die Republik Österreich erworben haben, Berufstitel. Diese Berufstitel sind Hofrat/Hofrätin (…); Amtsrat/Amtsrätin (…); Universitätsprofessor/Universitätsprofessorin (…)“. **Auf der letzten Seite des Bundesgesetzblattes sieht sie, dass der Bundespräsident diesen Verwaltungsakt gesetzt hat. Um welche Art von Rechtsakt handelt es sich?**

Die vom BPräs gesetzten Verwaltungsakte werden als **„Entschließungen“** bezeichnet. Bei Entschließungen handelt es sich – abhängig vom Adressatenkreis – um Verordnungen oder Bescheide. Richtet sich die Entschließung an einen unbestimmten Adressatenkreis liegt eine **Verordnung** vor; bei einem bestimmten Adressatenkreis hingegen ein **Bescheid** (*Raschauer*, Allgemeines Verwaltungsrecht[6] [2021] Rz 246). Im vorliegenden Fall ist der Rechtsakt als Verordnung zu qualifizieren.

Frage 8: Nach der Veröffentlichung eines pikanten Videos, das den Vizekanzler in einer unrühmlichen Situation zeigt, entschließt sich der Bundespräsident dazu, die gesamte Bundesregierung zu entlassen. War die Vorgehensweise des Bundespräsidenten verfassungskonform?

Der BPräs kann gem Art 70 Abs 1 B-VG die BReg **entlassen** und ist dabei an keinen Vorschlag gebunden. Dieses Entlassungsrecht stellt ein außerordentliches Machtinstrument des BPräs dar. Es ist strittig, ob die Entlassung der freien Entschließung des BPräs obliegt (siehe *Berka*, Verfassungsrecht[8] [2021] Rz 701; *Stelzer*, Grundzüge des öffentlichen Rechts[4] [2019] 54) oder ob der BPräs dabei an bestimmte politische Voraussetzungen gebunden ist (siehe *Ö/E*, Rz 505 oder *Berchtold*, Der Bundespräsident [1969] 235). Nach letzterer Auffassung kann der BPräs die BReg nur dann entlassen, wenn Gründe dafür sprechen, dass die BReg nicht mehr über die notwendige politische Legitimation verfügt.

An der politischen Legitimation der gesamten BReg wird im gegenständlichen Fall nicht gezweifelt werden können, da nur eines ihrer Mitglieder in einem Video in einer unrühmlichen Situation gezeigt wird. Je nachdem, welcher Meinung man sich anschließt, wird man zum Ergebnis kommen, dass die Vorgehensweise des BPräs rechtmäßig war oder nicht.

Frage 9: *Nina* bewirbt sich im Zuge der Gerichtspraxis um eine Planstelle als Richteramtsanwärterin. Als feststeht, dass sie die Übernahme in den richterlichen Vorbereitungsdienst geschafft hat, ist die Freude groß. Sofort erzählt sie ihrer Freundin *Franziska* die guten Neuigkeiten. Diese lernt gerade für die Prüfung aus Verfassungsrecht und ist begeistert: Sie ist sich sicher, dass die Ernennung von

***Nina* zur Richteramtsanwärterin durch den Bundespräsidenten erfolgen wird. Die Befugnis zur Ernennung von Bundesbeamten falle schließlich gem Art 65 Abs 2 lit a B-VG in dessen Kompetenz. *Nina* ist hingegen der Überzeugung, dass sie durch die Bundesministerin für Justiz ernannt wird. Wer von den beiden hat – aufgrund welcher gesetzlichen Bestimmungen – Recht?**

Die Ernennung von Bundesbeamten einschließlich der Offiziere und der sonstigen Bundesfunktionäre ist gem Art 65 Abs 2 lit a B-VG von den Befugnissen des BPräs umfasst. Zu den Bundesbeamten zählen gem Art III Abs 1 RStDG (unter anderem) auch Richteramtsanwärter. Der BPräs kann jedoch das Recht zur Ernennung von Bundesbeamten bestimmter Kategorien den **zuständigen Mitgliedern der BReg übertragen** und sie ermächtigen, ihrerseits diese Befugnis an nachgeordnete Organe weiter zu übertragen (Art 66 Abs 1 B-VG). Von dieser **Delegationsermächtigung** hat der BPräs mit der **54. Entschließung vom 17.01.1995** (BGBl 1995/54, zuletzt geändert durch BGBl II 2018/245) Gebrauch gemacht.

Gem Art 1 Abs 1 Z 4 lit a der 54. Entschließung des BPräs betreffend die Ausübung des Rechtes zur Ernennung von Bundesbeamten (BGBl 1995/54) wurde den Mitgliedern der BReg das Recht zur Ernennung von Beamten in ihrem Verwaltungsbereich übertragen. Der Wirkungsbereich der Bundesministerien umfasst gem § 2 Abs 2 Bundesministeriengesetz 1986 (BGBl 1986/76, zuletzt geändert durch BGBl I 2025/10) die Sachgebiete, die gem dem Teil 2 der Anlage einzelnen Bundesministerien zur Besorgung zugewiesen sind. Teil 2 der Anlage sieht unter J. Z 9 vor, dass Angelegenheiten der Justizverwaltung der Zivil- und Strafgerichte in die Zuständigkeit des Bundesministeriums für Justiz fallen. Für die Ernennung von Richteramtsanwärtern ist daher – wie von *Nina* zutreffend angenommen – die **BM für Justiz** zuständig.

Frage 10: *Franz Ferdinand* ist Nationalratsabgeordneter und zeitgleich Bundesminister für Finanzen. Da er auch Vorstand der finanzschwachen Broken-Bank-AG ist, hat er nun die Gelegenheit genutzt, um der Bank einen besonders günstigen Staatskredit anzubieten. Welche Probleme ergeben sich aus den Tätigkeiten von *Franz Ferdinand?*

Als BM ist *Franz Ferdinand* gem Art 19 Abs 1 B-VG oberstes Organ der Verwaltung; als Nationalratsabgeordneter ist er gem Art 41 Abs 1 B-VG außerdem Teil der Gesetzgebung. Es stellt sich daher die Frage nach der Inkompatibilität von mehreren Ämtern. Das B-VG sieht keine Unvereinbarkeit vom Amt des BM mit jenem des Nationalratsabgeordneten vor. Die Zulässigkeit, sowohl Mitglied der BReg als auch Abgeordneter des NR zu sein, stellt eine Durchbrechung des Grundsatzes der Gewaltentrennung dar. In der Regel legen die Mitglieder der BReg ihr Mandat aber aus politischen Gründen zurück und sichern sich eine allfällige Rückkehr in den NR durch ein „Mandat auf Zeit“ (siehe *Ö/E*, Rz 619). *Franz Ferdinand* kann daher Nationalratsabgeordneter und zeitgleich BM für Finanzen sein, auch wenn dies der politischen Praxis nicht entspricht.

Die Inkompatibilität von Ämtern und Berufen mit Erwerbsabsicht regelt das Unvereinbarkeits- und Transparenz-Gesetz (Unv-Transparenz-G). Mitglieder der BReg dürfen gem § 2 Abs 1 Unv-Transparenz-G grundsätzlich während ihrer Amtstätigkeit keinen Beruf mit Erwerbsabsicht ausüben. Darüber hinaus ist die Ausübung eines Berufes nach Amtsantritt gem § 2 Abs 2 Unv-Transparenz-G unverzüglich dem Unvereinbarkeitsausschuss anzeigen. Der Ausschuss kann die Erwerbstätigkeit genehmigen, sofern eine unbeeinflusste und objektive Amtsführung gewährleistet ist. Dies ist laut Sachverhalt nicht der Fall, denn *Franz Ferdinand* nutzt seine Position als BM, um der finanzschwachen Broken-Bank-AG, bei der er selbst Vorstand ist, einen besonders günstigen Staatskredit anzubieten.

Nationalratsabgeordnete können im Gegensatz zu Mitgliedern der BReg ehrenamtliche und wirtschaftliche Tätigkeiten gem § 1a Unv-Transparenz-G ausüben. Sie müssen diese allerdings gem § 6 Abs 2 Unv-Transparenz-G melden; ihr Einkommen wird auf der Homepage des Parlaments veröffentlicht (https://www.parlament.gv.at/person/unvtrans/P9ListeNR; Stand 22.06.2025). *Franz Ferdinand* dürfte daher, wenn er ausschließlich als Nationalratsabgeordneter tätig wäre, einer Tätigkeit mit wirtschaftlichem Interesse nachgehen, sofern er den Meldeverpflichtungen des § 6 Abs 2 Unv-Transparenz-G nachkommt.

Frage 11: Der Bundesregierung wird gem Art 74 Abs 1 B-VG durch den Nationalrat das Vertrauen entzogen. Der Bundespräsident enthebt daher die Bundesregierung ihres Amtes. *Lukas* ist verunsichert, wie es nun bis zur Bildung einer neuen Regierung in Österreich weitergehen soll. Er fragt den befreundeten Universitätsassistenten *Daniel* um Rat, was die Verfassung für einen solchen Fall vorsieht. Welche Antwort wird er vom Verfassungsrechtsexperten *Daniel* erhalten?

Der BPräs hat gem **Art 71 B-VG**, wenn die BReg wie im vorliegenden Fall aus dem Amt geschieden ist, bis zur Bildung der neuen BReg Mitglieder der scheidenden Regierung, Staatssekretäre oder leitende BM mit der Fortführung der Verwaltung zu betrauen. Eines der Mitglieder ist mit dem Vorsitz der sogenannten **„einstweiligen BReg“** zu betrauen; dabei kommt ihr als provisorische BReg dieselbe rechtliche Stellung wie einer definitiven BReg zu (siehe *Berka*, Verfassungsrecht[8] [2021] Rz 703; *Mayer/Kucsko-Stadlmayer/Stöger*, Bundesverfassungsrecht[11] [2015] Rz 673).

Frage 12: Als *Fleißig* erfährt, dass der Bundesminister für Bildung seinem langjährigen Freund Staatssekretär *Owezarah* überhaupt keine Aufgaben übertragen hat, ist sie empört. *Fleißig* möchte von Ihnen nun wissen, ob die Vorgehensweise des Bundesministers rechtmäßig war und ob *Owezarah* seines Amtes enthoben werden kann?

Den BM können gem Art 78 Abs 2 B-VG Staatssekretäre beigegeben werden, die sie in der Geschäftsführung und parlamentarischen Vertretung unterstützen. Inwieweit ein BM die Möglichkeit der Aufgabenübertragung in Anspruch nimmt, bleibt aber ihm überlassen (siehe *Mayer/Kucsko-Stadlmayer/Stöger*, Bundesverfassungsrecht[11] [2015] Rz 693). Der BM ist keineswegs dazu verpflichtet, einem Staatssekretär Aufgaben zu übertragen. Die Vorgehensweise des BM war daher rechtmäßig.

Staatssekretäre können grundsätzlich aus denselben Gründen ihres Amtes enthoben werden wie BM, dh aufgrund eines Misstrauensvotums des NR gem Art 74 Abs 1 B-VG, auf eigenen Wunsch (Demission) oder aus bestimmten gesetzlich vorgesehen Fällen gem Art 74 Abs 3 B-VG. Zu letzteren zählt beispielsweise eine Verurteilung gem § 27 Abs 1 iVm § 74 StGB (siehe *Mayer/Kucsko-Stadlmayer/Stöger*, Bundesverfassungsrecht[11] [2015] Rz 670). Ein Misstrauensvotum gegen einen Staatssekretär kommt nur dann in Betracht, wenn er mit der Vertretung des BM oder mit der Fortführung der Verwaltung gem Art 71 B-VG betraut wurde (siehe *Wieser,* Der Staatssekretär [1997] 198).

Frage 13: Die neue Landesrätin *Josephine* möchte sich auf die wöchentliche Sitzung der steiermärkischen Landesregierung besonders gut vorbereiten und studiert deren Geschäftsordnung. Es dauert nicht lange bis sie eine Regelung findet, mit der sie überhaupt nicht einverstanden ist: *„Folgende Angelegenheiten sind von der Landesregierung in Sitzungen mit gemeinsamer Beratung zu verhandeln*: (...) *Anfechtung eines Bundesgesetzes beim Verfassungsgerichtshof (...).“* Sie ist der Meinung, dass diese Angelegenheit auch durch einen Landesrat alleine erledigt werden könnte und keiner kollegialen Beschlussfassung der Landesregierung bedürfe. Hat *Josephine* Recht?

Die LReg ist auf Landesebene das oberste Verwaltungsorgan (Art 101 Abs 1 B-VG) und führt ihre Geschäfte grundsätzlich kollegial (siehe *Ö/E*, Rz 508).

Die Länder haben aber auch die Möglichkeit ein Ressort- oder Ministerialsystem einzuführen, durch das **einzelne Angelegenheiten** der Landesverwaltung **monokratisch durch ein Mitglied der LReg** – dh LH oder Landesrat – erledigt werden können (§ 3 Abs 1 des BVG über die Ämter der LReg). Die Zuständigkeitsverteilung erfolgt in der Geschäftsordnung der LReg. Der LReg sind allerdings gewisse Aufgaben durch Bundes- oder Landesverfassung zugewiesen, die jedenfalls kollegial erledigt werden müssen und von einer Zuständigkeitsübertragung ausgenommen sind. Dazu zählt unter anderem die Anfechtung von Bundesgesetzen beim VfGH gem Art 140 B-VG (siehe *Berka*, Verfassungsrecht[8] [2021] Rz 750 ff). Die Aussage von *Josephine* ist daher unrichtig, weil die Anfechtung von Bundesgesetzen unter die von einer **Zuständigkeitsübertragung ausgenommenen Kompetenzen** fällt.

Frage 14: Gemäß Art 148a Abs 1 B-VG kann eine Beschwerde an die Volkanwaltschaft erhoben werden. Wer ist zu einer solchen Beschwerdeerhebung legitimiert? Welche Voraussetzungen müssen für eine solche Beschwerde vorliegen?

Beschwerdelegitimiert ist gem Art 148a Abs 1 B-VG jede Person, unabhängig von Alter, Staatsangehörigkeit oder Wohnsitz. Der Beschwerdeführer muss lediglich behaupten können, durch einen Missstand in der Verwaltung betroffen zu sein und dass ihm gegen diesen kein Rechtsmittel (mehr) zur Verfügung steht. Darüber hinaus kann der Beschwerdeführer auch die Säumnis eines Gerichts geltend machen (Art 148a Abs 4 B-VG). Die Anrufung der VA ist ohne finanzielle Aufwendungen und formlos möglich (siehe *Berka*, Verfassungsrecht[8] [2021] Rz 887).

Eine Legaldefinition des Missstandsbegriffs gibt es nicht. Dieser ist aber weit zu verstehen (siehe *Stelzer*, Grundzüge des öffentlichen Rechts[4] [2019] 48; *Mayer/Kucsko-Stadlmayer/Stöger*, Bundesverfassungsrecht[11] [2015] Rz 1270). Neben objektiven und subjektiven Rechtsverletzungen ist auch jedes Verhalten einer Behörde bzw jeder Zustand in der Verwaltung, der von den Grundsätzen einer ordentlichen Verwaltung abweicht, als Missstand zu verstehen. Hierzu zählen ua das Verzögern von Entscheidungen und ein schikanöses Verhalten von Verwaltungsorganen (siehe *Berka*, Verfassungsrecht[8] [2021] Rz 887).

Frage 15: a) Die Jusstudenten *Markus* und *Günther* diskutieren angeregt über die Bedeutung der Kontrolle der Staatsgewalten in einem demokratischen Verfassungsstaat. Sie stimmen überein, dass für die wirtschaftliche Kontrolle in Österreich der Rechnungshof zuständig ist. In einem Punkt sind sie sich jedoch uneinig: *Markus* ist sich sicher, dass der Rechnungshof *funktionell* ein Organ des jeweiligen Landtages sei; *Günther* vertritt hingegen die Ansicht, dass es sich beim Rechnungshof *funktionell* um ein Organ des Nationalrates handle. Welche Aussage ist richtig?

Der RH ist gem Art 122 Abs 1 B-VG in Angelegenheiten der Bundesgebarung und der Gebarung der gesetzlichen beruflichen Vertretungen – soweit sie in die Vollziehung des Bundes fallen – **funktionell als Organ des Nationalrates** tätig. In Angelegenheiten der Länder-, Gemeindeverbände- und Gemeindegebarung sowie der Gebarung der gesetzlichen beruflichen Vertretungen – soweit sie in die Vollziehung der Länder fallen – ist er hingegen **funktionell als Organ des betreffenden Landtages** tätig (siehe *Berka*, Verfassungsrecht[8] [2021] Rz 861). Es haben daher sowohl *Markus* als auch *Günther* mit ihrer Aussage Recht.

b) Ist der Rechnungshof *organisatorisch* als Bundes- oder Landesorgan zu qualifizieren?

Organisatorisch ist der RH eine **Kontrolleinrichtung des Bundes** mit Sitz in Wien (*Mayer/Kucsko-Stadlmayer/Stöger,* Bundesverfassungsrecht[11] [2015] Rz 1225).

c) Welche Kompetenzen hat der Rechnungshof?

Die Aufgaben des RH werden in Art 121 ff B-VG taxativ aufgezählt und dürfen ohne verfassungsgesetzliche Ermächtigung nicht erweitert werden (*Mayer/ Kucsko-Stadlmayer/Stöger*, Bundesverfassungsrecht[11] [2015] Rz 1225 f). Der RH ist gem Art 121 Abs 1 B-VG für die Kontrolle der Gebarung des Bundes, der Länder, der Gemeindeverbände, der Gemeinden und anderer durch das Gesetz bestimmte Rechtsträger zuständig. Zudem hat der RH gem Art 121 Abs 2 B-VG den Bundesrechnungsabschluss zu verfassen und diesen dem NR vorzulegen. Weiters sind alle Urkunden über Finanzschulden des Bundes, soweit sich aus ihnen eine Verpflichtung des Bundes ergibt, vom Präsidenten des RH gegenzuzeichnen (Art 121 Abs 3 B-VG). Der RH hat außerdem bei Unternehmungen und Einrichtungen, die seiner Kontrolle unterliegen und für die eine Berichterstattungspflicht an den NR besteht, jedes zweite Jahr die durchschnittlichen Einkommen der Organe und Beschäftigten zu erheben und dem NR zu berichten (Art 121 Abs 4 B-VG).

Frage 16: Einige Mitglieder der neu gegründeten Partei „Österreichische Reformations-Partei" diskutieren angeregt über die Möglichkeit neuer Reformen für Österreich, die sie in ihrem Wahlprogramm für die kommende Nationalratswahl präsentieren wollen. Parteigründerin *Nora Neu* ist der Ansicht, dass mehr staatliche Aufgaben durch Rechtsträger des Privatrechts und nicht von Organen der staatlichen Verwaltung erfüllt werden sollen. Sie hat dazu folgende Idee: Kernbereiche der Verwaltung des Zivildienstes sollen auf eine GmbH übertragen werden. Der Vorschlag findet in der Parteizentrale sofort große Zustimmung; lediglich *Elisa Ernst* ist skeptisch. Sie sieht in diesem Zusammenhang „massive verfassungsrechtliche Probleme". Welches „rechtliche Konstrukt" hat *Nora Neu* hier grundsätzlich vor Augen? Welche verfassungs-

rechtlichen Probleme könnte *Elisa Ernst* meinen? Wäre das Vorhaben von *Nora Neu* zulässig?

Nora Neu bezieht sich auf das Rechtsinstitut der **Beleihung**. Bei einer Beleihung werden private (physische oder juristische) Personen mit Aufgaben der Hoheitsverwaltung betraut (hier der hoheitlichen Zivildienstverwaltung) (*Ö/E*, Rz 565).

Nach der Rsp des VfGH muss die Beleihung eines privaten Rechtsträgers (wie bspw einer GmbH) folgende Voraussetzungen erfüllen: Die Aufgabenübertragung hat dem verfassungsrechtlichen **Effizienz- und Sachlichkeitsgebot** zu entsprechen (vgl VfSlg 14.473/1996), es darf sich lediglich um **einzelne Aufgaben** und **keine Kernbereiche der Staatsaufgaben** handeln und die Leitungsbefugnis der obersten Organe der Verwaltung muss durch entsprechende, im Gesetz verankerte, **Steuerungsmöglichkeiten** sichergestellt sein (VfSlg 14.473/1996, 20.522/2021; idS auch VfGH 05.10.2023, G 265/2022-45 zur Übertragung von nichthoheitlichen Aufgaben auf private Rechtsträger).

Die von *Elisa Ernst* angesprochenen verfassungsrechtlichen Bedenken gegen das Vorhaben von *Nora Neu* sind begründet. Zu den Kernbereichen der staatlichen Verwaltung zählen nämlich – nach der Judikatur des VfGH – die Kernbereiche der Verwaltung des Zivildienstes (vgl VfSlg 17.341/2004). Das Vorhaben von *Nora Neu* wäre sohin unzulässig.

Rechtsstaat

Martin K. Greifeneder / Lisa Janko / Manuel Neusiedler / Niklas Schrenk

Frage 1: Der Bezirkshauptmann *Franz* wartet schon längst darauf, dass sich sein Nachbar und Erzfeind *Josef* einer Verwaltungsübertretung schuldig macht, um ihm mit einer saftigen Geldstrafe eines auswischen zu können. Als eines Tages tatsächlich eine Anzeige gegen *Josef* bei der Behörde einlangt, wittert *Franz* seine Chance. Das von *Josef* begangene Delikt ist zwar nur mit einer Geldstrafe von bis zu EUR 1 500 bedroht, *Franz* erachtet die Tatbegehung aber als äußerst rücksichtslos und dreist, weshalb er *Josef* zu einer – seiner Ansicht nach angemessenen – Geldstrafe in Höhe von EUR 1 800 verpflichtet. Zudem, argumentiert *Franz* im Straferkenntnis, sei *Josef* besonders strafbedürftig und kriminell, was ebenfalls berücksichtigt gehöre. Beurteilen Sie die Rechtmäßigkeit von *Josefs* Bestrafung und erörtern Sie, mit welchem Grundprinzip der Verfassung *Franz'* Vorgehen in Konflikt stehen könnte!

Das der österreichischen Bundesverfassung immanente – aber nicht ausdrücklich proklamierte – Grundprinzip der Rechtsstaatlichkeit enthält in seinem Kern das **Legalitätsprinzip**, dessen Grundlage **Art 18 Abs 1 B-VG** darstellt. Demgemäß darf die **gesamte staatliche Verwaltung nur auf Grund der Gesetze ausgeübt** werden. Die Verwaltung (aber auch: die Gerichtsbarkeit) ist daher an jene Normen streng gebunden, die von den unmittelbar demokratisch legitimierten Gesetzgebungsorganen erlassen werden. Hieraus ergibt sich eine Abhängigkeit der Verwaltung von der Erlassung von Normen durch den Gesetzgeber. Es obliegt daher dem Gesetzgeber, die Grenzen der Ausübung **hoheitlicher Staatsgewalt** durch die Verwaltung festzulegen. Der Umstand, dass die Verwaltungsorgane nur aufgrund gesetzlicher Ermächtigung tätig werden dürfen und diese notwendige Grundlage für deren Handeln ist, macht das **Verwaltungshandeln** für die Bürgerinnen **vorhersehbar** und **berechenbar**. Das Legalitätsprinzip führt dazu, dass das zulässige hoheitliche Verwaltungshandeln abschließend durch Gesetz festgelegt ist. Die Ausübung staatlicher Hoheitsgewalt gegenüber Rechtsunterworfenen kommt ohne entsprechende gesetzliche Ermächtigung nicht in Betracht.

Das eben Gesagte auf den vorliegenden Fall angewendet, bedeutet, dass *Franz* gem Art 18 Abs 1 B-VG bei der hoheitlich wahrzunehmenden Verwaltungsaufgabe der Durchführung eines Verwaltungs(straf)verfahrens stets an das Gesetz gebunden ist. Die hier anzuwendende Strafbestimmung ermächtigt das zuständige Organ, über den Täter eine Geldstrafe in Höhe von maximal EUR 1 500 zu verhängen. Die Möglichkeit, eine höhere Strafe auszusprechen, ist nicht festgeschrieben. Macht sich ein Rechtsunterworfener daher der hier verpönten Verwaltungsübertretung schuldig, darf er iSd Vorhersehbarkeit und Berechenbarkeit des Verwaltungshandelns damit rechnen, dass über ihn keine höhere Strafe verhängt wird. Da das von den Gesetzgebungsorganen erlassene Gesetz alleinige Grundlage für die Strafbemessung im Rahmen des Verwaltungsstrafverfahrens darstellt, muss *Franz* persönliche Überzeugungen in jedem Falle unberücksichtigt lassen; diese können keine höhere Strafe als die gesetzlich vorgesehene rechtfertigen. Ungeachtet seiner persönlichen Vorbehalte gegenüber *Josef*, hätte *Franz* im Straferkenntnis die Geldstrafe mit maximal EUR 1 500 festsetzen dürfen. Das Straferkenntnis steht daher im Widerspruch zum Legalitätsprinzip.

Frage 2: Der NR beschließt folgende neue Strafbestimmung der Gewerbeordnung [fiktiv]:
„Eine Verwaltungsübertretung, die mit Geldstrafe bis zu EUR 4 000 zu bestrafen ist, begeht, wer ein Gewerbe ausübt, ohne die erforderliche Gewerbeberechtigung erlangt zu haben. Bei Uneinsichtigkeit oder wenn dies aus anderen Gründen erforderlich ist, kann eine höhere Strafe verhängt werden."

a) Beurteilen und begründen Sie, ob diese Regelung den Anforderungen des Legalitätsprinzips gerecht wird!

Gem Art 18 Abs 1 B-VG darf die gesamte staatliche Verwaltung nur auf Grund der Gesetze ausgeübt werden. Diese Vorschrift enthält nicht nur – wie man auf den ersten Blick vermuten könnte – eine Verpflichtung der Verwaltung (bzw der Vollziehung), sondern, als sog zweite Stoßrichtung, auch ein an den Gesetzgeber gerichtetes **Determinierungsgebot**, das diesen verpflichtet, Gesetze **ausreichend zu bestimmen**. Nur wenn das Handeln der Vollziehung durch den Gesetzgeber inhaltlich hinreichend determiniert ist, ist dieses tatsächlich vorhersehbar und berechenbar. Zu unbestimmte Gesetze würden im Ergebnis die Entscheidungsmacht erst recht in die Hände der Verwaltung legen und damit eine verfassungswidrige **formalgesetzliche Delegation** darstellen. Präzise formuliert, ist die Verwaltung daher nicht nur von der Gesetzgebung durch die Erlassung von Gesetzen abhängig, sondern vielmehr durch die Erlassung **ausreichend determinierter Gesetze**. Die Beurteilung, ob eine Norm dem rechtsstaatlichen Bestimmtheitsgebot entspricht, erfordert die Ermittlung ihres Inhalts unter Heranziehung aller Interpretationsmethoden. Wird den Bestimmtheitsanforderungen des Legalitätsprinzips nicht Genüge getan, liegen Verstöße gegen Art 18 Abs 1 B-VG und das rechtsstaatliche Prinzip vor. Die Frage, wo die Grenze zwischen einer ausreichend bestimmten Norm und einer formalgesetzlichen Delegation verläuft, entscheidet letztlich der VfGH im Rahmen eines Gesetzesprüfungsverfahrens. Seiner Judikatur lässt sich entnehmen, dass das Legalitätsprinzip **je nach Sachgebiet differenziert anzuwenden** ist und Art 18 Abs 1 B-VG einen dem jeweiligen Regelungsgegenstand **adäquaten Determinierungsgrad** verlangt. **Strafbestimmungen** und **eingriffssensible Gesetze**, also solche, die regelmäßig zu intensiven Eingriffen in grundrechtlich geschützte Bereiche ermächtigen, **unterliegen erhöhten Bestimmtheitsanforderungen**.

Da es sich bei der abgedruckten Norm um eine Strafbestimmung handelt, hat sie gesteigerten Bestimmtheitserfordernissen gerecht zu werden. Gleichwohl die Rechtsunterworfenen bei dieser Bestimmung damit rechnen müssen, dass die über sie verhängte Geldstrafe höher als EUR 4 000 ausfallen kann, bleibt es ihnen verwehrt, vorherzusehen, wann dies tatsächlich sein wird und wie hoch diese maximal ausfallen kann. Dies deshalb, weil es letztlich den Verwaltungsbehörden überlassen bleibt, die Gründe, die eine höhere Strafe rechtfertigen, zu definieren. Zudem lässt die Bestimmung die Begrenzung der Strafhöhe vermissen, weshalb Strafen in unermesslicher Höhe verhängt werden können. Aus alledem folgt, dass der Gesetzgeber seine Determinierungspflicht verletzte und damit eine formalgesetzliche Delegation vorliegt.

b) Der Bezirkshauptmann *Franz* erwartet schon eifrig die Beschlussfassung im NR in dieser Sache, da er die gegenständliche Bestimmung, die ihm einen umfassenden Gestaltungsspielraum verschafft, schnellstmöglich zur Anwendung bringen möchte. Er verfolgt daher die Live-Übertragung der Nationalratssitzung und wendet die Strafnorm unmittelbar nach mehrheitlicher Zustimmung in einer anhängigen Rechtssache an. Ist dies zulässig?

Rechtsstaatlichkeit erfordert die Vorhersehbarkeit des Verwaltungshandelns für die Rechtsunterworfenen. Gleichzeitig verlangt das Rechtsstaatsprinzip damit auch ein **Mindestmaß an Zugänglichkeit** und Verständlichkeit von Rechtsnormen. Als Ausdruck dessen ordnet Art 49 B-VG an, dass Bundesgesetze im BGBl kundzumachen sind. Diese Anordnung trägt daher den rechtsstaatlichen Anforderungen Rechnung und gewährleistet, dass alle Normen in einem für alle Rechtsunterworfenen zugänglichen Kundmachungsorgan zu publizieren sind. Gleichzeitig wird dadurch verankert, dass die Verlautbarung von Gesetzen in einer anderen Form (Fernsehen, Radio, Zeitung etc) die notwendige Publizität nicht herstellen kann. Da der Gesetzesbeschluss zu jenem Zeitpunkt noch nicht in der verfassungsgesetzlich geforderten Weise, nämlich im BGBl, kundgemacht war, lag noch kein Gesetz vor, das von *Franz* hätte angewendet werden können.

Frage 3: § 18 Oö. Raumordnungsgesetz 1994 verpflichtet die Gemeinden zur Erlassung von Flächenwidmungsplänen durch Verordnung. In der Verordnung ist festzulegen, welche Flächen des Gemein-

degebietes als Bauland, als Verkehrsflächen oder als Grünland gewidmet werden. Die Zielsetzungen, die das Verwaltungshandeln bei der Festlegung der verschiedenen Widmungsarten leiten sollen, definiert der Gesetzgeber durch einen Raumordnungszielkatalog. Zudem ordnet der Gesetzgeber an, dass die für die Widmung bedeutsamen Gegebenheiten zu erheben sind und die erarbeiteten Entscheidungsgrundlagen zu dokumentieren sind.

a) Diskutieren Sie die Bedeutung des Legalitätsprinzips für die Erlassung von Durchführungsverordnungen im Allgemeinen und für die Erlassung von Raumordnungsplänen im Besonderen!

Gem Art 18 Abs 2 B-VG sind **Verwaltungsbehörden** befugt, **auf Grund der Gesetze innerhalb ihres Wirkungsbereichs Verordnungen zu erlassen**. Die Erlassung von Durchführungsverordnungen erfordert demnach keine gesonderte, ausdrückliche einfachgesetzliche Verordnungsermächtigung. Ist eine solche vorgesehen, erfolgt dies, um die Zuständigkeit einer bestimmten Behörde festzulegen oder um die Anwendung des Gesetzes von der Erlassung näherer Regelungen, die in Verordnungsform getroffen werden, abhängig zu machen. Sie dürfen jedoch, auch wenn eine explizite gesetzliche Ermächtigung nicht erforderlich ist, **nur aufgrund eines hinreichend bestimmten Gesetzes** erlassen werden. Diese gesetzliche Grundlage hat den Inhalt der Verordnung bereits hinreichend vorherzubestimmen, sodass **Durchführungsverordnungen lediglich konkretisieren, was bereits durch das Gesetz vorgezeichnet** ist. Entspricht ein einfaches Gesetz nicht diesen Anforderungen, liegt eine verfassungsrechtlich unzulässige **formalgesetzliche Delegation** vor. Dabei ist zu beachten, dass nach der Rsp des VfGH eine formalgesetzliche Delegation immer schon dann anzunehmen ist, wenn nicht schon aus dem Gesetz alle wesentlichen Merkmale der Verordnung ersehen werden können. Das Maß der gebotenen gesetzlichen Vorherbestimmung von Verordnungen ist – nach der Rsp des VfGH – je nach Sachmaterie und Regelungszusammenhang verschieden (= differenziertes Legalitätsprinzip). IZm dem Raumordnungsrecht wird auch eine lediglich **finale Determinierung („finale Programmierung“)** akzeptiert, die den Vollzugsorganen einen größeren Gestaltungsspielraum einräumt. Dabei erfolgt die Vorherbestimmung des Planinhalts anhand eines umfassenden gesetzlichen Planungszielkatalogs, an dem sich der Verordnungsgeber auszurichten hat. Da das Verwaltungshandeln gesetzlich nur durch **Zielvorgaben** festgelegt wird, wird die dadurch bedingte Unbestimmtheit des Verwaltungshandelns durch **Verfahrensregelungen** über die Erarbeitung der Entscheidungsgrundlagen des Verordnungsgebers kompensiert. Nur, wenn die Entscheidungsgrundlagen des Verordnungsgebers auch dokumentiert sind, kann der VfGH nachprüfen, ob die Verordnung den vom Gesetz vorgegebenen Zielen entspricht. Der VfGH spricht von **„Legitimation durch Verfahren“**.

Es ist daher folgender Schluss zu ziehen: Verfassungskonformes, Art 18 Abs 1 B-VG entsprechendes Raumplanungsrecht liegt dann vor, wenn inhaltliche Vorgaben im Gesetz durch einen umfassenden Zielkatalog getroffen werden und angeordnet wird, dass der Verordnungserlassung die Erarbeitung und Dokumentation von Entscheidungsgrundlagen voranzugehen hat.

b) *Klaus* regt die Umwidmung seines Grundstückes von Grünland in Bauland an. Die zuständige Behörde empfiehlt *Klaus*, einen zivilrechtlichen Vertrag abzuschließen, in dem er sich verpflichtet, das Grundstück innerhalb der nächsten fünf Jahre zu bebauen, da dies das Umwidmungsverfahren positiv beeinflussen könnte. Erörtern Sie die Relevanz des Legalitätsprinzips iZm zivilrechtlichen Verträgen! (Auf allfällige verfassungsrechtliche Probleme der sog „Vertragsraumordnung“ ist nicht einzugehen.)

Schließt die Gemeinde einen zivilrechtlichen **Vertrag** ab, liegt **privatwirtschaftliches Handeln** (gem **Art 116 Abs 2 B-VG)** vor, für das nach hA das Legalitätsprinzip des Art 18 Abs 1 B-VG nicht gilt. Für die Gemeinde bedeutet dies, dass das Gesetz dabei nur die Schranke, nicht aber die notwendige Grundlage bildet. Für einen Vertragsabschluss bedarf es daher keiner speziellen gesetzlichen Norm, die ausreichend bestimmt den Inhalt des Vertrages regelt. An die privatrechtlichen Bestimmungen über den Abschluss von Verträgen ist die Behörde aber sehr wohl gebunden.

Frage 4: *Sarah* befindet sich knapp vor Abschluss ihres Studiums der Rechtswissenschaften und malt sich eine erfolgreiche Karriere als Rechtsanwältin aus. Als sie vorab noch ein paar Informationen sammeln möchte, stößt sie auf der Homepage der OÖ Rechtsanwaltskammer auf die Satzung betreffend „Versorgungseinrichtungen“. Darin wird die Versorgung der Rechtsanwältinnen für den Fall des Alters und der Berufsunfähigkeit sowie die Versorgung ihrer Hinterbliebenen für den Fall des Todes geregelt. *Sarah* ist unsicher, um welche Rechtsform es sich bei einer Satzung genau handelt und auf welcher Rechtsgrundlage diese erlassen wird. Sie wendet sich daher mit der Bitte um Erteilung einer ausführlichen Rechtsauskunft an Sie! Nennen Sie *Sarah* auch ein weiteres Beispiel für diese Rechtsform!

Die Rechtsanwaltskammer ist ein **Selbstverwaltungskörper**, dem gem **Art 120b Abs 1 Satz 1 B-VG** ein **autonomes Satzungsrecht** eingeräumt wird. Die genannte Verfassungsbestimmung ermächtigt dazu, **im Rahmen der Ge-**

setze Satzungen zu erlassen, die als generelle Regelungen **Verordnungen** von Selbstverwaltungskörpern darstellen. Art 18 B-VG gilt im Prinzip auch für die Selbstverwaltung. Wird der Wortlaut des Art 120b Abs 1 Satz 1 B-VG mit jenem des Art 18 B-VG verglichen, fällt auf, dass hier von „im Rahmen der Gesetze" und dort von „auf Grund der Gesetze" gesprochen wird. Diese Differenzierung in der Verfassung begründet ein gegenüber Art 18 Abs 2 B-VG **gelockertes Legalitätsprinzip** für die Erlassung von Verordnungen (Satzungen) durch Selbstverwaltungseinrichtungen. Derartige Verordnungen haben **gesetzesergänzenden Charakter** und dürfen als solche **nicht gegen bestehende Gesetze verstoßen**. Art 120b Abs 1 B-VG statuiert somit eine Ausnahme vom strengen Legalitätsprinzip, weshalb dessen Verankerung im Verfassungsrang jedenfalls erforderlich war.

Für die gem Art 118 Abs 6 B-VG erlassenen **ortspolizeilichen Verordnungen** der Gemeinden in den Angelegenheiten des eigenen Wirkungsbereichs zur Abwehr unmittelbar zu erwartender oder zur Beseitigung bestehender, das örtliche Gemeinschaftsleben störender Missstände gilt Entsprechendes: Sie dürfen nicht gegen bestehende Gesetze (und Verordnungen gem Art 118 Abs 6 B-VG) verstoßen, setzen solche aber nicht voraus und haben somit **gesetzesergänzenden Charakter**.

Frage 5: **Der NR ermächtigt in einem hinreichend determinierten Gesetz die Bundesministerin für Justiz, die notwendigen Regelungen durch Verordnung zu treffen, soweit dies aus den dort genannten Gründen erforderlich ist. Dies soll sicherstellen, dass rasch eine den aktuellen Gegebenheiten angepasste Rechtslage geschaffen werden kann. Die Justizministerin erlässt in der Folge eine auf diese Norm gestützte rechtmäßige Verordnung.**

a) **Der NR zeigt sich mit der erlassenen Verordnung schon inhaltlich, aber vor allem wegen der Angabe einer falschen Rechtsgrundlage, in keinster Weise zufrieden. Welche Möglichkeit hat der NR die Verordnung zu beseitigen?**

Der NR hat durch die Abänderung des Bundesgesetzes die Möglichkeit, die einfachgesetzliche Verordnungsermächtigung – durch formelle oder materielle Derogation – zu beseitigen, um so das automatische (ipso iure) Außerkrafttreten der Durchführungsverordnung herbeizuführen. Dieses Ergebnis ist auf die sog **Herzog-Mantel-Theorie** zurückzuführen, die damit begründet wird, dass Durchführungsverordnungen vom Gesetz abhängig sind bzw sinnbildlich von diesem getragen werden und daher notwendigerweise auch dessen Schicksal teilen. Ebendeshalb muss der Wegfall der einfachgesetzlichen Grundlage zwingend den Untergang der darauf beruhenden Durchführungsverordnung herbeiführen.

b) Könnte der VfGH die Verordnung wegen Gesetzwidrigkeit aufheben, weil in der Promulgationsklausel eine fehlerhafte Rechtsgrundlage angeführt ist?

Da die Verordnung die gesetzliche Bestimmung nicht nennen muss, auf deren Grundlage sie erlassen wurde, macht auch die **Angabe einer falschen Rechtsgrundlage** die Verordnung **nicht gesetzwidrig**. Mangels Gesetzwidrigkeit besteht daher für den VfGH kein Grund, die Verordnung aufzuheben.

c) Der NR sieht sich veranlasst, das Gesetz zu novellieren, weshalb sich die Verordnungsermächtigung – inhaltlich völlig unverändert – von § 2 in § 4 dieses Gesetzes verschiebt. Erklären Sie, ob die Verordnung dadurch invalidierte!

Ändert sich die gesetzliche Grundlage einer Verordnung, ist ihre Rechtmäßigkeit anhand der geänderten Rechtslage zu beurteilen. Invalidation würde bedeuten, dass die ordnungsgemäß erlassene Durchführungsverordnung durch Änderung ihrer gesetzlichen Grundlage gesetzwidrig werden würde. Findet die Verordnung aber in der geänderten Rechtsgrundlage weiterhin ihre Deckung, ist sie nach wie vor gesetzeskonform. Da im konkreten Fall keine inhaltliche Änderung der Rechtsgrundlage erfolgte, sondern sich diese nunmehr nur an einer anderen Stelle im Gesetz befindet, findet die Durchführungsverordnung darin weiterhin ihre Deckung und bleibt daher insoweit gesetzeskonform. Beachten Sie, dass die Verordnung im Falle einer Invalidation solange anzuwenden wäre, bis sie als gesetzwidrig aufgehoben werden würde.

Variante:
Der NR ermächtigt in einem verfassungswidrigen Gesetz die Bundesministerin für Justiz, die notwendigen Regelungen durch Verordnung zu treffen, soweit dies aus den dort genannten Gründen erforderlich ist. Dies soll sicherstellen, dass rasch eine den aktuellen Gegebenheiten angepasste Rechtslage geschaffen werden kann. Die Justizministerin erlässt in der Folge eine darauf gestützte Durchführungsverordnung. In einem aufgrund eines Individualantrages eingeleiteten Gesetzesprüfungsverfahren hebt der VfGH die gegenständliche Verordnungsermächtigung wegen Verfassungswidrigkeit auf. Welche Konsequenzen hat dies für die Durchführungsverordnung?

Der oben beschriebene und durch die Anwendung der Herzog-Mantel-Theorie herbeigeführte Automatismus, dass Durchführungsverordnungen gleichzeitig mit Wegfall der gesetzlichen Grundlage untergehen, findet nur dann Anwendung, wenn der Gesetzgeber selbst die gesetzliche Verordnungsgrundlage beseitigt.

Hebt der VfGH das Gesetz durch Erkenntnis auf, führt dies **nicht** auch **gleichzeitig** zur **Beseitigung der Verordnung**. Selbstverständlich wird sie dadurch **gesetzlos**, muss aber **gesondert**, in einem **nach Art 139 B-VG** geführten Verfahren, **aufgehoben** werden. Der VfGH hebt daher gegebenenfalls auch gesondert eine präjudizielle Durchführungsverordnung auf, nachdem er ein Gesetz als verfassungswidrig aufgehoben hat.

Frage 6: ***Teresa* ist als Legistin im Verfassungsdienst des Landes Kärnten für die verfassungskonforme Erstellung von Gesetzes- und Verordnungstexten zuständig. Immer häufiger wird von ihr gefordert, Rechtstexte möglichst schlank zu halten, um die in den letzten Jahren entstandene Normenflut nicht weiter voranzutreiben. Für *Teresa* erscheint die Verweisung ein adäquates Instrument hierfür zu sein, das darüber hinaus noch dazu beitragen kann, stimmigere Rechtstexte zu schaffen.**

a) Erklären Sie den Zusammenhang zwischen Verweisungen und dem rechtsstaatlichen Grundprinzip!

Grundsätzlich gilt, dass Verweisungen aus rechtsstaatlicher Sicht unproblematisch sind, solange gewährleistet ist, dass der einzelne **Rechtsunterworfene die Rechtslage mit Bestimmtheit feststellen** kann. Dies setzt voraus, dass in der verweisenden Norm das **Verweisungsobjekt ausreichend bestimmt festgelegt** und dieses auch **hinreichend kundgemacht** wurde. Auch wenn Verweisungen helfen, den Umfang von Rechtstexten zu begrenzen, ist zu bedenken, dass sie auch (meist) deren Unverständlichkeit bewirken und sich auf die Ermittlung des Sinngehalts einer Norm nachteilig auswirken können. Gradmesser ist daher immer die Bestimmtheit einer Norm.

b) Beurteilen Sie, wo der VfGH die Zulässigkeitsgrenzen von Verweisungen zieht und was *Teresa* daher zu beachten hat!

Vorweg ist festzuhalten, dass zwei Arten von Verweisungen, nämlich die statische und die dynamische Verweisung, existieren. Während bei der **statischen Verweisung** eine Norm auf eine andere Norm in einer **bestimmten Fassung** verweist, wird bei der **dynamischen Verweisung** auf eine Norm in ihrer jeweils **geltenden Fassung** verwiesen. Dies hat folgende Auswirkung: Ändert sich bei der statischen Verweisung die verwiesene Norm oder tritt sie außer Kraft, ist dies aus Sicht der verweisenden Norm irrelevant. Bei der dynamischen Verweisung führt eine Änderung der verwiesenen Norm gleichzeitig auch eine Änderung der verweisenden Norm herbei.

Als verwiesene Normen kommen, ungeachtet der Art der Verweisung, neben Gesetzen auch Verordnungen, unionsrechtliche Bestimmungen sowie andere Arten von Regelungen, vorausgesetzt deren Inhalt ist klar und bestimmt, in Betracht.

Dies hat aber nur dann zu gelten, wenn die verwiesenen Vorschriften allgemein zugänglich sind. Nach der verfassungsgerichtlichen Rsp sind dynamische Verweisungen auf Normen einer anderen Rechtssetzungsautorität verfassungswidrig.

Es ist daher festzuhalten: *Teresa* kann in Landesvorschriften vorsehen, dass dynamisch oder statisch auf andere Landesvorschriften, deren Fundstelle allgemein zugänglich ist, verwiesen wird. Soll auf Bundesvorschriften verwiesen werden, ist dies nur in Form einer statischen Verweisung verfassungsrechtlich zulässig. Würde sie auf Bundesrecht in der jeweils geltenden Fassung verweisen, läge eine dynamische Verweisung vor, die, so der VfGH, eine verfassungswidrige Delegation der Rechtssetzungskompetenzen darstellen würde.

Frage 7: *Bruno* ist Abgeordneter zum NR und soll nun vom BPräs zum BK ernannt werden. Ergeben sich daraus Probleme mit der Gewaltenteilung?

Hier ist die Gewaltenteilung im personellen Sinne angesprochen und damit die Frage, ob ein und dieselbe Person mehreren Staatsgewalten zuzuordnen sein kann. *Bruno* gehört als Abgeordneter zum NR dem Parlament und somit einem Organ der Gesetzgebung an. Der BK ist der Staatsteilgewalt Verwaltung zuzuordnen (vgl Art 69 Abs 1 B-VG). Es kommt hier demnach zu einer Überschneidung der Gewalten. Diese enge personelle Verknüpfung von Parlament und Regierung ist aber durch das parlamentarische Regierungssystem bedingt. Dabei gibt es in diesem Verhältnis keine personelle Inkompatibilität (vgl *Ö/E*, Rz 409, 619).

Art 70 Abs 2 B-VG bestimmt, dass die Mitglieder der BReg **nicht** dem NR angehören **müssen**. Im Umkehrschluss bedeutet dies, dass sie dem NR **sehr wohl** angehören **können**. *Bruno* kann also gleichzeitig sowohl dem NR als auch der BReg angehören.

Frage 8: Kennt die Verfassung ein Monopol auf die Erlassung generell-abstrakter Rechtsnormen? Wer ist befugt, generell-abstrakte Rechtsnormen (sog Gesetze im materiellen Sinn) zu erlassen?

Nein. Dies kommt einerseits dem Gesetzgeber (durch Gesetze im formellen Sinn) zu, andererseits aber auch der Verwaltung, da die Verfassung die Rechtssatzform der Verordnung kennt, die grds eine generell abstrakte Rechtssatzform darstellt und von Verwaltungsbehörden zu erlassen ist. Gesetzgebung und Verwaltung üben somit teilweise **materiell gleichartige** Tätigkeiten aus (vgl *Ö/E*, Rz 621).

Frage 9: *Elisabeth* ist Mieterin einer in einem Linzer Mietshaus befindlichen Wohnung. Beim Auslaufen ihres befristeten Mietvertrags verlangt sie die unverzügliche Rückzahlung der gesamten entrichteten Kaution. Die Vermieterin verweigert dies mit dem Hinweis darauf, dass

ein Großteil der Kaution zur Reparatur von durch *Elisabeth* an der Wohnung verursachten Schäden wird aufgewendet werden müssen. Dies will *Elisabeth* nicht auf sich sitzen lassen, weil die Wohnung ihres Erachtens – abgesehen von gewöhnlichen Abnutzungserscheinungen, die der Vermieter hinzunehmen hat – keinerlei Schäden aufweist. Sie wendet sich daher an die bei der Stadt Linz eingerichtete Schlichtungsstelle für Wohn- und Mietrechtsangelegenheiten, die, nach Einholung eines Sachverständigengutachtens über die Schäden an der Wohnung, die Vermieterin per Bescheid verpflichtet, die Kaution in voller Höhe samt der durch die Veranlagung entstandenen Zinsen an *Elisabeth* zurückzustellen. Die Vermieterin ist damit naturgemäß nicht einverstanden und möchte sich gegen den Bescheid der Schlichtungsstelle zur Wehr setzen und stellt fest, dass sie dazu gem § 40 Mietrechtsgesetz (MRG) ein (ordentliches) Gericht anrufen muss, wobei der erwähnte Bescheid im Zeitpunkt der Anrufung außer Kraft tritt. Verstößt diese Rechtsschutzkonstruktion gegen das gewaltenteilende Prinzip?

Nach Art 94 Abs 1 B-VG ist die Justiz von der Verwaltung in allen Instanzen getrennt. Das beinhaltet nach Rsp des VfGH grds auch ein **Verbot wechselseitiger Instanzenzüge**. Allerdings sieht der VfGH einen solchen Instanzenzug als nicht gegeben an, wenn der Bescheid der Verwaltungsbehörde bei Anrufung des Gerichts außer Kraft tritt und das ordentliche Gericht somit formell nicht den von der Behörde gesetzten Rechtsakt kontrolliert, sondern ein gänzlich neues Verfahren durchführt. Ein solcher Fall der sog **„sukzessiven Zuständigkeit"**, die nach dieser Jud nicht im Widerspruch zu Art 94 Abs 1 B-VG steht, liegt hier im Mietrecht vor; daneben wäre als praktisch bedeutsamste Erscheinung dieses Phänomens auch noch das Verfahren in Leistungssachen vor den Arbeits- und Sozialgerichten gem § 67 iVm § 71 ASGG, welches dem Rechtsschutz gegen Bescheide der Sozialversicherungsträger dient, zu erwähnen. Seit der Verwaltungsgerichtsbarkeits-Novelle 2012 ist es außerdem möglich, nach dem dabei eingeführten Art 94 Abs 2 B-VG „echte" **Instanzenzüge**, bei denen das Außerkrafttreten des Bescheids nicht mehr erforderlich ist, von Verwaltungsbehörden an ordentliche Gerichte zu schaffen. Diese Möglichkeit ist allerdings auf **einzelne Angelegenheiten** beschränkt.

Frage 10: a) Dem NR liegt eine Regierungsvorlage zur Änderung des „Gesetzes vom 27. November 1896, womit Vorschriften über die Besetzung, innere Einrichtung und Geschäftsordnung der Gerichte erlassen werden (Gerichtsorganisationsgesetz – GOG)" zur Behandlung vor. Der besagte Entwurf enthält eine umfassende Modifikation der bestehenden Organisation der ordentlichen Gerichte, insb sollen zur Entlastung der Bezirksgerichte eigens geschaffene „Bezirksstrafgerichte" tätig werden. Der

Gesetzesentwurf wird im NR mit einfacher Mehrheit angenommen, der Beschluss wird – nach Befassung des BR – beurkundet und kundgemacht. Ist die Einrichtung von „neuen“ ordentlichen Gerichten durch den einfachen Bundesgesetzgeber verfassungsrechtlich zulässig? Inwiefern ist die Organisation der ordentlichen Gerichtsbarkeit bundesverfassungsgesetzlich vorgezeichnet?

Nach **Art 83 Abs 1 B-VG** werden die **Organisation** und die Zuständigkeit der ordentlichen Gerichte (dh die für Zivil- und Strafrechtssachen zuständigen Gerichte) **durch Bundesgesetz geregelt**. Diesbezügliche Bestimmungen können deshalb mit **einfacher Mehrheit** im NR gem Art 31 B-VG beschlossen werden. Damit ist jedenfalls die einfachgesetzliche Einrichtung von „neuen“ ordentlichen Gerichten – wie im vorliegenden Fall der „Bezirksstrafgerichte“ – durch den Bundesgesetzgeber grds verfassungsrechtlich zulässig. Sollen in diesem Zusammenhang auch die **Sprengel der Bezirksgerichte** geändert werden, ist allerdings zu beachten, dass dies nach Art 83 Abs 1 letzter Satz B-VG durch **VO der BReg** zu geschehen hat. Die **Bundesverfassung beschränkt** den (organisationsrechtlichen) **Gestaltungsspielraum des einfachen Bundesgesetzgebers** aber auch darüber hinaus. Demgemäß obliegt nach Art 86 Abs 1 B-VG die Ernennung der Richter dem BPräs auf Antrag der BReg oder dem von ihm ermächtigten zuständigen BM (BM für Justiz). Art 87 Abs 3 B-VG statuiert den Grundsatz der festen Geschäftsverteilung, wonach die Geschäfte auf die Richter des ordentlichen Gerichts für die gesetzlich bestimmte Zeit im Voraus zu verteilen sind. Zudem normiert Art 91 Abs 1 B-VG, dass das Volk an der Rsp mitzuwirken hat. Gem Art 91 Abs 2 B-VG haben bei den gesetzlich zu bezeichnenden mit schweren Strafen bedrohten Verbrechen sowie bei allen politischen Verbrechen und Vergehen Geschworene über die Schuld des Angeklagten zu entscheiden (vgl § 31 Abs 2 StPO). Im Strafverfahren wegen anderer strafbarer Handlungen haben gem Art 91 Abs 3 B-VG Schöffen an der Rechtsprechung teilzunehmen, wenn die zu verhängende Strafe ein vom Gesetz zu bestimmendes Maß überschreitet (vgl § 31 Abs 3 StPO). Art 92 Abs 1 B-VG sieht außerdem eine Bestandsgarantie des OGH als oberste Instanz in Zivil- und Strafrechtssachen vor.

b) Inwieweit ist demgegenüber die Organisation der Gerichtsbarkeit des öffentlichen Rechts bundesverfassungsgesetzlich determiniert?

Im Vergleich zur ordentlichen Gerichtsbarkeit weist die Organisation der Gerichtsbarkeit des öffentlichen Rechts eine **höhere bundesverfassungsgesetzliche Regelungsdichte** auf. Neben dem **VwGH** und dem **VfGH** sind auch die **VwG erster Instanz**, dh das BVwG, das BFG und die neun LVwG, **unmittelbar im B-VG verankert**. Bundes- und Landesgesetzgeber sind auf die Ausgestaltung der verfassungsrechtlichen Vorgaben beschränkt. So sieht die Bundesverfassung auch für den VwGH und die VwG den Grundsatz der festen Geschäftsverteilung vor (siehe Art 135 Abs 2 B-VG). Nach Art 134 Abs 1 B-VG bestehen die VwG und der VwGH aus je einem Präsidenten, einem Vizepräsidenten und der erforderlichen Anzahl von sonstigen Mitgliedern. Die Mitglieder des VwGH und der VwG des Bundes (BVwG und BFG) werden gem Art 134 Abs 3 und 4 B-VG vom BPräs auf Vorschlag der BReg, die Mitglieder der LVwG gem Art 134 Abs 2 B-VG von der jeweiligen LReg ernannt. Der VfGH besteht nach Art 147 Abs 1 B-VG aus einem Präsidenten, einem Vizepräsidenten, zwölf weiteren Mitgliedern und sechs Ersatzmitgliedern. Der BPräs ernennt gem Art 147 Abs 2 B-VG den Präsidenten, den Vizepräsidenten, sechs weitere Mitglieder und drei Ersatzmitglieder auf Vorschlag der BReg, wobei diese aus dem Kreis der Richter, Verwaltungsbeamten und Professoren eines rechtswissenschaftlichen Faches an einer Universität zu entnehmen sind. Die übrigen sechs Mitglieder und drei Ersatzmitglieder ernennt der BPräs auf Grund von Vorschlägen des NR und des BR. Für alle Gerichte des öffentlichen Rechts sieht die Bundesverfassung Ernennungsvoraussetzungen vor (Art 134 Abs 2, 3 und 4 sowie Art 147 Abs 3 B-VG). Während die (weitere) **Organisation der Gerichtshöfe des öffentlichen Rechts** (VwGH und VfGH) nach Art 136 Abs 4 und Art 148 B-VG dem **Bundesgesetzgeber** zur Regelung vorbehalten ist (VwGG und VfGG), obliegt es nach Art 136 Abs 1 B-VG den Ländern die **Organisation der LVwG durch Landesgesetz** zu regeln (vgl etwa das VGWG für das VwG Wien bzw das Oö. LVwGG für das LVwG Oö). Die **Organisation der VwG des Bundes** (BVwG und BFG) wird gem Art 136 Abs 1 B-VG demgegenüber **durch Bundesgesetz** (BVwGG und BFGG) geregelt. Der **Bundesgesetzgeber** hat also diesbezüglich – im Gegensatz zur ordentlichen Gerichtsbarkeit – **kein Regelungsmonopol** (vgl Art 10 Abs 1 Z 1 B-VG „Verwaltungsgerichtsbarkeit mit Ausnahme der Organisation der Verwaltungsgerichte der Länder").

Frage 11: Gemäß § 26 Z 1 Gesetz über das Verwaltungsgericht Wien (VGWG) obliegt die eigenständige Führung und Erledigung der Verfahren über Beschwerden betreffend die Gewährung von Wohnbeihilfe den Landesrechtspflegerinnen und Rechtspflegern. *Richard*, Rechtspfleger am VwG Wien, bearbeitet regelmäßig derartige Akten und entscheidet letztlich auch selbst über die eingebrachten Beschwerden. Die nach der Geschäftsverteilung des VwG Wien für ebendiese Angelegenheiten zuständige Richterin *Renate* ist mit der Arbeit von *Richard* jedoch nicht zufrieden, weshalb sie sich jeden Akt von *Richard* vorlegen lässt, ihm Änderungen aufträgt und manchmal sogar selbst entscheidet. Aus Kollegialität macht sie dies nicht nur bei den durch die Geschäftsverteilung ihr zugewiesenen Akten, sondern auch bei jenen, die nach der Geschäftsverteilung ihren Richterkollegen zufallen. Welche Vorgaben bestimmt das B-VG in Bezug auf Rechtspfleger? Muss

***Richard* die Weisungen von *Renate* befolgen bzw darf *Renate* in den *Richard* übertragenen Aufgaben selbst entscheiden?**

Nach Art 135a Abs 1 B-VG kann im Gesetz über die Organisation des jeweiligen VwG die **Besorgung einzelner, genau zu bezeichnender Arten von Geschäften Rechtspflegern**, das sind **besonders ausgebildete nichtrichterliche Bedienstete**, übertragen werden (vgl § 26 VGWG). Diese sind als Organe der (Verwaltung-)Gerichtsbarkeit nach Art 135a Abs 3 B-VG **nur** an die **Weisungen des nach der Geschäftsverteilung** (iS des Art 135 Abs 2 B-VG) **zuständigen Mitglieds des VwG** gebunden, wobei Art 20 Abs 1 dritter Satz B-VG anzuwenden ist. Dieses Mitglied kann darüber hinaus die **Erledigung** der übertragenen Geschäfte gem Art 135a Abs 2 B-VG jederzeit sich **vorbehalten** oder **an sich ziehen**. Auch im Rahmen der ordentlichen Gerichtsbarkeit kann gem Art 87a Abs 1 B-VG durch Bundesgesetz (Rechtspflegergesetz – RpflG) die Besorgung einzelner, genau zu bezeichnender Arten von Geschäften Rechtspflegern übertragen werden. Art 87a Abs 2 und 3 B-VG ist dabei weitgehend mit Art 135a Abs 2 und 3 B-VG ident.

Angewendet auf den konkreten Fall bedeutet dies, dass es der nach der Geschäftsverteilung zuständigen Richterin *Renate* grds zusteht, *Richard* bei der Erledigung der Verfahren gem Art 135a Abs 3 B-VG mittels Weisung zu steuern und nach Art 135a Abs 2 B-VG die Erledigung der Verfahren betreffend die Gewährung von Wohnbeihilfe sich vorzubehalten oder an sich zu ziehen. Dies ist allerdings unzulässig, wenn nach der Geschäftsverteilung andere Mitglieder des VwG Wien zuständig sind. Denn nur das **nach der Geschäftsverteilung zuständige Mitglied** ist gem Art 135a Abs 2 und 3 B-VG befugt, *Richard* Weisungen zu erteilen, die Erledigung von Geschäften sich vorzubehalten oder an sich zu ziehen. In den Fällen, in denen nach der Geschäftsverteilung nicht *Renate*, sondern ein anderes Mitglied des VwG Wien zuständig ist, kann *Richard* die Befolgung von *Renates* Weisungen **gem Art 20 Abs 1 dritter Satz B-VG ablehnen**, da sie von einem **unzuständigen Organ** stammen. Entscheidet *Renate* in diesen Fällen selbst, ist die Entscheidung wegen (funktioneller) **Unzuständigkeit** jedenfalls rechtswidrig.

Frage 12: *Emma* strebt nach erfolgreichem Abschluss ihres rechtswissenschaftlichen Studiums den Richterinnenberuf an und stellt daher einen Antrag auf Zulassung zur Gerichtspraxis beim Oberlandesgericht (OLG) Wien. Daraufhin erhält sie einen Bescheid der Präsidentin des OLG Wien, mit dem sie zur Absolvierung der Gerichtspraxis für die Dauer von sieben Monaten zugelassen wird. Ist die Bescheiderlassung durch die Präsidentin des OLG Wien verfassungsrechtlich zulässig?

Die Präsidentin des OLG ist als **Richterin** gem Art 87 Abs 1 B-VG in Ausübung ihres richterlichen Amtes **unabhängig** (weisungsfrei) sowie gem Art 88

Abs 2 B-VG **unabsetzbar** und **unversetzbar**. Nach Art 87 Abs 2 B-VG befindet sich eine Richterin bei Besorgung aller ihr nach dem Gesetz und der Geschäftsverteilung zustehenden gerichtlichen Geschäfte in Ausübung ihres richterlichen Amtes. Ausdrücklich davon ausgenommen sind „Justizverwaltungssachen, die nicht nach Vorschrift des Gesetzes durch Senate oder Kommissionen zu erledigen sind". Die **Justizverwaltung ist keine Rsp ieS**, weist aber einen Bezug zur richterlichen Tätigkeit auf. Davon umfasst sind bspw die Personalverwaltung, die Gebäudeverwaltung oder die Einhebung von Gerichtsgebühren. ISd Art 87 Abs 2 B-VG sind somit Aufgaben der **Justizverwaltung**, die von einem **Einzelrichter** (dh monokratisch) wahrgenommen werden, der **Verwaltung** zuzuordnen, weshalb der betreffende Richter in solchen Fällen auch **an Weisungen** vorgesetzter Organe **gebunden** ist. Demgegenüber liegt eine Angelegenheit der Gerichtsbarkeit vor, wenn die Justizverwaltung von Senaten oder Kommissionen (dh Kollegialorganen) besorgt wird. Diesbezüglich regelt Art 87 Abs 2 B-VG explizit, dass es sich hierbei um die Ausübung des richterlichen Amtes handelt, weshalb die Richter diese Aufgaben weisungsfrei wahrnehmen. Die Entscheidung, ob eine Justizverwaltungssache kollegial (und damit von Verfassungs wegen weisungsfrei) oder monokratisch (weisungsgebunden) besorgt wird, trifft gleichwohl der einfache Gesetzgeber, soweit nicht ein Verfassungsvorbehalt zugunsten der kollegialen Justizverwaltung besteht (so zB für Besetzungsvorschläge gem Art 86 Abs 1 B-VG). Im ggst Fall besorgt die **Präsidentin des OLG Wien als Einzelrichterin** eine Justizverwaltungsaufgabe, indem sie *Emma* zur Gerichtspraxis zulässt. Ihre Tätigkeit ist somit der Staatsteilgewalt **Verwaltung zuzurechnen**. Die Erlassung des Zulassungsbescheides durch die Präsidentin des OLG Wien ist verfassungsrechtlich zulässig.

Frage 13: *Paul* entscheidet sich nach seiner nun einige Jahre andauernden politischen Karriere im NR in einen – von ihm bereits zuvor langjährig ausgeübten – juristischen Beruf als Verwaltungsrichter zurückzukehren. Als er schließlich sein viertes Dienstjahr als Richter am BVwG (nach Beendigung seiner politischen Karriere) abgeschlossen hat, wird er von der BReg als Präsident des BVwG vorgeschlagen. Steht *Pauls* Ernennung zum Präsidenten verfassungsrechtlich ein Hindernis entgegen?

Gem Art 134 Abs 5 B-VG können den VwG Mitglieder des NR nicht angehören. *Paul* hat seine Karriere als NR-Angeordneter beendet und konnte deshalb als Richter am BVwG tätig sein. Zum Präsidenten eines VwG kann aber nach Art 134 Abs 6 B-VG nicht ernannt werden, wer eine der in Abs 5 bezeichneten Funktionen in den letzten fünf Jahren ausgeübt hat (**Unvereinbarkeit** bzw **Inkompatibilität**). Da *Paul* vor vier Jahren noch dem NR angehörte und damit der von der Bundesverfassung geforderte Ablauf von fünf Jahren nicht gegeben ist, **schließt Art 134 Abs 6 B-VG** seine **Ernennung zum Präsidenten des BVwG aus**.

Frage 14: Gemäß § 41 Abs 1 Z 11 Tierärztegesetz (TÄG) begeht eine Verwaltungsübertretung und ist von der Bezirksverwaltungsbehörde mit Geldstrafe bis zu 5 000 Euro zu bestrafen, wer bei der Behandlung von Tieren den Stand der Veterinärmedizin außer Acht lässt und dadurch die menschliche Gesundheit oder das Tierwohl gefährdet. Gehen Sie davon aus, dass durch eine Novelle des TÄG eine Senatszuständigkeit der LVwG zur Entscheidung über Beschwerde gegen Straferkenntnisse nach § 41 Abs 1 Z 11 TÄG begründet werden soll, um eine besonders professionelle Verwaltungskontrolle zu gewährleisten. Die Senate werden laut der Novelle aus einem Berufsrichter und zwei fachkundigen Laienrichtern, welche von der Österreichischen Tierärztekammer entsendet werden, gebildet. Diskutieren Sie die Verfassungskonformität der dargestellten Novelle im Hinblick auf die Vorgaben des B-VG betreffend die Verwaltungsgerichtsbarkeit!

Gem Art 135 Abs 1 zweiter Satz B-VG kann der **Materiengesetzgeber – abweichend** von der sonst bestehenden **Einzelrichterzuständigkeit** – vorsehen, dass die VwG durch Senate entscheiden. Der einfache Bundesgesetzgeber (Art 10 Abs 1 Z 12 B-VG) darf daher im TÄG eine Senatszuständigkeit der LVwG unter Beiziehung fachkundiger Laienrichter begründen. Allerdings ist die **Zustimmung der Länder** hiezu einzuholen, weil diesfalls ein Bundesgesetz eine Senatszuständigkeit der LVwG vorsehen soll (vgl Art 135 Abs 1 fünfter Satz B-VG). Die **Festlegung der Senatsgröße** ist jedoch den **Ländern** als Organisationsgesetzgeber **vorbehalten** und steht daher dem einfachen Bundesgesetzgeber nicht zu (vgl Art 135 Abs 1 dritter Satz B-VG). Vor diesem Hintergrund erweist sich die geplante Novelle als verfassungswidrig.

Frage 15: In Tirol soll künftig das verwaltungsgerichtliche Verfahren zur Entscheidung über Beschwerden gegen Bescheide betreffend die Wiederansiedlung von Pflanzen nicht heimischer Art nach § 23 Abs 7 iVm § 29 Abs 3 lit c Tiroler Naturschutzgesetz 2005 (TNSchG) rascher abgewickelt werden. Ein entsprechender Gesetzesentwurf bestimmt deshalb in solchen Angelegenheiten eine Entscheidungsfrist von drei Monaten für das zuständige VwG. Der Entwurf stößt im Tiroler Landtag auf reichlich Gegenwind, die ggst Änderung würde demnach einer Prüfung durch den VfGH keinesfalls standhalten, da es an der Erforderlichkeit dieser Bestimmung mangle. Ist die Kritik am konkreten Entwurf aus (verfassungs-)rechtlicher Sicht zutreffend?

Das **Verfahren der VwG** (mit Ausnahme des BFG) wird nach Art 136 Abs 2 B-VG durch ein besonderes Bundesgesetz **einheitlich** geregelt. Daneben eröffnet

Art 136 Abs 2 letzter Satz B-VG aber dem Bundes- und Landesgesetzgeber die Möglichkeit, davon **abweichende Regelungen über das verwaltungsgerichtliche Verfahren** zu treffen, wenn diese zur Regelung des Gegenstands erforderlich sind oder soweit das genannte besondere Bundesgesetz dazu ermächtigt. Auf Grundlage des Art 136 Abs 2 B-VG wurde das **VwGVG** erlassen, das in seinem § 34 Abs 1 das VwG verpflichtet, über verfahrenseinleitende Anträge und Beschwerden ohne unnötigen Aufschub, spätestens aber sechs Monate nach deren Einlangen, zu entscheiden, **soweit durch Bundes- oder Landesgesetz nicht anderes bestimmt** ist. Statuiert das TNSchG für die Entscheidung über Beschwerden gegen bestimmte naturschutzrechtliche Bescheide (Art 130 Abs 1 Z 1 B-VG) eine Entscheidungspflicht des VwG binnen drei Monaten, handelt es sich grds um eine vom VwGVG abweichende Regelung durch den Landesgesetzgeber. Nach Art 136 Abs 2 letzter Satz B-VG iVm § 34 Abs 1 VwGVG wird der Materiengesetzgeber (konkret der Landesgesetzgeber) allerdings ausdrücklich ermächtigt, vom VwGVG Abweichendes zu regeln. Eine **Sonderregelung des Materiengesetzgebers** muss nur dann das Kriterium der **Erforderlichkeit** („Unerlässlichkeit") iSd Art 136 Abs 2 letzter Satz B-VG erfüllen, wenn im VwGVG **keine subsidiäre Bestimmung** vorliegt. Die Kritik am Gesetzesentwurf ist daher unzutreffend.

Frage 16: a) *Stefan*, selbst ernannter „Sooßer Grillmeister", veranstaltet im Sommer gelegentlich Grillfeste für seine Freunde. Diese sind insbesondere von den von ihm zubereiteten Spanferkeln begeistert und bringen ihn auf die Idee, sein Talent gewinnbringend zu nutzen: *Stefan* kündigt auf Plakaten und im Internet an, auf seinem Grundstück in Sooß (NÖ) allwöchentlich *„BBQs für Grillfleischliebhaber"* zu veranstalten und lockt mit *„Sonderpreisen für Speisen und Getränke"*. Er setzt die Ankündigung in die Tat um. Als die zuständige BH Baden von *Stefans* „Umtrieben" erfährt – sie geht von unbefugter Gewerbeausübung von seiner Seite aus –, sieht sie sich gezwungen, umgehend nach § 360 Abs 3 Gewerbeordnung 1994 (GewO) zu handeln. Daher werden zwei Mitarbeiter angewiesen, sich unverzüglich zu *Stefans* Grundstück zu begeben und ihm seine gesamte Grillausrüstung wegzunehmen, was sie auch tun. *Stefan* ist über das Vorgehen der Behörde entrüstet und möchte dagegen rechtlich vorgehen. An welche (Rechtsschutz-)Einrichtung mit welchem Rechtsmittel muss sich *Stefan* wenden?

Die Abnahme der Grillausrüstung durch die Mitarbeiter der BH Baden erfolgte „unverzüglich", mithin ohne vorangegangene Erlassung eines Bescheids gegen *Stefan*, was das Vorliegen einer **Maßnahme** indiziert, also einen **Akt unmittelbarer, verwaltungsbehördlicher (Befehls- oder) Zwangsgewalt.** Das erwähnte

Verhalten der beiden Mitarbeiter ist der BH und damit einer Verwaltungsbehörde zuzurechnen, schreiten diese doch auf ihre Weisung hin ein. Dabei lag hoheitliches Handeln vor, denn das Einschreiten wurde auf den imperiale Befugnisse einräumenden § 360 Abs 3 GewO gestützt (mag auch die gesetzliche Deckung des beschriebenen Vorgehens in casu zweifelhaft sein). Wie erwähnt schritten die Mitarbeiter der BH unmittelbar aufgrund des Gesetzes ein, ihrem Handeln ging kein (bescheidförmig erledigtes) Verwaltungsverfahren voran. Der Sachverhalt legt (vor allem mit Blick auf den von der BH bemühten, zu Zwangsakten ermächtigenden § 360 Abs 3 GewO) nahe, dass dem Stefan die Grillausrüstung zwangsweise abgenommen wurde, die Mitarbeiter der BH also Zwangsgewalt ausübten. Das beschriebene Verwaltungshandeln war im Übrigen außenwirksam, greift die Abnahme der Grillausrüstung doch in die Rechte des *Stefan* (nicht zuletzt in seine Eigentumsfreiheit) ein. Daher lag gegenständlich eine Maßnahme vor.

Dagegen kann *Stefan* **Maßnahmenbeschwerde** nach **Art 130 Abs 1 Z 2 B-VG** an das zuständige VwG erheben. Die Zuständigkeitsverteilung auf die LVwG, das BVwG und das BFG richtet sich nach **Art 131 B-VG**. Eine Zuständigkeit des BFG kann bereits vorweg ausgeschlossen werden, da es sich offenkundig um keine Angelegenheiten der öffentlichen Abgaben und des Finanzstrafrechts gem Art 131 Abs 3 B-VG handelt. Obwohl die Vollziehung der GewO eine Angelegenheit der Bundesvollziehung darstellt (Art 10 Abs 1 Z 8 B-VG), scheidet auch eine Zuständigkeit des BVwG gem Art 131 Abs 2 B-VG aus, da keine Aufgabenvollziehung unmittelbar durch Bundesbehörden vorliegt (vgl die Zuständigkeit der Bezirksverwaltungsbehörden nach § 333 Abs 1 GewO). (Da der Kompetenztatbestand „Gewerbe" nicht in der Aufzählung des Art 102 Abs 2 B-VG enthalten ist, bliebe es dem Gesetzgeber aber ohnehin – ohne Zustimmung der Länder – verwehrt, eine Vollziehung in unmittelbarer Bundesverwaltung für diese Materie vorzusehen.) Daher ist die Generalklausel des Art 131 Abs 1 B-VG einschlägig, womit eine Zuständigkeit der LVwG begründet wird. (In der GewO wurde im Übrigen nicht von der Ermächtigung des Art 131 Abs 4 Z 2 lit c B-VG Gebrauch gemacht, davon abweichend eine Zuständigkeit des BVwG vorzusehen.) Die örtliche Zuständigkeit richtet sich bei Maßnahmenbeschwerden gem § 3 Abs 2 Z 2 VwGVG nach dem Ort, an welchem die Maßnahme begonnen wurde; das ist Sooß in Niederösterreich. Demzufolge muss *Stefan* die Maßnahmenbeschwerde beim **LVwG Niederösterreich** einbringen.

b) Die Entscheidung der von *Stefan* angerufenen Stelle lässt auf sich warten. Seit er seinen Rechtsbehelf bei dieser eingebracht hat, sind bereits neun Monate vergangen. Er fragt sich, ob ihm nun eine Möglichkeit offensteht, eine Entscheidung der Rechtsschutzinstanz zu erzwingen. Beantworten Sie *Stefans* Frage!

Die **Entscheidungspflicht der VwG** regelt § 34 VwGVG. Ihre Entscheidungsfrist beträgt grundsätzlich **sechs Monate**, sofern die Materiengesetze nicht anderes bestimmen. Im dargestellten Fall bleibt es bei der sechsmonatigen Entscheidungsfrist, weil die GewO insoweit nichts anderes vorsieht. Ist ein VwG säumig, können die Parteien des Verfahrens einen **Fristsetzungsantrag an den VwGH** stellen (Art 133 Abs 1 Z 2 iVm Abs 7 B-VG). Da das LVwG Niederösterreich bereits drei Monate säumig ist (arg „neun Monate vergangen"), kann sich *Stefan* mittels Fristsetzungsantrag an den VwGH wenden. Dieser hat dem LVwG Niederösterreich gem § 38 VwGG sodann aufzutragen, binnen drei Monaten das Erkenntnis zu erlassen. Kommt das LVwG Niederösterreich in der Folge seiner Entscheidungspflicht nicht nach, hat ihm der VwGH aufzutragen, das Erkenntnis innerhalb einer von ihm festzusetzenden, angemessenen Frist nachzuholen (§ 42a VwGG). Der **VwGH ist** gleichwohl **nicht befugt**, das **Erkenntnis an Stelle des LVwG zu erlassen** (keine Zuständigkeitsdevolution).

Frage 17: Die Iranerin *Sheyda* floh aus ihrem Herkunftsstaat nach Österreich, wo sie internationalen Schutz nach dem Asylgesetz beantragt. In ihrem Antrag legt sie dar, dass ihr wegen der Zugehörigkeit zur religiösen Minderheit der Bahai im Iran Verfolgung droht; denn die Bahai sind dort schweren Repressionen ausgesetzt. Das zuständige Bundesamt für Fremdenwesen und Asyl (BFA) schenkt ihren Behauptungen keinen Glauben und weist den Antrag mit Bescheid als unbegründet ab. Gegen diesen Bescheid erhebt *Sheyda* frist- und formgerecht Beschwerde, in der sie auch die Durchführung einer mündlichen Verhandlung beantragt. Das BVwG führt in der Folge keine mündliche Verhandlung durch und weist die Bescheidbeschwerde mit Erkenntnis ab.

a) Mit welchem (welchen) Rechtsmittel(n) könnte *Sheyda* gegen die Entscheidung des BVwG vorgehen und welche Rechtsverletzungsbehauptungen müsste sie darin (jeweils) ganz allgemein aufstellen?

Gegen das Erkenntnis eines VwG stehen erstens gem Art 133 Abs 1 Z 1 B-VG das Rechtsmittel der **Revision an den VwGH** und zweitens gem Art 144 Abs 1 B-VG die **Erkenntnisbeschwerde an den VfGH** zu Gebote. In der Erkenntnisbeschwerde kann die Verletzung von **Grundrechten** durch das Erkenntnis oder die Verletzung in (verfassungs- oder einfachgesetzlich gewährleisteten) Rechten in Folge der **Anwendung einer rechtswidrigen generellen Norm** behauptet werden. In der Revision muss, so der Verfassungstext, die Behauptung aufgestellt werden, „in Rechten verletzt zu sein" (Art 133 Abs 6 Z 1 B-VG). Da Rechtssachen, die zur Zuständigkeit des VfGH gehören, von der Zuständigkeit des VwGH ausgeschlossen sind (Art 133 Abs 5 B-VG), dürfen in der Revision nicht dieselben Rechtsverletzungen wie in der Erkenntnisbeschwerde moniert werden. In der Revision kann sohin die Verletzung **einfachgesetzlich gewährleisteter Rechte**, die nicht ausschließlich auf der Anwendung eines verfassungswidrigen Gesetzes beruht, geltend gemacht werden. Ebenso kann der VwGH mit der Frage der Verletzung **unionsrechtlich gewährleisteter Rechte** befasst werden.

b) In ihrem Rechtsmittel an den VfGH macht *Sheyda* unter anderem geltend, durch das angefochtene Erkenntnis in ihrem Recht auf Durchführung einer mündlichen Verhandlung nach Art 6 EMRK und Art 47 GRC verletzt zu sein. Diskutieren Sie, ob dieses Vorbringen Erfolg versprechend sein kann!

Bundesgesetz über die Gewährung von Asyl (**Asylgesetz 2005 – AsylG 2005**) BGBl I 2005/100 idgF (AUSZUG)

Status des Asylberechtigten

§ 3. […] (5) Die Entscheidung, mit der einem Fremden […] auf Grund eines Antrags auf internationalen Schutz der Status des Asylberechtigten zuerkannt wird, ist mit der Feststellung zu verbinden, dass diesem Fremden damit kraft Gesetzes die Flüchtlingseigenschaft zukommt.

Richtlinie 2011/95/EU des Europäischen Parlaments und des Rates vom 13. Dezember 2011 über Normen für die Anerkennung von Drittstaatsangehörigen oder Staatenlosen als Personen mit Anspruch auf internationalen Schutz […] (**AnerkennungsRL**), ABl L 2011/337, 9 (AUSZUG)

Artikel 2
Begriffsbestimmungen

Im Sinne dieser Richtlinie bedeutet der Ausdruck

d) „Flüchtling" einen Drittstaatsangehörigen, der aus der begründeten Furcht vor Verfolgung wegen seiner […] Religion […] sich außerhalb des Landes befindet, dessen Staatsangehörigkeit er besitzt, und den Schutz dieses Landes nicht in Anspruch nehmen kann oder wegen dieser Furcht nicht in Anspruch nehmen will […].

Artikel 13
Zuerkennung der Flüchtlingseigenschaft

Die Mitgliedstaaten erkennen einem Drittstaatsangehörigen, der die [in dieser Richtlinie festgelegten] Voraussetzungen […] erfüllt, die Flüchtlingseigenschaft zu.

Sheyda behauptet in ihrer Erkenntnisbeschwerde die **Verletzung eines Grundrechts** – namentlich des in Art 6 EMRK und Art 47 Abs 2 GRC gewährleisteten Rechts auf Durchführung einer mündlichen Verhandlung – durch das angefochtene Erkenntnis und stellt damit prinzipiell eine **taugliche Beschwerdebehauptung** auf (vgl grundlegend VfSlg 19.632/2012 zur Relevanz der Garantien der GRC im verfassungsgerichtlichen [Beschwerde-]Verfahren). Der Anwendungsbereich des Art 6 EMRK ist gleichwohl auf strafrechtliche Anklagen („criminal charges") und zivilrechtliche Ansprüche („civil rights and obligations") beschränkt. Entscheidungen über Anträge auf internationalen Schutz betreffen keinen der beiden Bereiche, sodass die **Anwendbarkeit von Art 6 EMRK** von vornherein **ausscheidet**. Anderes gilt für das Recht auf Durchführung einer mündlichen Verhandlung nach Art 47 Abs 2 GRC. Dieses ist gerade nicht auf straf- und zivilrechtliche Angelegenheiten (iSd EMRK) beschränkt, sodass die Anwendbarkeit auf asylrechtliche Belange nicht per se ausgeschlossen ist. Die **GRC bindet** die Mitgliedstaaten der EU gem ihrem Art 51 Abs 1 jedoch nur **bei Durchführung des Unionsrechts**, also etwa bei der Umsetzung von Richtlinienrecht. Art 13 AnerkennungsRL verpflichtet die Mitgliedstaaten, Drittstaatsangehörigen, die religiös motivierter Verfolgung ausgesetzt sind, die Flüchtlingseigenschaft zuzuerkennen. Österreich setzt diese Verpflichtung durch § 3 (Abs 1 iVm) Abs 5 AsylG um. Daher erging das Erkenntnis des BVwG im Anwendungsbereich des Unionsrechts, sodass zugleich jener des **Art 47 Abs 2 GRC eröffnet** ist. Sohin könnte *Sheyda* mit ihrer das darin gewährleistete Recht auf Durchführung einer mündlichen Verhandlung betreffenden Beschwerdebehauptung Erfolg haben.

c) **In der Folge lehnt der VfGH die Behandlung ihres Rechtsmittels ab. Eine Woche später entschließt sich *Sheyda*, beim VwGH „ihr Glück" zu versuchen. Könnte sie nunmehr den VwGH mit der Angelegenheit befassen?**

Wenn der VfGH die Erkenntnisbeschwerde abweist oder ihre Behandlung ablehnt, hat die Beschwerdeführerin nach Art 144 Abs 3 B-VG noch die Möglichkeit, die **Abtretung der Beschwerde an den VwGH zu beantragen („Sukzessivbeschwerde/-revision")**. Der Abtretungsantrag muss, wenn nicht in der Erkenntnisbeschwerde selbst, spätestens zwei Wochen nach Zustellung der Entscheidung des VfGH gestellt werden (§ 87 Abs 3 VfGG). Da sich *Sheyda* bereits eine Woche danach zur Anrufung des VwGH entschließt, steht diese Möglichkeit noch offen.

Die sechswöchige Revisionsfrist (§ 26 Abs 1 VwGG), binnen der *Sheyda* sodann die Revision auszuführen hätte, beginnt mit der Zustellung des verfassungsgerichtlichen Abtretungsbeschlusses zu laufen (§ 26 Abs 4 VwGG). Die Abtretung bewirkt damit „bloß" den **neuerlichen Beginn der Revisionsfrist**. Der VwGH entscheidet deshalb in der Folge über die **neu einzubringende Revision**. *Sheyda* hätte darüber hinaus aber auch gegen das Erkenntnis des VwG gleichzeitig Erkenntnisbeschwerde gem Art 144 Abs 1 B-VG an den VfGH und Revision gem Art 133 Abs 1 Z 1 B-VG an den VwGH erheben können (**„Parallelbeschwerde/-revision“**).

Frage 18: Die BH Linz-Land verhängte über *Julia* wegen Überschreitens der zulässigen Höchstgeschwindigkeit im Ortsgebiet um 45 km/h gem § 99 Abs 2e StVO eine Geldstrafe. *Julia* will diese Strafe nicht auf sich sitzen lassen und erhebt daher bald darauf Beschwerde an das LVwG OÖ. Das LVwG OÖ gibt *Julias* Beschwerde daraufhin auch statt, hebt den angefochtenen Bescheid auf und stellt das Verwaltungsstrafverfahren ein. Kann die BH Linz-Land das Erkenntnis des LVwG OÖ bekämpfen?

Die BH Linz-Land ist belangte Behörde im verwaltungsgerichtlichen Verfahren (vgl § 9 Abs 2 Z 1, § 18 VwGVG) und deshalb nach Art 133 Abs 6 Z 2 B-VG **legitimiert, Revision** gegen das Erkenntnis des LVwG OÖ **an den VwGH** zu erheben (Art 133 Abs 1 Z 1 B-VG). Es handelt sich dabei um eine Amtsrevision, die von der Verletzung subjektiver Rechte unabhängig ist. (Im Übrigen gilt die Bagatellgrenze in Verwaltungsstrafsachen gem § 25 a Abs 4 VwGG nur bei Partei-, nicht aber bei Amtsrevisionen. Eine Rechtsfrage von grundsätzlicher Bedeutung iSd Art 133 Abs 4 B-VG muss freilich gleichermaßen vorliegen.)

Die BH Linz-Land ist als Organpartei (Amtspartei) hingegen **nicht berechtigt**, sich mittels **Erkenntnisbeschwerde** gem Art 144 Abs 1 B-VG **an den VfGH** zu wenden, da die Beschwerdelegitimation in jedem Fall an die Möglichkeit der **Verletzung in einem subjektiven Recht** anknüpft.

Frage 19: Der VwGH hat in einer von ihm zu entscheidenden Rechtssache Bedenken ob der Gesetzmäßigkeit der in diesem Revisionsverfahren anzuwendenden Verordnung. Wie hat der VwGH vorzugehen? Kann er die Verordnung im konkreten Verfahren gegebenenfalls unangewendet lassen?

Art 135 Abs 4 B-VG sieht eine sinngemäße Anwendung des **Art 89 B-VG** auf die VwG und den VwGH vor. Nach Art 135 Abs 4 iVm Art 89 Abs 1 B-VG ist (neben den ordentlichen Gerichten und den VwG) dem VwGH die Prüfung der Gültigkeit von „gehörig kundgemachten“ Verordnungen untersagt. **„Gehörig kundgemachte“ Verordnungen** sind folglich von ebengenannten Gerichten **anzuwenden**. Nach der nunmehrigen Rsp des VfGH liegt eine „gehörige Kundmachung“ bereits dann vor, „wenn die Verordnung ausreichend allgemein kundgemacht wurde, wenn auch nicht in der rechtlich vorgesehenen Weise“ (vgl VfSlg 20.182/2017). Jeder normative Akt der Hoheitsverwaltung, der sich an einen unbestimmten Adressatenkreis richtet, außenwirksam ist und in einer zumindest den Adressaten zugänglichen Form allgemein kundgemacht wurde, ist demnach als Verordnung anzuwenden. (Der VfGH verweist in diesem Zusammenhang auf seine Rsp zu den Mindestvoraussetzungen für die Existenz von Verordnungen, wonach diese jedenfalls ein Mindestmaß an Publizität erreichen müssen.) Ausgehend davon, dass die Verordnung im vorliegenden Fall ausreichend allgemein – wiewohl möglicherweise rechtswidrig – kundgemacht wurde, ist diese **vom VwGH** im konkreten Verfahren **anzuwenden.**

Der VwGH ist aber nach Art 135 Abs 4 iVm Art 89 Abs 2 B-VG **verpflichtet,** bei Bedenken gegen die Rechtmäßigkeit der anzuwendenden Verordnung einen **Verordnungsprüfungsantrag** gem Art 139 Abs 1 Z 1 B-VG **an den VfGH** zu stellen. Voraussetzungen eines solchen Verordnungsprüfungsantrags sind daher **Bedenken** gegen die Gesetzmäßigkeit der Verordnung sowie die **Präjudizialität** dieser Verordnung im anhängigen Verfahren. Letztere liegt dann vor, wenn die Verordnung in der anhängigen Rechtssache vom jeweiligen (antragstellenden) Gericht anzuwenden ist. Der **VwGH** hat Bedenken gegen die Gesetzmäßigkeit der im konkreten Revisionsverfahren anzuwendenden (präjudiziellen) Verordnung, weshalb er im vorliegenden Fall **verpflichtet** ist, einen **Verordnungsprüfungsantrag an den VfGH** zu stellen. Durch das in Art 89 und Art 139 (sowie Art 139a, Art 140, Art 140a) B-VG enthaltene System wird klar zum Ausdruck gebracht, dass (grundsätzlich) nur eine Instanz, der VfGH, über die Rechtmäßigkeit genereller Normen zu entscheiden hat.

Frage 20: Ein anonymer Anrufer meldet bei der BH Grieskirchen, dass ein in diesem Bezirk ansässiger Gewerbebetrieb entgegen der vorgeschriebenen Auflagen auch nachts eine Produktionsanlage betreibe, was zu starken Lärmemissionen führe. Daraufhin machen sich zwei Mitarbeiter der BH, die zuständige Gewerbebehörde ist, auf den Weg zu besagtem Betrieb, um Nachschau nach etwaigen Hinweisen für ein solches Vorgehen zu halten. Auf der Fahrt verliert der das Dienstfahrzeug steuernde Mitarbeiter die Kontrolle über dieses, da er deutlich zu schnell in eine scharfe Kurve einfährt und das Kfz auf der winterlichen Fahrbahn ins Schleudern gerät. Dabei touchiert der Wagen ein am Fahrbahnrand stehendes Fahrzeug, was bei letzterem eine verbeulte Fahrertür und einen zerstörten Außenspiegel zur Folge hat. Kann der Eigentümer des beschädigten Kfz den Ersatz des erlittenen Schadens fordern und wenn ja, von wem?

Gem Art 23 Abs 1 B-VG haften der Bund, die Länder, die Gemeinden und die sonstigen Körperschaften und Anstalten des öffentlichen Rechts für den Schaden, den die als ihre Organe handelnden Personen **in Vollziehung der Gesetze** durch ein rechtswidriges Verhalten wem immer schuldhaft zugefügt haben. Die näheren Bestimmungen darüber sind im Amtshaftungsgesetz (AHG) zu finden. Davon erfasst ist (nur) **hoheitliches Handeln** (Schäden, die im Rahmen privatwirtschaftlichen Handelns verursacht werden, sind nach allgemeinem Schadenersatzrecht ersatzfähig). Da die Behördenmitarbeiter einem Hinweis auf den Verstoß gegen Auflagen und einer damit einhergehenden Verwaltungsübertretung nachgingen und diese aufzuklären bzw zu unterbinden suchten, worin ganz zweifellos hoheitliches Handeln liegt, und diesem hoheitlichen Handeln auch die Anfahrt zuzurechnen ist, ist diese Voraussetzung erfüllt. Geht man im vorliegenden Fall von der Rechtswidrigkeit der hier erfolgten Beschädigung fremden Eigentums und weiters davon aus, dass der Mitarbeiter beim zu schnellen Einfahren in eine scharfe Kurve auf winterlicher Fahrbahn fahrlässig und damit schuldhaft gehandelt hat, sind die übrigen Voraussetzungen ebenfalls gegeben. Zur Frage, von wem im Amtshaftungswege Schadenersatz gefordert werden kann, hat sich die so genannte **Funktionstheorie** durchgesetzt, dh haftbar ist grundsätzlich jener Rechtsträger, für den die Behörde funktionell gehandelt hat. Da die BH hier als Gewerbebehörde in mittelbarer Bundesverwaltung (vgl Art 10 Abs 1 Z 8 iVm Art 102 Abs 1 B-VG) handelt, also als **funktionelle Bundesbehörde** tätig wird, haftet der Bund für die hier in Rede stehende rechtswidrige und schuldhafte Schadenszufügung. § 1 Abs 3 AHG ermöglicht es dem Geschädigten aber auch, vom Organisationsträger der Behörde (hier also dem Land OÖ) Schadenersatz zu begehren. Leistet der Organisationsträger (hier das Land) Schadenersatz, entsteht diesem aber ein Rückersatzrecht gegen den Funktionsträger (hier gegen den Bund). Handelt das jeweilige Organ – hier der Mitarbeiter der BH – grob fahrlässig oder vorsätzlich, kann sich der haftende Rechtsträger gem Art 23 Abs 2 B-VG bei diesem regressieren.

Frage 21: Ist es denkbar, dass der Staat auch für sog legislatives Unrecht und somit für Schäden, die durch das rechtswidrige Handeln von Gesetzgebungsorganen entstanden sind, haftet?

Das österreichische Verfassungsrecht kennt keine Haftung für rechtswidrige Akte der gesetzgebenden Organe. Handelt es sich aber um im **Unionsrecht** wurzelnde Ansprüche, kann nach Rsp des EuGH sehr wohl eine Haftung des Staates für Schäden eintreten, die einem Einzelnen durch Verletzung des Unionsrechts entstanden sind, gleichgültig, welchem staatlichen Organ diese Verletzung zuzurechnen ist. Insbesondere bei der rechtswidrigen Nicht- bzw Schlechtumsetzung von RL durch den nationalen Gesetzgeber kommt eine solche **Staatshaftung** in Betracht. Voraussetzung dafür ist, dass das Ziel der unionsrechtlichen Norm, die verletzt wurde, in der Verleihung von Rechten an Privatpersonen liegt, sowie dass zwischen der Verletzung der (unionsrechtlichen) Norm und dem Eintritt des Schadens Kausalität besteht. Außerdem muss der entstandene Schaden bezifferbar sein. Die Haftung besteht – anders als im Amtshaftungsrecht (siehe dazu das vorherige Beispiel) – **verschuldensunabhängig** (*Ö/E*, Rz 674).

Grundrechte I: Allgemeine Grundrechtslehren

Julia Kern

Frage 1: ***Susi*** **ist verzweifelt: Ihre 15-jährige Tochter** ***Kira*** **sitzt die meiste Zeit an ihrem Handy oder vor dem Computer, weshalb die Kommunikation mit ihr nur noch eingeschränkt möglich ist. Als ihr** ***Kiras*** **Verhalten eines Tages zu viel wird, droht sie dieser an, ihr Handy gegen ein altes Tastentelefon zu ersetzen und ihren Computer zu konfiszieren, um ein absolutes Internetverbot durchzusetzen. Unbeeindruckt weist** ***Kira*** **ihre Mutter jedoch auf Art 1 Bundesverfassungsgesetz über die Rechte von Kindern (BVG Kinderrechte, BGBl I 4/2011) hin. Dieser besagt: „*****Jedes Kind hat Anspruch auf den Schutz und die Fürsorge, die für sein Wohlergehen notwendig sind, auf bestmögliche Entwicklung und Entfaltung sowie auf die Wahrung seiner Interessen [...]. Bei allen Kindern betreffend Maßnahmen öffentlicher und privater Einrichtungen muss das Wohl des Kindes eine vorrangige Erwägung sein*****“.** ***Kira*** **ist überzeugt, dass ein absolutes Internetverbot gegen ihr Grundrecht auf Schutz, Fürsorge und Kindeswohl nach Art 1 BVG Kinderrechte verstoßen würde, so habe sie es jedenfalls im Internet gelesen.**

a) Räumt Art 1 BVG Kinderrechte ***Kira*** **ein verfassungsgesetzlich gewährleistetes Recht ein oder handelt es sich um eine Staatszielbestimmung?**

Als **verfassungsgesetzlich gewährleistete Rechte** (Art 144 B-VG) sind alle subjektiven Rechte zu verstehen, die durch eine Vorschrift im Verfassungsrang (Art 44 B-VG) gewährleistet sind. Ein subjektives Recht liegt dann vor, wenn an der Einhaltung einer objektiven (Verfassungs-)Bestimmung ein hinlänglich individualisierbares Parteiinteresse besteht (VfSlg 9744/1983). Auf die Bezeichnung als „Recht“ kommt es dabei nicht an.

Staatszielbestimmungen sind Verfassungsbestimmungen, die Staatsorgane zu einem bestimmten Handeln verpflichten und dadurch deren rechtspolitischen Gestaltungsspielraum eingrenzen. Bei Staatszielbestimmungen handelt es sich um ausschließlich objektives Verfassungsrecht und nicht um verfassungsgesetzlich gewährleistete Rechte. Sie räumen also dem Einzelnen keine subjektiven Rechte ein, können aber als objektiver Maßstab bei der Prüfung der Gesetzgebung und Vollziehung dienen (vgl *Ö/E*, Rz 100 f). ZB können sie im Rahmen der Interpretation von Grundrechtsschranken (VfSlg 12.009/1989), bei der verfassungskonformen Interpretation (VfSlg 13.210/1992) oder bei der Beurteilung der Sachlichkeit einer Regelung eine maßgebliche Rolle spielen.

Nach der Rsp des VfGH normiert Art 1 BVG Kinderrechte nicht nur einen Bereich grundrechtlichen Schutzes, sondern auch einen Auftrag an die Gesetzgebung und – insb im Rahmen seines zweiten Satzes – an die Vollziehung, das Kindeswohl vorrangig zu wahren (VfSlg 19.941/2014; *Ö/E*, Rz 822b). Art 1 BVG Kinderrechte räumt somit *Kira* ein verfassungsgesetzlich gewährleistetes Recht ein, legt aber auch eine Staatszielbestimmung zur Wahrung des Kindeswohls fest.

b) Kann *Kira* Rechte aus dem BVG Kinderrechte gegenüber ihrer Mutter gerichtlich geltend machen, sollte ihre Mutter das angedrohte Verbot tatsächlich verhängen?

Ob sich *Kira* gegenüber ihrer Mutter auf Art 1 BVG Kinderrechte stützen kann, ist eine Frage der **unmittelbaren Drittwirkung** des dort verankerten Rechts. Bei einer unmittelbaren Drittwirkung sind Private direkt an die Grundrechte gebunden. Dies wird von der Rsp grundsätzlich abgelehnt, es sei denn, die Drittwirkung ist ausdrücklich normiert (wie zB beim Grundrecht auf Datenschutz in § 1 DSG). Ein Teil der Lehre hält eine unmittelbare Drittwirkung der im BVG Kinderrechte verankerten Bestimmungen aber mit der Begründung für möglich, dass die Formulierungen etwa des Art 1 leg cit oder des Art 5 leg cit auf eine unmittelbare Drittwirkung hindeuten (*Bertel*, BVG Kinderrechte – Vorbemerkungen, in Korinek/Holoubek/Bezemek/Fuchs/Martin/Zellenberg (Hrsg), Österreichisches Bundesverfassungsrecht [18. Lfg 2023] Rz 44 f).

Mittelbare Drittwirkung bedeutet, dass die Grundrechte vermittelt über die (einfachen) Gesetze auch im Rechtsverhältnis zwischen Privaten wirken (*Ö/E*, Rz 741). Im Rahmen der mittelbaren Drittwirkung treffen den Staat **Schutz- und Gewährleistungspflichten**, er hat also dafür Sorge zu tragen, dass der Grundrechtsschutz im Verhältnis Privater verwirklicht wird. Die grundrechtliche Verpflichtung trifft aber bei der mittelbaren Drittwirkung immer nur den Staat. Falls ein Privater gegen einfachgesetzliche Vorschriften verstößt, welche in Erfüllung einer Schutzpflicht erlassen wurden, kann dieser im Rahmen der mittelbaren Drittwirkung nicht gegen das Grundrecht selbst verstoßen (*Ö/E*, Rz 741 ff; siehe auch *Berka/Binder/Kneihs*, Die Grundrechte[2] [2019] 159 f).

Eine mittelbare Drittwirkung der Bestimmungen des BVG Kinderrechte wird überwiegend bejaht (*Schulev-Steindl,* Drittwirkung und Fiskalgeltung, in Merten/Papier/Kucsko-Stadlmayer (Hrsg), Handbuch der Grundrechte in Deutschland und Europa, Band VII/1 Grundrechte in Österreich [2014] 187 [198]). Nach der Rsp und der hM, nach welcher Art 1 Satz 1 und 2 BVG Kinderrechte gemeinsam zu lesen sind, ist Art 1 BVG Kinderrechte sowohl bei der Vollziehung in Abwägungs- und Ermessensentscheidungen als auch im Rahmen der Gesetzgebung vorrangig zu berücksichtigen. Dies hat der VfGH va im Hinblick auf das „Kindeswohl“ bestätigt (VfSlg 19.941/2014; VfSlg 20.018/2015).

Somit kann *Kira* eine mögliche Verletzung des Art 1 BVG Kinderrechte nicht unmittelbar gerichtlich gegenüber ihrer Mutter geltend machen. Jedoch muss Art 1 BVG Kinderrechte, falls *Kira* zivilrechtliche Schritte gegen ihre Mutter einleiten möchte, von den Gerichten bei der Auslegung zivilrechtlicher Gesetze vorrangig berücksichtigt werden.

Frage 2: *Lukas* ist überzeugt, dass sich jeder Mensch auf alle Grundrechte berufen kann. Er ist der Meinung, dass es dabei keinen Unterschied mache, ob die Grundrechte im StGG oder in der EMRK verankert seien. Als in Österreich wohnhafter Schweizer Staatsbürger könne er sich, falls erforderlich, in einer Erkenntnisbeschwerde sowohl auf Art 11 EMRK als auch auf Art 12 StGG stützen. Hat *Lukas* Recht?

Lukas spricht den persönlichen Schutzbereich der Grundrechte an. In dessen Rahmen muss man zwischen **Staatsbürgerrechten** und **Jedermannsrechten** unterscheiden. Manche Grundrechte begünstigen nur Staatsbürger. Diese Grundrechte sind Staatsbürgerrechte, auf welche sich nur Staatsbürger und nicht alle Menschen berufen können. Einzelne Grundrechte wie der Gleichheitsgrundsatz (Art 2 StGG und Art 7 Abs 1 B-VG), die Aufenthalts-, Liegenschafts- und Erwerbsfreiheit (Art 6 StGG) und die Vereinigungs- und Versammlungsfreiheit (Art 12 StGG) stehen nur Staatsangehörigen zu. Jedoch erkennt das Staatsgrundgesetz, auch wenn es in seinem Titel nur Staatsbürger anspricht, einzelne Grundrechte ebenso Fremden zu, wie zB die Eigentumsfreiheit in Art 5 StGG oder auch die Meinungsäußerungsfreiheit in Art 13 StGG. Im Anwendungsbereich des Unionsrechts können sich nach der neueren (nicht unstrittigen) Jud des VfGH auch Unionsbürger auf die Erwerbsfreiheit (Art 6 StGG) sowie den Gleichheitsgrundsatz (Art 2 StGG und Art 7 Abs 1 B-VG) stützen (VSlg 19.803/2013; VSlg 19.156/2010; VfGH 11.6.2019, E 1809/2018).

Nur bei Grundrechten, deren Träger jeder Einzelne unabhängig von seiner Staatsangehörigkeit ist, spricht man von Jedermannsrechten oder auch Menschenrechten. Die EMRK enthält grundsätzlich nur Jedermannsrechte (siehe aber das 4. ZPEMRK, in welchem der persönliche Schutzbereich mancher Grundrechte an die jeweilige Staatsangehörigkeit anknüpft).

Lukas hat somit nicht Recht. Er kann sich als Schweizer Staatsangehöriger nur auf Art 11 EMRK berufen und nicht auf Art 12 StGG.

Frage 3: *Franz*, wohnhaft in Graz (Steiermark), verfolgt angespannt die Nachrichten der letzten Tage. Ein Stromausfall hat für längere Zeit große Teile der elektrischen Infrastruktur Spaniens lahmgelegt. Er fragt sich: Sollte Österreich eines Tages dasselbe Schicksal

ereilen, würde er dadurch nicht in seinem Grundrecht auf Energieversorgung verletzt werden? Immerhin habe der VfGH in seinem Erkenntnis VfSlg 20.675/2024 bei der Prüfung der Verfassungskonformität der Grundversorgungsregelung des Elektrizitätswirtschafts- und - organisationsgesetzes 2010, BGBl I 110/2010, idF BGBl I 174/2013, hervorgehoben, dass in der heutigen Zeit jeder Mensch darauf angewiesen sei, dass ihm Energie bereitgestellt werde. Außerdem weiß *Franz*, dass es soziale Grundrechte gibt, und er ist der Überzeugung, dass jeder ein Recht auf Strom und warmes Wasser haben sollte. Sind im österreichischen Verfassungsrecht soziale Grundrechte wie ein Grundrecht auf Energieversorgung verankert?

Soziale Grundrechte sichern die elementaren und existentiellen sozialen Bedürfnisse der Menschen. Sie gewähren dem **Einzelnen einen gegen den Staat gerichteten durchsetzbaren Anspruch auf eine staatliche soziale Leistung** (status positivus), wie zB das Recht auf Arbeit, Wohnung oder Mindestsicherung (*Berka/Binder/Kneihs*, Die Grundrechte, 102).

Die österreichische Bundesverfassung enthält zahlreiche klassische liberale Grundrechte, wie zB das Recht auf Erwerbsfreiheit (Art 6 StGG) sowie das Recht auf Freiheit der Berufswahl und Berufsausübung (Art 18 StGG), jedoch (momentan) keine explizit verankerten **sozialen Grundrechte** und auch **kein Grundrecht auf Energieversorgung**.

Davon zu unterscheiden sind jene sozialen Ansprüche auf Teilhabe an staatlichen Leistungen, welche aus bestehenden Freiheits- oder Gleichheitsrechten abgeleitet werden können: **Das Recht auf Bildung** (Art 2 1. ZPEMRK) räumt zB dem Einzelnen keinen Anspruch auf Errichtung von bestimmten Schulen oder Universitäten ein, aber einen Anspruch auf diskriminierungsfreien Zugang zu bestehenden Bildungseinrichtungen und auf Anerkennung der dort erworbenen Leistungsnachweise. Auch das **BVG Kinderrechte** gewährt Kindern soziale Teilhaberechte, wie einen Anspruch auf Schutz und Fürsorge, auf bestmögliche Entwicklung und Entfaltung sowie auf Interessenwahrung. Zudem können aus dem **Gleichheitsgrundsatz** unter bestimmten Umständen Leistungsansprüche abgeleitet werden, da dieser unsachliche Differenzierungen auch im Zusammenhang mit sozialen Leistungen verbietet. Somit kann auf Grund des Gleichheitsgrundsatzes zumindest eine diskriminierungsfreie Gewährung von Leistungen gefordert werden (siehe zum Ganzen *Berka/Binder/Kneihs*, Die Grundrechte, 876 ff).

Dass einzelne soziale Ansprüche aus bestehenden Grundrechten abgeleitet werden können, ändert jedoch nichts daran, dass die grundlegenden sozialen Ansprüche des Menschen im österreichischen Grundrechtskatalog nicht durch entsprechende Grundrechte ausdrücklich abgesichert sind (*Berka*, Die Grundrechte: Grundfreiheiten und Menschenrechte in Österreich [1999] Rz 98).

Frage 4: Die „Religiöse Gemeinschaft der Lichtträger" ist ein nicht als Religionsgemeinschaft gesetzlich anerkannter, religiöser Verein. Die – nicht sehr zahlreichen – Mitglieder praktizieren ihre Religion durch regelmäßige Versammlungen, Gebete und Rituale, die sich auf die Förderung von Licht und Frieden konzentrieren.

a) Kann sich der Verein „Religiöse Gemeinschaft der Lichtträger" auf Grundrechte, wie zB Art 9 EMRK, berufen?

Auch **juristische Personen** sind Grundrechtsträger jener Rechte, die ihnen „ihrem Wesen nach" zustehen können. Dies ist bei zahlreichen Grundrechten der Fall, so zB bei der Erwerbsfreiheit (VfSlg 19.972/2015, 20.002/2015), der Vereins- und Versammlungsfreiheit (VfSlg 12.320/1990) oder der Meinungsfreiheit (VfSlg 11.314/1987, 18.744/2009). Hinsichtlich der Berechtigung zur Geltendmachung der Glaubens- und Religionsfreiheit war ihre Grundrechtsberechtigung jedoch lange umstritten und wurde vom VfGH in strittiger Rsp auch verneint (VfSlg 13.513/1993). In Orientierung an der Rsp des EGMR zu Art 9 EMRK kam es zu einer Änderung der Rsp des VfGH, sodass der Schutzbereich des Art 9 EMRK nunmehr auch „die Religionsausübung durch eine kirchliche oder religiöse Körperschaft" erfasst (VfSlg 19.240/2010). Daher sind auch nicht gesetzlich anerkannte Religionsgemeinschaften, wie religiöse Vereine oder eingetragene religiöse Bekenntnisgemeinschaften, Grundrechtsträger der Glaubens- und Religionsausübungsfreiheit (siehe *Berka/Binder/Kneihs*, Die Grundrechte, 119 f). Der Verein „Religiöse Gemeinschaft der Lichtträger" kann sich somit auf die Glaubens- und Religionsausübungsfreiheit berufen.

b) Wäre die rechtliche Situation anders zu beurteilen, wenn es sich bei dem Verein „Religiöse Gemeinschaft der Lichtträger" um eine gesetzlich anerkannte Religionsgemeinschaft und damit eine Körperschaft des öffentlichen Rechts handelte?

Grundrechte sind primär staatsgerichtet ausgestaltet, sie sollen die öffentliche Gewalt verpflichten, aber nicht berechtigen. Jedoch können **juristische Personen des öffentlichen Rechts** grundrechtsberechtigt sein, wenn die Grundrechte „ihrem Wesen nach" in Betracht kommen. So hat der VfGH die Grundrechtsberechtigung der Gebietskörperschaften (Bund, Länder, Gemeinden) und anderer juristischer Personen des öffentlichen Rechts im Prinzip anerkannt (zB VfSlg 10.000/1984, 11.828/1988). Diese kommt jedoch nur im Rahmen der Privatwirtschaftsverwaltung (zur Fiskalgeltung der Grundrechte siehe Frage 5) zum Tragen und nicht im Bereich der Hoheitsverwaltung (**differenzierte Grundrechtsfähigkeit**).

Gesetzlich anerkannte Religionsgemeinschaften haben nach Art 15 StGG eine Sonderstellung im österreichischen Verfassungsrecht (siehe *Ö/E*, Rz 941 ff). Sie gelten als Körperschaften öffentlichen Rechts, werden aber grundsätzlich nicht hoheitlich tätig. Art 9 EMRK schützt die Ausübung der Religionsfreiheit durch Einzelne oder „in Gemeinschaft mit anderen". Träger der Religionsfreiheit sind auch die Kirchen und Glaubensgemeinschaften selbst, dies auch dann, wenn sie einen öffentlich-rechtlichen Status haben. Ausgeschlossen vom Schutzbereich des Art 9 EMRK sind jedoch juristische Personen, bei denen die Gewinnerzielungsabsicht im Vordergrund steht (*Grabenwarter/Pabel,* Europäische Menschenrechtskonvention[7] [2021] § 22 Rz 113).

Die „Religiöse Gemeinschaft der Lichtträger" könnte sich daher auch dann auf Art 9 EMRK berufen, wenn sie eine gesetzlich anerkannte Religionsgemeinschaft und damit eine Körperschaft des öffentlichen Rechts wäre.

Frage 5: Die Stadtverwaltung von Mank (NÖ) plant den Bau eines neuen und größeren Volleyballplatzes und beschließt den Bauauftrag im Rahmen eines Vergabeverfahrens an ein privates Bauunternehmen zu vergeben. Die Ausschreibung wird öffentlich bekannt gemacht, und verschiedene Unternehmen reichen ihre Angebote ein. Schließlich wird kurze Zeit nach der Ausschreibung der Auftrag an das Unternehmen *Pool* erteilt, weil deren Geschäftsführer der Bruder des Bürgermeisters ist, obwohl andere Unternehmen dieselbe Leistung zu einem niedrigeren Preis angeboten haben. Das übergangene Bauunternehmen *S&P* ist daher der Meinung, dass die Stadtverwaltung durch die Auftragsvergabe an *Pool* gegen den Gleichheitsgrundsatz verstoßen hat. Hat das Bauunternehmen *S&P* Recht?

Bei der Stadtgemeinde Mank handelt es sich um eine Gebietskörperschaft, welche durch die Bauauftragsvergabe eine staatliche Aufgabe in privatrechtsförmiger Weise besorgt. Im Rahmen der **Fiskalgeltung der Grundrechte** sind Gebietskörperschaften (aber auch sonstige Selbstverwaltungsträger und andere öffentliche Aufgaben besorgende Rechtsträger; siehe *Ö/E*, Rz 737) dennoch, wie von Lehre und Rsp anerkannt, als **Träger von Privatrechten an die Grundrechte** gebunden (**Grundrechtsverpflichtete**). Somit ist die Stadtgemeinde Mank nach hL und Rsp bei der Auftragsvergabe auch an den Gleichheitsgrundsatz (Art 7 Abs 1 B-VG, Art 2 StGG) gebunden, der auch bei der Vergabe öffentlicher Aufträge verlangt, die Bewerber gleich zu behandeln und Einzelne nicht zu diskriminieren. Da die Stadtgemeinde den Auftrag nicht an den Bestbieter erteilt, sondern das Unternehmen *Pool* wegen des familiären Nahverhältnisses und damit aus einem unsachlichen Grund bevorzugt, verletzt diese den Gleichheitsgrundsatz. Das Bauunternehmen *S&P* hat somit Recht.

(Hinweis: Naheliegend ist auch, dass die Stadtgemeinde Mank gegen vergaberechtliche Vorschriften verstoßen haben könnte.)

Frage 6: *Jonas* und *Martha* streiten sich über die Schutzdimensionen von Grundrechten. *Jonas* ist der Meinung, dass Art 2 EMRK nur das Recht auf Leben schütze, während *Martha* der Meinung ist, dass Art 2 EMRK auch eine „negative Seite", also ein Recht zu sterben beinhalte, da die Mitwirkung an der Selbsttötung in Österreich erlaubt sei. Worauf will *Martha* hinaus?

Abwehrrechte schützen häufig nicht nur die Ausübung des Rechts durch den Einzelnen vor unverhältnismäßigen Eingriffen des Staates, sondern auch davor, **zur Grundrechtsausübung gedrängt, verhalten oder verpflichtet zu werden** („negative Grundrechtsseite" oder auch „negative Freiheit"; *Berka/Binder/Kneihs*, Die Grundrechte, 166 f). Ob und inwieweit ein Grundrecht eine „negative Seite" hat, ist im Einzelfall durch Auslegung – unter Berücksichtigung der Schranken des jeweiligen Gesetzesvorbehalts – zu ermitteln.

Die Frage stellt auf den sachlichen Schutzbereich des Art 2 EMRK ab: Wenn Art 2 EMRK als Freiheitsrecht das Recht auf Leben schützt, schützt es dann ebenso das Recht auf den eigenen Tod? Dies wird in der Rsp des EGMR verneint: Weder die Formulierung des Art 2 Abs 1 EMRK noch der Gesetzesvorbehalt des Abs 2 lassen eine Herleitung des Rechts auf den eigenen Tod zu (EGMR 29.4.2002, 2346/02, *Pretty/Großbritannien*, Z 39; *Berka/Binder/Kneihs*, Die Grundrechte, 279). Daraus leiten Jud und Lehre ab, dass Art 2 EMRK auch kein Recht auf Sterbehilfe enthält (EGMR 29.4.2002, 2346/02, *Pretty/Großbritannien*, Z 40). Der Rsp des EGMR zufolge ist jedoch die Entscheidung über die Art und Weise sowie den Zeitpunkt des eigenen Todes ein geschützter Aspekt im Rahmen des Rechts auf Achtung des Privatlebens (Art 8 EMRK), sofern der Betroffene in der Lage ist, eine entsprechende Entscheidung frei und unbeeinflusst zu treffen und selbst entsprechend zu handeln (EGMR 20.1.2011, 31322/07, *Haas/Schweiz*). Hinsichtlich der Ausgestaltung des Rechts eines Individuums, selbst über den Zeitpunkt und die Art seines Lebensendes zu bestimmen, verweist der EGMR mangels einheitlichen Konsenses der Mitgliedstaaten auf deren weiten Gestaltungsspielraum (EGMR 20.1.2011, 31322/07, *Haas/Schweiz*, Z 55).

Unter Berücksichtigung der Rsp des EGMR setzte sich der VfGH in seinem Erkenntnis VfSlg 20.433/2020 ua mit Art 8 EMRK sowie Art 2 EMRK auseinander und leitete, unter Heranziehung dieser, jedoch auch aus dem Gleichheitsgrundsatz gem Art 2 StGG und Art 7 Abs 1 B-VG ein „verfassungsgesetzlich gewährleistetes Recht auf freie Selbstbestimmung" ab, welches auch das „Recht auf ein menschenwürdiges Sterben" umfasse. In Folge erließ der österreichische Gesetzgeber das Sterbeverfügungsgesetz (StVfG), BGBl I 242/2021, in welchem die rechtlichen Voraussetzungen für die Mitwirkung an der Selbsttötung normiert sind (siehe dazu jüngst VfGH 12.12.2024, G 229-230/2023 ua).

Frage 7: Nach § 96 StGB steht der vorsätzlich mit Einwilligung der Schwangeren vorgenommene Schwangerschaftsabbruch unter Strafe. Jedoch räumt § 97 Abs 1 Z 1 StGB dem Selbstbestimmungsrecht der Schwangeren bis zum Ablauf von drei Monaten dahingehend den Vorrang ein, als ein Schwangerschaftsabbruch innerhalb dieser Frist nach vorhergehender ärztlicher Beratung nicht strafbar ist. Welche grundrechtliche Frage ergibt sich in Hinblick auf die Grundrechtsfähigkeit des noch nicht geborenen Menschen?

Es stellt sich die Frage, wann die Grundrechtsberechtigung beginnt. Grundsätzlich folgen Beginn und Ende der Grundrechtsberechtigung den gleichen Regeln wie die allgemeine Rechtsfähigkeit. Die **Grundrechtsfähigkeit des noch nicht geborenen Menschen (nasciturus)** ist aber nach wie vor nicht geklärt und wird in der Rsp des EGMR sowie des VfGH unterschiedlich beurteilt:

So ließ der EGMR diese Frage in seiner Rsp unter Hinweis auf die unterschiedlichen Positionen der EMRK-Mitgliedstaaten offen (EGMR [GK] 8.7.2004, 53934/00, *Vo/Frankreich*). Er stützte sich in seiner Argumentation auf den großen Ermessensspielraum der Mitgliedstaaten betreffend die Frage, wann das Recht auf Leben beginne (EGMR 9.4.2013, 13423/09, *Mehmet Şentürk & Bekir Şentürk/Türkei*, Z 107). Der VfGH stellte im „Fristenlösungserkenntnis" fest, dass der EMRK kein Recht auf Leben des nasciturus entnommen werden kann (VfSlg 7400/1974, 229), weswegen diesem auch kein verfassungsgesetzlich gewährleistetes Recht auf Leben zukomme. Diese Rsp gilt im Wesentlichen bis heute.

Frage 8: Österreich sieht sich einer schweren Sicherheitskrise gegenüber. In den letzten Monaten gab es mehrere terroristische Anschläge, die zahlreiche Todesopfer gefordert haben. Um die öffentliche Sicherheit zu gewährleisten, möchte die Bundesregierung einige Bestimmungen der EMRK, darunter auch Art 2 EMRK, vorübergehend außer Kraft setzen. Wäre es zulässig, Art 2 EMRK vorübergehend zu suspendieren?

Nach Art 15 EMRK („**Notstandsklausel**") können im Falle eines Krieges oder eines anderen öffentlichen Notstandes, der das Leben der Nation bedroht, Mitgliedstaaten der EMRK Maßnahmen treffen, die bestimmte Grundrechte der EMRK zumindest vorübergehend außer Kraft setzen (suspendieren), soweit dies zur Bekämpfung des konkreten Notstandes unbedingt erforderlich ist. Bei der Beurteilung des Notstandes verfügen die Mitgliedstaaten über einen weiten Ermessensspielraum (EGMR [GK] 19.2.2009, 3455/05, *A ua/Großbritannien*, Z 180; EGMR 1.7.1961, 332/57, *Lawless/Ireland*). Bestimmungen der EMRK dürfen jedoch nur unter der Bedingung außer Kraft gesetzt werden, dass dies im

Einklang mit den sonstigen völkerrechtlichen Verpflichtungen geschieht. Ausgenommen von der Möglichkeit des Außerkraftsetzens iSd Art 15 EMRK sind die taxativ in Abs 2 aufgezählten sogenannten „notstandsfesten“ Rechte der Art 2 EMRK (ausgenommen Todesfälle im Rahmen rechtmäßiger Kriegshandlungen), Art 3 EMRK, Art 4 Abs 1 EMRK und Art 7 EMRK. Formelle Voraussetzung ist die Berichterstattung an den Generalsekretär des Europarates (zum Ganzen siehe *Grabenwarter/Pabel*, EMRK, § 2 Rz 8 ff).

Frage 9: Schon seit Jahren veranstaltet Unternehmerin *Carina* im Herzen von St. Pölten (Niederösterreich) erfolgreich Public Viewings und erzielt damit hohe Einnahmen. Kurz bevor sie für ihre nächste Veranstaltung um Bewilligung ansucht, tritt jedoch in NÖ die neue Bestimmung des (fiktiven) § 2 Abs 1 Z 4 NÖ-VAG (Niederösterreichisches Veranstaltungsgesetz) in Kraft, welches ein ganzjähriges Public Viewing-Verbot für die gesamte St. Pöltner Innenstadt normiert. Damit werde das Ziel verfolgt, für mehr Ruhe in der St. Pöltner Innenstadt zu sorgen. Vor allem die Gäste der umliegenden Restaurants sollen dadurch in der Sommerzeit vor Lärm geschützt werden.

a) Greift § 2 Abs 1 Z 4 NÖ-VAG in ein verfassungsgesetzlich gewährleistetes Recht von *Carina* ein?

In Frage kommt ein Eingriff in das Recht auf Erwerbsfreiheit nach Art 6 StGG. Ob ein Eingriff in ein Grundrecht vorliegt, wird durch den **Schutzbereich** des relevanten Grundrechts bestimmt; insofern müssen zunächst der Inhalt und die Reichweite des Grundrechts ermittelt werden. Der Schutzbereich der Erwerbsfreiheit des Art 6 StGG erfasst jede Form der wirtschaftlichen, auf Erwerb ausgerichteten Betätigung und somit auch jede selbstständige Tätigkeit, die auf wirtschaftlichen Erfolg gerichtet ist. Der Schutzbereich ist eröffnet, da die Veranstaltung von Public Viewings *Carinas* Erwerbstätigkeit darstellt.

Anschließend stellt sich die Frage, ob ein **Eingriff** erfolgt ist. In ein Grundrecht kann durch jeden staatlichen Akt eingegriffen werden (Gesetz, Verordnung, Verwaltungsakt oder gerichtliche Entscheidung). Ein Eingriff liegt dann vor, wenn der betreffende staatliche Akt den Schutzbereich eines Grundrechtsträgers in belastender oder beschränkender Weise berührt. Ein Eingriff kann auch durch staatliches Unterlassen erfolgen.

In das Grundrecht der Erwerbsfreiheit kann grundsätzlich nur durch einen Akt eingegriffen werden, der die Erwerbstätigkeit unmittelbar beschränkt. Bloße (wirtschaftliche) Reflexwirkungen (zB die durch ein straßenpolizeiliches Halteverbot vor einer Imbissbude bewirkten Umsatzeinbußen) stellen grundsätzlich keinen Grundrechtseingriff dar.

Durch einen Eingriff kann es zu Beschränkungen des Erwerbs**antrittes** oder solchen der Erwerbs**ausübung** kommen. Erstere behindern den Zugang zu einem Beruf (zB Konzessionspflicht). Dabei können **subjektive** Antrittsschranken aus eigener Kraft überwunden werden (zB Befähigungsnachweise), während **objektive** Antrittsschranken (zB Höchstzahl von Bewilligungen) den schwersten Eingriff in die Erwerbsfreiheit darstellen und durch besonders gewichtige Interessen gerechtfertigt werden müssen. Im Gegensatz dazu sind Beschränkungen der Erwerbsausübung nur auf die Rahmenbedingungen der Berufsausübung gerichtet (zB Zugabenverbote, Geschäftsöffnungszeiten). Bei diesen steht dem Gesetzgeber ein größerer Gestaltungsspielraum offen (vgl zum Ganzen *Mayer/Kucsko-Stadlmayer/Stöger*, Bundesverfassungsrecht[11] [2015] Rz 1496).

Bei der Bestimmung des § 2 Abs 1 Z 4 NÖ-VAG handelt es sich um einen Eingriff in die Erwerbsfreiheit, da *Carina* unmittelbar durch das Verbot darin gehindert wird, ihre Erwerbstätigkeit auszuüben.

b) Worauf ist bei der Überprüfung der Rechtmäßigkeit eines gesetzlichen Eingriffs bei diesem Grundrecht zu achten? Verletzt die Bestimmung des § 2 Abs 1 Z 4 NÖ-VAG *Carinas* Grundrecht?

Art 6 StGG steht unter einem **formellen Gesetzesvorbehalt**. Nach der älteren Rsp genügte das Vorliegen eines Gesetzes für die Rechtmäßigkeit eines Eingriffs in Art 6 StGG. Von dieser „freiheitssichernden Kraft des Gesetzes" ging die Rsp im Laufe der Jahre ab und setzte den gesetzlichen Eingriffsbefugnissen Grenzen (*Berka/Binder/Kneihs*, Die Grundrechte, 187 ff). Der VfGH entwickelte in seiner Jud die „Wesensgehaltssperre", nach welcher gesetzliche Beschränkungen eines Grundrechts nicht gegen dessen Wesen verstoßen durften, was der Fall wäre, wenn ihre Wirkung in einer Grundrechtsaufhebung resultieren würde (*Ö/E*, Rz 713).

Diese Theorie wurde schließlich durch das Verhältnismäßigkeitsprinzip abgelöst. In der „Schrottlenkung I" – Entscheidung (VfSlg 10.179/1984) prüfte der VfGH zum ersten Mal bei einem unter formellen Gesetzesvorbehalt stehenden Grundrecht (Erwerbsfreiheit), ob eine gesetzliche Schranke einem bestimmten öffentlichen Interesse diente und dieses öffentliche Interesse mit einem insgesamt geeigneten, erforderlichen und angemessenen Mittel verfolgt wurde. Dieser Rsp folgend muss der Gesetzgeber auch bei unter formellen Gesetzesvorbehalten stehenden Grundrechten jene materiellen Schranken beachten, die sich aus dem Verhältnismäßigkeitsprinzip ergeben. Die Schranken der Grundrechte müssen daher nach heutiger Rsp nicht mehr nur anhand des formalen Prinzips der Gesetzmäßigkeit, sondern nach inhaltlichen Maßstäben beurteilt werden (*Berka/Binder/Kneihs*, Die Grundrechte, 193).

Ein ganzjähriges Public Viewing-Verbot ist daher nur dann mit der Erwerbsfreiheit vereinbar, wenn es einem legitimen öffentlichen Interesse dient und geeignet, erforderlich und angemessen ist. Diese Voraussetzungen dürften nicht erfüllt sein:

Zwar dient die gesetzliche Bestimmung dem Ziel, die öffentliche Ruhe zu bewahren, um andere Gäste der Innenstadt nicht zu stören. Das Public Viewing-Verbot ist geeignet, um den Geräuschpegel in der St. Pöltner Innenstadt zu senken und andere Personen, wie beispielsweise jene, welche am Rathausplatz zu Abend essen, vor den durch Public Viewing-Veranstaltungen verursachten Lärm zu schützen. Jedoch ist zu bezweifeln, ob Public Viewings ganzjährig einen derartigen Geräuschpegel verursachen, welcher ein Verbot ohne weitere Eingrenzungen auf bestimmte Uhrzeiten oder Tage erforderlich macht. Da der Gesetzgeber mit dieser Bestimmung vor allem auch den Geräuschpegel in der Sommerzeit senken wollte, würden Maßnahmen wie ein Verbot für die Sommermonate oder bestimmte Uhrzeiten ausreichen. Da die Bestimmung des § 2 Abs 1 Z 4 NÖ-VAG nicht das schonendste (gelindeste) Mittel darstellt, um das Ziel der öffentlichen Ruhe zu erreichen, verstößt diese gesetzliche Bestimmung gegen das Recht auf Erwerbsfreiheit und ist verfassungswidrig.

Frage 10: *Lara* ist Mitglied des Vereins *Animal Protection*. Dieser veranstaltet regelmäßig Demonstrationen, um auf die negativen Auswirkungen des Klimawandels auf die Tierwelt aufmerksam zu machen. Die nächste Demonstration soll vor dem Tiergarten Schönbrunn stattfinden, bei welcher die Tierschützer ihren Forderungen nach besseren Tierschutzstandards Gehör verschaffen wollen. Die Stadt Wien befürchtet jedoch, dass diese das Ansehen des Tiergartens schädigen könnte. Daher untersagt die zuständige Behörde aus Gründen des Schutzes der öffentlichen Ordnung und Sicherheit mit Bescheid die Abhaltung der Demonstration. *Lara* erhebt daraufhin rechtzeitig Bescheidbeschwerde an das zuständige VwG, welches diese jedoch unter Berufung auf die Argumentation der Stadt Wien abweist. *Lara* ist erzürnt und möchte noch eine Instanz höher gehen. Wie kann *Lara* eine mögliche Grundrechtsverletzung vor dem VfGH geltend machen? Wie würde der VfGH bei der Prüfung der von *Lara* geltend gemachten Grundrechtsverletzung vorgehen?

Lara kann sich mit einer Erkenntnisbeschwerde nach Art 144 B-VG an den VfGH wenden und eine mögliche Verletzung des Art 11 EMRK geltend machen. Im Rahmen der Erkenntnisbeschwerde prüft der VfGH mögliche Grundrechtsverletzungen durch Erkenntnisse (und Beschlüsse) der VwG. Bei unter (formellen oder materiellen) Gesetzesvorbehalt stehenden Grundrechten wendet dieser folgende Formel an: Ein Grundrecht wird verletzt,

- wenn das Erkenntnis ohne jede Rechtsgrundlage ergangen ist,

- wenn sich das Erkenntnis auf ein verfassungswidriges Gesetz (eine gesetzwidrige Verordnung) stützt oder
- wenn ein Gesetz denkunmöglich angewendet wurde, insbesondere wenn dem Gesetz fälschlicherweise ein verfassungswidriger, also ein dem Grundrecht widersprechender Inhalt unterstellt wurde oder wenn das Erkenntnis mit einem so schweren Fehler belastet ist, dass dieser mit Gesetzlosigkeit auf eine Stufe zu stellen wäre.

Zunächst wird geprüft, ob durch das Erkenntnis in das Grundrecht eingegriffen wurde. Das Erkenntnis stellt einen Eingriff in das Recht auf Versammlungsfreiheit dar, da es den Untersagungsbescheid bestätigt bzw die Versammlung verbietet. Eine gesetzliche Grundlage ist durch § 6 Abs 1 VersG, wonach die Abhaltung von Versammlungen von der zuständigen Behörde untersagt werden kann, gegeben. Da es sich bei § 6 Abs 1 VersG nicht um eine verfassungswidrige Gesetzesbestimmung handelt, kommt nur die denkunmögliche Anwendung des § 6 Abs 1 VersG durch das VwG in Frage. Der VfGH hebt in diesem Fall Erkenntnisse auf, wenn er eine andere – verfassungskonforme – Interpretation für geboten erachtet oder wenn das VwG eine nach Ansicht des VfGH gebotene Interessenabwägung nicht oder fehlerhaft vornimmt (*Berka/Binder/Kneihs*, Die Grundrechte, 139). Somit kann ein Erkenntnis, welches in den Schutzbereich eines Grundrechts eingreift, verfassungswidrig sein, wenn die betroffenen Grundrechte nicht nach den entsprechenden Abwägungskriterien gewichtet wurden.

In diesem Fall hat das VwG die gebotene Interessenabwägung fehlerhaft vorgenommen. Es bestehen keine Anhaltspunkte, dass es durch die Demonstration zu einer Gefährdung der öffentlichen Ordnung und Sicherheit kommen würde. Der Schutz des Rufs des Tiergarten Schönbrunn ist grundsätzlich kein Interesse, das für sich genommen die Untersagung der Versammlung rechtfertigen könnte. Das Erkenntnis hat *Lara* somit in ihrem verfassungsgesetzlich gewährleisteten Recht auf Versammlungsfreiheit verletzt.

Frage 11: *Lexi* vertieft sich im Rahmen der Vorbereitung für ihre Prüfung aus Verfassungsrecht in die österreichischen Grundrechtskataloge. Als sie Art 12 StGG (Versammlungs- und Vereinigungsfreiheit) liest, wird sie stutzig und fragt sich, was wohl mit dem zweiten Satz „*Die Ausübung dieser Rechte wird durch besondere Gesetze geregelt.*" gemeint sei. Immerhin sei dieser Satz in Art 11 EMRK gar nicht enthalten.

a) Was würden Sie ihr antworten?

Gesetzesvorbehalte sind Ermächtigungen des einfachen Gesetzgebers, Grundrechte näher auszugestalten oder auch zu beschränken. Bei Art 12 Satz 2 StGG handelt es sich um einen **Ausgestaltungsvorbehalt**. So wurde einerseits die Vereinigungsfreiheit im VerG und andererseits die Versammlungsfreiheit im VersG näher ausgestaltet.

Im Gegensatz dazu enthält Art 11 Abs 2 EMRK einen **materiellen Eingriffsvorbehalt** (bzw Gesetzesvorbehalt). Demnach ist der Gesetzgeber zu Eingriffen nur unter bestimmten Voraussetzungen legitimiert. Der Eingriff erfordert eine gesetzliche Grundlage und muss zur Erreichung eines (oder mehrerer) der in Abs 2 aufgezählten Ziele erfolgen. Der Eingriff muss weiters in einer demokratischen Gesellschaft zur Erreichung dieses Ziels (bzw der Ziele) geeignet, notwendig und verhältnismäßig sein.

b) Welche Rolle spielen die Vorbehalte der Art 12 StGG und Art 11 EMRK bei der Prüfung einer Erkenntnisbeschwerde nach Art 144 B-VG durch den VfGH?

Die ältere Lehre und Jud zogen aus dem Ausgestaltungsvorbehalt des Art 12 StGG den Schluss, dass der Inhalt der gewährleisteten Freiheit nur nach Maßgabe ihrer einfachgesetzlichen Ausgestaltung bestehe. Daraus leitete der VfGH ab, dass jede Verletzung der einfachgesetzlichen Bestimmungen, so jede Verletzung des VersG, die unmittelbar die Ausübung des Versammlungsrechts betrifft und damit in die Versammlungsfreiheit eingreift, eine Verletzung des durch Art 12 StGG und Art 11 EMRK gewährleisteten Grundrechts darstellt, welche nur vor dem VfGH geltend gemacht werden kann (VfSlg 14.366/1995; „**Feinprüfung**").

Beginnend mit dem Erkenntnis VfSlg 19.818/2013 rückte der VfGH von seiner Rsp ab (vgl VfSlg 19.961/2015 sowie 19.994/2015). Im „Kernbereich" nimmt der VfGH weiterhin eine „Feinprüfung" der Vereins- und Versammlungsfreiheit vor, so zB bei der behördlichen Vereinsauflösung nach § 29 VerG oder bei der Untersagung einer Versammlung nach § 6 VersG. Ansonsten prüft der VfGH bei Beschwerden nach Art 144 B-VG im Rahmen einer **„Grobprüfung"** nur mehr anhand des materiellen Gesetzesvorbehalts des Art 11 EMRK. Ein Eingriff in den durch Art 11 EMRK umfassten Schutzbereich ist also dann verfassungswidrig, wenn die eingreifende Entscheidung ohne Rechtsgrundlage ergangen ist, auf einer der Art 11 EMRK widersprechenden Rechtsvorschrift beruht oder wenn bei Erlassung der Entscheidung eine verfassungsrechtlich unbedenkliche Rechtsgrundlage in denkunmöglicher Weise angewendet wurde; ein solcher Fall liegt vor, wenn die Entscheidung mit einem so schweren Fehler belastet ist, dass dieser mit Gesetzlosigkeit auf eine Stufe zu stellen wäre, oder wenn der angewendeten Rechtsvorschrift fälschlicherweise ein verfassungswidriger, insbesondere ein dem Art 11 EMRK widersprechender und durch Art 11 Abs 2 EMRK nicht gedeckter Inhalt unterstellt wurde (VfSlg 19.994/2015; siehe zum Ganzen *Berka/Binder/Kneihs*, Die Grundrechte, 186 f).

Frage 12: Nach intensiven Regenfällen, laut Wissenschaftlern bedingt durch den immer rasanter fortschreitenden Klimawandel, kommt es zu Überschwemmungen etlicher Ortschaften in Niederösterreich. Auch die Pensionisten Herr und Frau *M.* sind stark betroffen. Ihr Haus ist wegen des enormen Wasserschadens nun unbewohnbar und sie müssen, bis sie eine geeignete neue Unterkunft gefunden haben, vorübergehend bei ihrer Tochter und deren Familie einziehen. Sie sind der Meinung, dass es so nicht weitergehen kann, und fangen an, über Österreichs umweltschutzrechtliche Pflichten zu recherchieren. Mithilfe ihrer Enkeltochter *Clara*, einer Jusstudentin, stoßen sie auf das „Pariser Übereinkommen" (BGBl III 197/2016). *Clara* weiß, dass das Übereinkommen unter Erfüllungsvorbehalt und nicht im Verfassungsrang steht und meint daher, dass dieses keine Rolle für den Grundrechtsschutz in Österreich spiele.

a) Hat *Clara* Recht?

Bei dem „Pariser Übereinkommen" handelt es sich um einen **völkerrechtlichen Vertrag**, welcher Österreich völkerrechtlich verpflichtet, nach dem Grundsatz der „gemeinsamen, aber unterschiedlichen Verantwortung" zur Reduktion der globalen Treibhausgasemissionen beizutragen, um die Temperaturziele des Übereinkommens einhalten zu können (*Binder/Ritter*, Klimaschutz und Völkerrecht, in Ennöckl (Hrsg), Handbuch Klimaschutzrecht [2023] Rz 9 ff). Dieses hat in Österreich keinen Verfassungsrang und wurde unter Erfüllungsvorbehalt beschlossen (Einschränkung der unmittelbaren Anwendbarkeit; der Vertrag ist durch Erlassung von Gesetzen zu erfüllen). Jedoch dient es nach dem Grundsatz der **völkerrechtskonformen Interpretation des innerstaatlichen Rechts** als wichtiges Auslegungsmittel (*Ö/E*, Rz 683). Demnach müssen die Grundrechte der österreichischen Bundesverfassung im Einklang mit dem „Pariser Übereinkommen" ausgelegt werden.

Die Bedeutung des „Pariser Übereinkommens" hob der EGMR in seiner Rsp hervor. In dem Urteil Verein KlimaSeniorinnen Schweiz/Schweiz prüfte der Gerichtshof die durch den Verein KlimaSeniorinnen Schweiz geltend gemachte Pflicht der Mitgliedstaaten, aufgrund von Art 2 und Art 8 EMRK umfassende Klimaschutzmaßnahmen zu ergreifen (EGMR [GK] 9.4.2024, 53600/20, *Verein KlimaSeniorinnen Schweiz/Schweiz*, Z 536 f). Dabei verwies der EGMR auch auf das „Pariser Übereinkommen", nach welchem sich die Mitgliedstaaten zu einem gemeinsamen Ziel bekannt hätten, zu dem jeder einzelne Staat nach dem Prinzip der gemeinsamen, aber unterschiedlichen Verantwortung einen Beitrag leisten müsse (EGMR [GK] 9.4.2024, 53600/20, *Verein KlimaSeniorinnen Schweiz/Schweiz*, Z 442).

b) *Clara* recherchiert noch etwas mehr. Sie fragt sich, wie aus den Rechten der EMRK, welche eigentlich vor unrechtmäßigen Eingriffen des Staates schützen sollen, eine „Pflicht" der Mitgliedstaaten erwachsen kann, staatliche Maßnahmen zum Umwelt- und Klimaschutz zu ergreifen. Sie möchte in der nächsten Einheit der Verfassungsrechtsvorlesung ihre Professorin danach fragen. Was wird ihr diese antworten?

Freiheitsrechte, welche die höchstpersönliche Sphäre oder bestimmte Handlungsspielräume des Einzelnen vor staatlichen Eingriffen schützen sollen, waren ursprünglich als **Abwehrrechte** ausgestaltet und somit auf staatliches Unterlassen gerichtet. Mittlerweile werden Grundrechte jedoch, unter anderem im Sinne der evolutiven Auslegung des EGMR (die Anpassung der Grundrechte der EMRK in richterlicher Rechtsfortbildung an eine veränderte soziale Wirklichkeit), nicht mehr nur als (negative) Schranken der Gesetzgebung verstanden (*Ö/E*, Rz 687). Aus Freiheitsrechten können sich auch **positive Gewährleistungspflichten** des Staates ergeben, welche diesen zu einem bestimmten Handeln verpflichten, wenn ein schlichtes Unterlassen für den Schutz nicht ausreicht. Diese Pflichten können sowohl den Gesetzgeber als auch die Vollziehung treffen und können explizit in einem Grundrecht verankert sein oder aus diesem abgeleitet werden.

Schon seit Längerem leitet der EGMR aus Art 8 EMRK die Pflicht der Mitgliedstaaten ab, Maßnahmen zum Schutz vor Umweltbeeinträchtigungen zu ergreifen. Der Gerichtshof argumentiert damit, dass schwere Umweltbeeinträchtigungen das Wohlbefinden des Einzelnen beeinträchtigen und Betroffene in ihrem in Art 8 EMRK gewährleisteten Recht auf ungestörten Genuss ihrer Wohnung verletzen (zB EGMR 19.2.1998, 14967/89, *Guerra/Italien*). Bislang hat die Jud aber nur solche Situationen erfasst, in denen es eine konkrete Ursache von Umweltschäden gab bzw eine bestimmte Quelle, auf welche die Schäden zurückzuführen waren, und damit auch die Betroffenen hinreichend identifiziert werden konnten. So wurde zB eine Pflicht der Mitgliedstaaten angenommen, eine Verschmutzung des Grundwassers zu verhindern, um Gesundheitsgefahren durch kontaminiertes Trinkwasser vorzubeugen (EGMR 4.9.2014, 42488/02, *Dzemyuk/Ukraine,* und EGMR 10.5.2022, 47987/15, *Solyanik/Russland*).

Der globale Klimawandel aber wird durch mehrere unterschiedliche Ursachen hervorgerufen und wirkt sich auch nicht nur auf einzelne, identifizierbare Personen aus. In seinem Urteil Verein Klimaseniorinnen Schweiz/Schweiz hat der EGMR seine Rsp dahingehend weiterentwickelt, dass Art 8 EMRK nun auch das Recht Einzelner auf effektiven Schutz durch staatliche Behörden vor schwerwiegenden nachteiligen Auswirkungen des Klimawandels auf ihr Leben, ihre Gesundheit, ihr Wohlbefinden und ihre Lebensqualität umfasst (EGMR [GK] 9.4.2024, 53600/20, *Verein Klimaseniorinnen Schweiz/Schweiz*, Z 519). Den Mitgliedstaaten erwachsen nun positive Gewährleistungspflichten aus Art 8 EMRK, geeignete Vorschriften und Maßnahmen zu erlassen, um den Klimawandel abzumildern (EGMR [GK] 9.4.2024, 53600/20, *Verein KlimaSeniorinnen Schweiz/ Schweiz*, Z 545 ff).

Dieses Urteil spielt für Österreich insoweit eine wichtige Rolle, als sich aus Art 1 EMRK und der in der Konvention verankerten Autorität des EGMR eine „Orientierungswirkung" der Rsp des EGMR für jene Mitgliedstaaten ergibt, welche nicht Parteien des Verfahrens vor dem EGMR waren und somit nicht von der rechtlichen Bindungswirkung des EGMR-Urteils erfasst sind. Diese, und somit auch Österreich, haben infolgedessen die Rsp des EGMR zur Kenntnis zu nehmen und ihr zukünftiges Verhalten danach auszurichten (*Grabenwarter/Pabel*, EMRK, § 16 Rz 8).

c) Können staatliche Gewährleistungspflichten im Falle einer Untätigkeit des Gesetzgebers beim VfGH durchgesetzt werden?

Im Rahmen des Gesetzesprüfungsverfahrens nach Art 140 B-VG ist die Kompetenz des VfGH auf die Aufhebung verfassungswidriger Gesetze beschränkt. Somit kann dieser grundsätzlich nicht fehlende gesetzliche Regelungen durch seine Entscheidung ersetzen oder den Gesetzgeber zu deren Erlassung verpflichten. Eine Untätigkeit des Gesetzgebers kann der VfGH durch Aufhebung nur dann aufgreifen, wenn es Anknüpfungspunkte in bestehenden Normen gibt, zB wenn eine bestehende gesetzliche Regelung einen nur ungenügenden Schutz bietet. Wenn der Gesetzgeber gar nicht tätig wird, können staatliche Gewährleistungspflichten nicht vor dem VfGH, aber vor dem EGMR geltend gemacht werden (VfSlg 14.453/1996).

Die Geltendmachung einer Gewährleistungspflicht kann auch deshalb schwierig sein, weil dem Gesetzgeber bei der Konkretisierung dieser ein großer Beurteilungsspielraum zukommt. Deshalb kommt nur bei exzessiven Fällen gesetzgeberischer Untätigkeit eine verfassungsgerichtliche Prüfung in Betracht (*Ö/E*, Rz 697).

Frage 13: *Elke*, Rechtspraktikantin am BG Melk (Niederösterreich), soll für ihre zuständige Richterin ein Strafurteil schreiben: Der Angeklagte *Otto* hat den Straftatbestand des § 265 StGB (Bestechung bei einer Wahl oder Volksabstimmung) erfüllt. Er soll zu einer bedingten Freiheitsstrafe von einem Jahr verurteilt werden. Beim Verfassen des Urteils fällt *Elke* die Bestimmung des Art 26 Abs 5 B-VG ein, wonach ein Ausschluss vom Wahlrecht als Folge rechtskräftiger gerichtlicher Verurteilung durch Bundesgesetz vorgesehen werden kann. Sie fragt sich, ob durch eine bundesgesetzliche Bestimmung festgelegt werden könnte, dass das Grundrecht des Einzelnen auf freie Wahlen einfach pauschal „verwirkt" wird, wenn man rechtskräftig verurteilt wird. Ihrer Meinung nach wür-

de eine solche Regelung gegen die EMRK verstoßen. Was würden Sie *Elke* antworten?

Beschränkungen des (aktiven oder passiven) Wahlrechts stellen einen Eingriff in das Recht auf freie Wahlen nach Art 3 1. ZPEMRK dar (*Grabenwarter/Pabel*, EMRK, § 23 Rz 116). Diese Bestimmung ist in Österreich mit Verfassungsrang ausgestattet. Art 3 1. ZPEMRK enthält zwar keinen ausdrücklichen Schrankenvorbehalt, Eingriffe sind nach der Rsp des EGMR jedoch zulässig, wenn sie ein legitimes Ziel verfolgen und verhältnismäßig sind (EGMR [GK] 6.10.2005, 74025/01, *Hirst/Großbritannien,* Z 62; EGMR 22.5.2012, 126/05, *Scoppola/Italien [Nr 3]* Z 84). Der EGMR stellte in diesem Zusammenhang fest, dass die absolute Ausschließung vom aktiven Wahlrecht für jeden Häftling und unter allen Umständen eine Verletzung des Art 3 1. ZPEMRK darstellt (*Ö/E*, Rz 364; *Grabenwarter/Pabel*, EMRK, § 23 Rz 118). Die Entscheidung, ob der Verurteilte vom Wahlrecht auszuschließen ist, ist vom jeweiligen Richter auf Grundlage der individuellen Umstände des Einzelfalls im Zusammenhang zwischen der Straftat und dem Ausschluss vom Wahlrecht zu prüfen (EGMR 8.4.2010, 20201/04, *Frodl/Österreich*). Bei der Ausgestaltung der Einschränkung des Wahlrechts verfügt der Gesetzgeber über einen weiten Gestaltungsspielraum (EGMR 22.5.2012, 126/05, *Scoppola/Italien [Nr 3]* Z 83); VfSlg 20.135/2017).

In Österreich normiert zB § 22 NRWO die Ermächtigung des jeweiligen Strafgerichts, unter bestimmten Voraussetzungen und unter Zugrundelegung der Umstände des Einzelfalls gerichtlich verurteilte Personen vom Wahlrecht auszuschließen. Die Verfassungsmäßigkeit dieser Bestimmung bestätigte der VfGH in seiner Rsp (VfSlg 20.306/2019).

Es ist somit nicht zulässig, gesetzlich vorzusehen, dass das Grundrecht auf freie Wahlen automatisch durch eine rechtskräftige Verurteilung „verwirkt" wird. Die gesetzliche Einschränkung muss der Bestimmung des Art 3 1. ZPEMRK entsprechen.

Frage 14: Es ist Oktobersession und die Richterinnen und Richter des VfGH haben noch zahlreiche Rechtssachen auf der Tagesordnung vor sich. Die nächste Rechtssache auf der Tagesordnung wurde durch eine Erkenntnisbeschwerde nach Art 144 B-VG an den VfGH herangetragen und hat ein Abgabenverfahren zum Gegenstand, in dem das Recht der EU anzuwenden ist. In der Beschwerde wird die Frage aufgeworfen, ob § 292 BAO den Vorgaben des Art 47 GRC entspricht. Hat der VfGH die Bestimmungen der GRC überhaupt anzuwenden?

Auch die Rechte der GRC können als verfassungsgesetzlich gewährleistete Rechte nach Art 144 B-VG geltend gemacht werden, sofern sie in ihrer Formulierung und Bestimmtheit den Rechten der Bundesverfassung gleichen (grundlegend

VfSlg 19.632/2012; siehe auch zB VfSlg 20.394/2020). Der VfGH stellt somit in seiner Beurteilung, ob Rechte der GRC als verfassungsgesetzlich gewährleistete Rechte geltend gemacht werden können, auf das jeweilige Recht der GRC ab und prüft, ob das Recht eine ähnliche Formulierung und normative Struktur wie ein in der Bundesverfassung gewährleistetes Recht hat. Im Anwendungsbereich der GRC bilden diese Rechte auch einen Prüfungsmaßstab in Verfahren der generellen Normenkontrolle, insbesondere nach Art 139 und Art 140 B-VG.

Art 47 GRC entspricht in Formulierung und Bestimmtheit der Bestimmung des Art 6 EMRK und normiert somit ein subjektives Recht, welches im Anwendungsbereich der GRC im Rahmen einer Erkenntnisbeschwerde geltend gemacht werden kann.

Grundrechte II: Einzelne Grundrechte

Marie-Therese Störck/Anna Katharina Struth-Schörghofer /
Florian Werni

Frage 1: ***Hannes*** **ist türkischer Staatsangehöriger. Um sich einer fremdenpolizeilichen und passrechtlichen Kontrolle durch Polizeibeamte am Wiener Stadtrand zu entziehen, flüchtete** ***Hannes*** **gemeinsam mit einigen anderen Personen in einen dicht bewachsenen Wald. Ihnen folgten zehn Beamte mit Schusswaffen, um die Kontrolle durchzuführen. Im Zuge der Verfolgung wurden mehrere Schüsse durch die Beamten abgegeben.** ***Hannes*** **wurde von einem Projektil getroffen, das in seine Richtung abgegeben wurde. Signalschüsse oder andere Verständigungsmittel wurden zu keinem Zeitpunkt eingesetzt. Er erlitt einen laut ärztlicher Einschätzung lebensgefährlichen Durchschuss des Bauches. Er überlebte jedoch.** ***Hannes*** **legte gegen die polizeiliche Gewaltanwendung Beschwerde beim zuständigen Verwaltungsgericht ein. Er behauptete eine Verletzung in seinen verfassungsgesetzlich gewährleisteten Rechten durch den AuvBZ in Form der Nacheile mehrerer Polizisten und der Abgabe von Schüssen. Das Gericht wies die Beschwerde in seinem Erk mit der Begründung ab, die unmittelbare und sofortige Abgabe des Schusses auf** ***Hannes*** **sei zur Sicherstellung der Festnahme notwendig gewesen. Die Ausnahme des Art 2 Abs 2 lit b EMRK greife ein. Dagegen erhob** ***Hannes*** **eine auf Art 144 B-VG gestützte zulässige Beschwerde beim VfGH, in der er eine Verletzung seines verfassungsgesetzlich gewährleisteten Rechts auf Leben behauptete.**

Liegt eine solche vor? Begründen Sie Ihre Antwort! Gehen Sie dabei davon aus, dass die das Erk des zuständigen Gerichtes tragenden gesetzlichen Grundlagen verfassungsrechtlich unbedenklich sind.

Hannes könnte durch das die Handlungen der Polizeibeamten als grundrechtskonform bewertende Erk des zuständigen Gerichtes in seinem verfassungsgesetzlich gewährleisteten Recht auf Leben nach Art 2 EMRK verletzt sein. Bei der laut Sachverhalt gegebenen verfassungsrechtlichen Unbedenklichkeit der Rechtsgrundlagen des angefochtenen Erk kann dieses das gem Art 2 EMRK verfassungsgesetzlich gewährleistete Recht nur verletzen, wenn es eine in Ausübung unmittelbarer verwaltungsbehördlicher Befehls- und Zwangsgewalt erfolgte Verletzung des Art 2 EMRK nicht wahrnimmt. Eine Verletzung des Grundrechtes kann aber auch dann vorliegen, wenn das Erk auf einer dem genannten Grundrecht widersprechenden Auslegung des Gesetzes beruht oder wenn dem Gericht grobe Verfahrensfehler unterlaufen sind (vgl VfSlg 13.837/1994, 13.897/1994; *Ö/E*, Rz 747a).

Das Erk könnte auf einer dem Grundrecht widersprechenden Auslegung des zugrunde liegenden Gesetzes beruhen. Hierzu müsste ein nicht gerechtfertigter Eingriff in den Schutzbereich des Rechts auf Leben vorliegen. Der Begriff des „Lebens“ ist Ausgangspunkt der Bestimmung des Schutzbereiches. Die Definitionen von Beginn und Ende des Lebens sind umstritten, für den vorliegenden Fall aber nicht relevant. Der persönliche Schutzbereich ist hier ohne Zweifel eröffnet. Vorliegend geht es um einen Schuss eines Beamten, der zu einer erheblichen Verletzung führte, jedoch nicht zum Tod des *Hannes*. Fraglich ist, ob trotz Fehlens der Todesfolge ein Eingriff in den sachlichen Schutzbereich des Art 2 EMRK vorliegt. Führt die Gewaltanwendung nicht zum Tod, liegt ein Eingriff in das Recht auf Leben nur vor, wenn er von einer solchen Gravität und Intensität ist, dass er das Leben des Betroffenen ernsthaft zu gefährden geeignet ist (VfSlg 15.046/1997). Der lebensgefährdende Gebrauch einer Dienstwaffe kann eine solche Gewaltanwendung darstellen (vgl VfSlg 8082/1977). *Hannes* erlitt durch den Gebrauch der Dienstwaffe der Polizeibeamten einen lebensgefährlichen Bauchdurchschuss. Die Verletzung durch Schusswaffengebrauch stellt im gegebenen Sachverhalt damit einen Eingriff in das Recht auf Leben dar. Ein solcher Eingriff führt nicht zu einer Verletzung des Rechts, wenn einer der in Art 2 Abs 2 EMRK abschließend aufgezählten Ausnahmetatbestände vorliegt und der Grundsatz der Verhältnismäßigkeit gewahrt ist. Es könnte hier eine Rechtfertigung nach Art 2 Abs 2 lit b EMRK gegeben sein, soweit die Maßnahme erfolgte, um eine ordnungsgemäße Festnahme durchzuführen oder das Entkommen einer ordnungsgemäß festgehaltenen Person zu verhindern. Allerdings muss beachtet werden, dass der Grundsatz der Verhältnismäßigkeit in einem solchen Fall erfordert, dass es sich um eine unbedingt erforderliche Gewaltanwendung handelt, dh kein gelinderes Mittel zur Verfügung stand. Im vorliegenden Fall wäre jedoch ein gelinderes Mittel zum Zweck der Verhinderung der Flucht bzw zur ordnungsgemäßen Festnahme vorhanden gewesen: So wäre etwa eine Verständigung durch die Verwendung von Trillerpfeifen und in einem nächsten Schritt das Abgeben eines Signalschusses möglich gewesen. Derartige gelindere Mittel hätten die Polizeibeamten zuerst ergreifen müssen. Der Schuss wurde hier aber unmittelbar und sofort in *Hannes*’ Richtung abgegeben. Dieses Vorgehen war zur Erreichung des verfolgten Zieles nicht erforderlich. Damit fehlt es an der Erforderlichkeit und somit an der Verhältnismäßigkeit des Eingriffes in Art 2 EMRK. Somit liegt ein nicht gerechtfertigter Eingriff in das Recht auf Leben nach Art 2 EMRK vor. Das Erk beruht somit auf einer dem Grundrecht widersprechenden Auslegung des zugrunde liegenden Gesetzes. Es liegt eine Verletzung des verfassungsgesetzlich gewährleisteten Rechts auf Leben durch das Erk vor.

Frage 2: ***Franziska*** **ist Staatsangehörige des Staates Utopia. Sie verließ Utopia und reiste nach Österreich ein. In Österreich stellte sie einen Antrag auf internationalen Schutz. Bei ihrer Einvernahme gab** ***Franziska*** **wahrheitsgemäß an, Tochter eines ehemaligen Anführers der privaten Geheimorganisation „*G*" zu sein. Ihr Vater sei von den Mitgliedern dieser Gruppierung aus Rache für verräterische Handlungen umgebracht worden und der Tochter drohten ebenfalls gewalttätige Rituale, da „*G*" von einer Sippenhaftung ausgehe. Sie sei sogar mit dem Tod bedroht worden. Die Gruppierung verübte regelmäßig Gewaltverbrechen an ehemaligen Mitgliedern und deren Angehörigen. Die Behörden in Utopia blieben trotz belegbarer Kenntnis stets untätig und gingen zur Sicherung des wirtschaftlichen Wohles des Landes nie gegen die sehr finanzstarke und daher wirtschaftlich bedeutsame „*G*" vor. Diese Aussagen können glaubhaft belegt werden.**

Die zuständige Behörde wies ***Franziskas*** **Antrag auf internationalen Schutz ab und verfügte ihre Ausweisung nach Utopia. Dagegen erhob** ***Franziska*** **rechtzeitig Beschwerde beim BVwG, die jedoch ebenfalls abgewiesen wurde.**

Franziska **erhebt nun gegen das Erk des BVwG gestützt auf Art 144 B-VG eine zulässige Erkenntnisbeschwerde beim VfGH. Sie behauptet, sie sei durch das Erk in ihrem verfassungsgesetzlich gewährleisteten Recht aus Art 3 EMRK verletzt worden.**

Trifft dies zu? Begründen Sie Ihre Antwort! Gehen Sie dabei davon aus, dass die angewendete Rechtsvorschrift keine verfassungsrechtlichen Bedenken aufwirft.

Franziska könnte durch das Erk des BVwG in ihrem verfassungsgesetzlich gewährleisteten Recht aus Art 3 EMRK verletzt worden sein. Ein verfassungswidriger Eingriff in das gem Art 3 EMRK verfassungsgesetzlich gewährleistete Recht im Allgemeinen liegt vor, wenn ein Erk in Anwendung eines der genannten Verfassungsvorschrift widersprechenden Gesetzes ergangen ist, wenn es auf einer dem genannten Grundrecht widersprechenden Auslegung des Gesetzes beruht oder grob verfahrensfehlerhaft ergangen ist (vgl VfSlg 19.856/2014; *Ö/E*, Rz 752). Angesichts der laut Sachverhalt bestehenden verfassungsrechtlichen Unbedenklichkeit der angewendeten Rechtsvorschrift und der mangels gegenteiliger Hinweise im Sachverhalt anzunehmenden Freiheit des Erk von Verfahrensfehlern bleibt zu prüfen, ob das zugrunde gelegte Gesetz im Widerspruch zu Art 3 EMRK ausgelegt wurde.

Gem Art 3 EMRK darf niemand Folter oder unmenschlicher oder erniedrigender Strafe oder Behandlung unterworfen werden. Folter liegt vor, wenn einer Person schwere physische oder psychische Leiden durch staatliche Organe oder durch staatlich beauftragte Dritte zugefügt werden. Eine dem Staat zuzurechnende Behandlung ist als eine unmenschliche oder erniedrigende Behandlung nach Art 3 EMRK zu werten, wenn ihr eine die Menschenwürde beeinträchtigende gröbliche Missachtung des Betroffenen als Person innewohnt (vgl VfSlg 8145/1977, 12.190/1989). Unmenschlich ist eine Behandlung, die absichtlich schwere psychische oder physische Leiden verursacht. Beim Betroffenen werden dadurch Gefühle von Furcht und Erniedrigung hervorgerufen. Eine Behandlung wird dann als erniedrigend angesehen, wenn die betroffene Person herabgesetzt oder herabgewürdigt wird, ihr gegenüber mangelnder Respekt zum Ausdruck kommt oder Gefühle der Angst oder Minderwertigkeit hervorgerufen werden, die dazu führen können, dass der physische oder psychische Widerstand des Opfers gebrochen wird. Art 3 EMRK ist absolut gewährleistet. Seinem Wortlaut nach enthält Art 3 EMRK keine Schranken. Wenn das Vorliegen einer Folter, unmenschlichen oder erniedrigenden Behandlung oder Strafe festgestellt werden kann, liegt stets eine Verletzung des Grundrechtes vor. Der VfGH geht in Übereinstimmung mit dem EGMR davon aus, dass die Entscheidung eines Mitgliedstaates der EMRK, einen Fremden auszuliefern – oder in welcher Form auch immer außer Landes zu schaffen –, das durch Art 3 EMRK gewährleistete Recht verletzen kann, wenn stichhaltige Gründe für die Annahme glaubhaft gemacht worden sind, dass der Fremde konkret Gefahr liefe, in dem Land, in das er ausgewiesen werden soll (Zielstaat), Folter oder unmenschlicher oder erniedrigender Strafe oder Behandlung unterworfen zu werden (VfSlg 13.314/1992). Im Zielstaat der aufenthaltsbeendenden Maßnahme muss daher ein reales Risiko einer Misshandlung bestehen.

Im vorliegenden Fall kann *Franziska* laut Sachverhalt glaubhaft belegen, dass ihr schwere physische Gewalt von Seiten der Gruppierung *„G"* drohen würde, die geeignet ist, Furcht und Erniedrigung auszulösen. Die Schwere der Gewaltdrohung kommt einerseits dadurch glaubhaft zum Ausdruck, dass *Franziskas* Vater von der Gruppierung getötet wurde und sie den österreichischen Behörden andererseits nicht nur eine Bedrohung ihrer körperlichen Unversehrtheit, sondern auch ihres Lebens belegen konnte. Hierin liegt ein Hinweis auf die besondere Schwere der drohenden Gewalt.

Fraglich ist allerdings, ob und inwieweit die Tatsache Auswirkungen hat, dass *Franziska* keine Gewalt von Seiten des Staates Utopia droht, sondern die Bedrohung von einer privaten Gruppierung ausgeht. Eine von Privatpersonen oder privaten Gruppierungen ausgehende Bedrohung von Leib und Leben ist iSd Art 3 EMRK nur dann ausreichend, wenn der Staat nicht gewillt oder nicht in der Lage ist, diese Verfolgungshandlungen hintanzuhalten (vgl etwa VwGH 21.4.2011, 2011/01/0100 mwN). Im vorliegenden Sachverhalt kennt der Staat Utopia die immer wiederkehrenden Gewalttaten der Gruppierung und bleibt in Kenntnis der Verfolgungshandlungen bewusst untätig, um die wirtschaftlichen Vorteile, die dem Staat aus den Handlungen der Gruppierung erwachsen, nicht zu gefährden. Damit kann festgestellt werden, dass der Staat nicht gewillt ist, die Verfolgungshandlungen zu unterbinden. Die private Verfolgung ist hier also ebenso relevant wie eine staatliche Verfolgung im Zielstaat.

Damit wurden stichhaltige Gründe für die Annahme glaubhaft gemacht, dass *Franziska* konkret Gefahr liefe, in Utopia unmenschlicher oder erniedrigender Strafe oder Behandlung unterworfen zu werden. Die Ausweisung stellt daher einen Eingriff in Art 3 EMRK dar. Das Gesetz wurde somit im Widerspruch zu Art 3 EMRK ausgelegt und *Franziska* ist in ihrem verfassungsgesetzlich gewährleisteten Recht aus dieser Bestimmung verletzt.

Frage 3: Im Jänner 2016 fand in Wien der Ball der jungen linken Akademiker statt (JLA-Ball). Anlässlich des Balles wurde seitens der konservativen Fraktion Organisation Freiheitlicher Studenten eine Demonstration angezeigt, die allerdings verboten wurde. Die Demonstration fand am Ballabend dennoch statt, wurde allerdings nach einiger Zeit durch Polizeibeamte aufgelöst. Die Teilnehmer der Demonstration wurden aufgefordert, den Versammlungsort zu verlassen. Einige Zeit später, als die Versammlung immer noch nicht vollständig aufgelöst war, wurden die Demonstranten durch die Polizeibeamten darauf hingewiesen, dass sie eine Verwaltungsübertretung begangen hätten und dass das Verlassen des Versammlungsortes nur noch gegen Identitätsfeststellung möglich wäre. *Frank* nahm an der besagten Demonstration teil. Er sah insgesamt zwei Stunden lang dem am Versammlungsort stattfindenden Geschehen zu. Danach wollte *Frank* den Versammlungsort verlassen, woraufhin ihn ein Polizist aufhielt und seinen Ausweis zur Feststellung seiner Identität verlangte. *Frank* fühlt sich dadurch nicht nur schikaniert, sondern auch seiner Freiheit beraubt. Dies könne nicht mit seinem ihm durch die Verfassung gewährleisteten Recht auf Bewegungsfreiheit vereinbar sein. Hat er Recht?

Das Recht auf persönliche Freiheit wird von Art 5 EMRK und dem PersFrG gewährleistet, wobei das PersFrG erlassen wurde, um Art 8 StGG und das Gesetz zum Schutze der persönlichen Freiheit aus 1962 in Einklang mit Art 5 EMRK zu bringen (*Ö/E*, Rz 834). Das Recht auf persönliche Freiheit schützt die körperliche Bewegungsfreiheit und damit insb gegen willkürliche Festnahmen und Anhaltungen durch staatliche Organe sowie gegen Haft (*G/H*, Rz 448 f; *Ö/E*, Rz 835). Jede von Staatsorganen intentional vorgenommene Freiheitsentziehung stellt grundsätzlich einen Eingriff in das Recht auf persönliche Freiheit dar (*G/H*, Rz 449; *Ö/E*, Rz 836). Maßnahmen wie zB Platzverweise, die die Person ausschließlich davon abhalten sollen, sich an einem bestimmten Ort aufzuhalten, die darüber hinausgehende Bewegungsfreiheit jedoch nicht beeinträchtigen, stellen allerdings keinen Eingriff in die persönliche Freiheit dar (*Ö/E*, Rz 836). Die Anhaltung des *Frank* durch die Polizei war im vorliegenden Fall nur Begleitumstand einer auf andere Zwecke gerichteten Amtshandlung, nämlich der Identitätsfeststellung, nachdem *Frank* den Versammlungsort trotz Aufforderung durch die Sicherheitskräfte nicht verlassen hatte. Aus diesen Gründen liegt hier kein Eingriff in das Grundrecht auf persönliche Freiheit vor (vgl *G/H*, Rz 449; *Ö/E*, Rz 836).

Frage 4: Nach einem Ausflug durch den Wiener Prater fuhr *Heinrich* mit seinen beiden Kindern mit dem Fahrrad nach Hause. Obwohl die Ampel auf Rot geschaltet hatte, überquerte die Familie eine Kreuzung. Sie wurden daraufhin vom Sicherheitsbeamten *Gernot* angehalten, über die Verwaltungsübertretung in Kenntnis gesetzt und aufgefordert, eine Verwaltungsstrafe von 35 Euro zu bezahlen. *Heinrich* weigerte sich, die 35 Euro zu bezahlen, und behauptete, er habe die Kreuzung nicht bei Rot überquert. *Gernot* teilte *Heinrich* mit, dass er mit einer Anzeige zu rechnen habe, wenn er das Strafmandat nicht bezahle, und forderte ihn auf, sich auszuweisen. *Heinrich* behauptete, keinen Ausweis bei sich zu haben und weigerte sich, seinen Namen und seine Anschrift bekanntzugeben. Daraufhin versuchte *Gernot*, *Heinrich* vor den Augen seiner völlig verstörten Kinder nach wiederholter Mahnung festzunehmen, wogegen sich dieser mit Gewalt zur Wehr setzte. Als *Gernot* es doch schaffte, *Heinrich* festzunehmen und er aufs Wachzimmer gebracht wurde, gab er schlussendlich seine Personalangaben bekannt. *Heinrich* war über die Festnahme dermaßen empört, dass er sich mittels Maßnahmenbeschwerde beim zuständigen VwG beschwerte. Dieses stützte seine Entscheidung wie auch zuvor der Polizist auf § 35 Z 1 Verwaltungsstrafgesetz (VStG), der wie folgt lautet: „Die Organe des öffentlichen Sicherheitsdienstes dürfen außer den gesetzlich besonders geregelten Fällen Personen, die auf frischer Tat betreten werden, zum Zweck ihrer Vorführung vor die Behörde festnehmen, wenn [...] der Betretene dem anhaltenden Organ unbekannt ist, sich nicht ausweist und seine Identität auch sonst nicht sofort feststellbar ist [...].“ Das Gericht wies die Beschwerde allerdings ab und stellte fest, dass die Festnahme rechtmäßig erfolgt sei. Daraufhin rief *Heinrich* zulässigerweise den VfGH mittels Erkenntnisbeschwerde an.

Wie würde der VfGH in einer Grundrechtsprüfung vorgehen, wenn er im vorliegenden Fall bereits festgestellt hätte, dass der Sachverhalt in den Schutzbereich des Grundrechts auf persönliche Freiheit fällt und dass ein Eingriff vorliegt?

Eine Entscheidung des VwG verletzt das durch das PersFrG und durch Art 5 EMRK verfassungsgesetzlich gewährleistete Recht auf persönliche Freiheit, wenn sie gegen die verfassungsgesetzlich festgelegten Erfordernisse der Festnahme bzw Anhaltung verstößt, wenn sie in Anwendung eines verfassungswidrigen, insb diesen Verfassungsnormen widersprechenden Gesetzes erlassen wurde oder wenn sie gesetzlos oder in denkunmöglicher Anwendung einer verfassungsrechtlich unbedenklichen Rechtsgrundlage ergangen ist (zur früheren Bescheidprüfungsformel vgl VfSlg 13.708/1994, 15.131/1998, 15.684/1999, 18.081/2007; zur Entscheidungsprüfungsformel s *Ö/E*, Rz 855). Der letztgenannte Fall liegt allerdings nur dann vor, wenn der Fehler des VwG so schwer war, dass er mit einer Gesetzlosigkeit auf eine Stufe zu stellen ist (vgl VfSlg 13.708/1994, 13.913/1994, 15.109/1998). Der vorliegende Fall kann keiner der drei Kategorien zugeordnet werden. Die Feststellung des VwG, dass *Heinrichs* Festnahme rechtmäßig erfolgt sei, stützt sich auf die Bestimmung des § 35 Z 1 VStG und ist daher nicht gesetzlos ergangen. Im vorliegenden Fall verstößt die Entscheidung des VwG nicht gegen die verfassungsgesetzlich festgelegten Erfordernisse der Festnahme: § 35 Z 1 VStG ist eine verfassungsrechtlich unbedenkliche Norm (vgl VfSlg 11.229/1987, 11.930/1988, 14.761/1997, 15.109/ 1998). Auch eine denkunmögliche Anwendung einer verfassungsrechtlich unbedenklichen Norm ist im vorliegenden Fall auszuschließen. Der Eingriff in das verfassungsgesetzlich gewährleistete Grundrecht auf persönliche Freiheit ist daher gerechtfertigt und es liegt keine Grundrechtsverletzung vor.

Frage 5: Aufgrund von mehreren öffentlich begangenen Verbrechen entschließt sich die Stadt Klagenfurt, auf ihrem Hauptplatz ein flächendeckendes Videoüberwachungssystem zu installieren, das von einer Kontrollzentrale in Zusammenarbeit der Stadt Klagenfurt mit der Polizei rund um die Uhr überwacht wird. Die Aufnahmen werden dabei aufgezeichnet und für einen Zeitraum von vier Monaten gespeichert; sie werden im Falle eines Verbrechens zur Identifikation der Täter herangezogen und sollen auch dazu dienen, Zeugen ausfindig zu machen. Einige Bürger hegen Bedenken gegen diese umfangreichen Überwachungsmaßnahmen. *Stefan*, der schon seit seiner Kindheit in Klagenfurt lebt und häufig Freunde in den Restaurants und Cafés am Hauptplatz trifft, sieht in den Überwachungsmaßnahmen einen Eingriff in seine Grundrechte. Beurteilen Sie diesen Standpunkt!

Zunächst ist zu prüfen, ob die Videoüberwachung auf dem Hauptplatz einen Eingriff in den Schutzbereich des Rechtes auf Achtung des Privat- und Familienlebens nach Art 8 EMRK darstellt. Das Jedermannsrecht des Art 8 EMRK garantiert die Freiheitsrechte der Achtung des Privatlebens, des Familienlebens, der Wohnung und des Briefverkehrs, wobei sich die Schutzbereiche der einzelnen Garantien teilweise mit anderen Grundrechten überschneiden können. Vorliegend ist fraglich, ob *Stefan* durch die Überwachungsmaßnahmen in seinem Recht auf

Achtung des Privatlebens eingeschränkt wird, das Schutzgut des Privatlebens also betroffen ist. Das Recht auf Achtung des Privatlebens ist ein vager Begriff, der einer abschließenden Definition nicht zugänglich ist; er gewährleistet ua die freie Entfaltung und Entwicklung der Persönlichkeit sowie die körperliche, geistige und seelische Integrität. Das Schutzgut des Privatlebens umfasst dabei auch ein Recht auf eine – auch außerhalb der eigenen Wohnung ausgeübte – freie Gestaltung der Lebensführung. Insbesondere erkennt der EGMR auch an, dass Art 8 EMRK im Zusammenhang mit der Persönlichkeitsentfaltung das Recht garantiert, Beziehungen mit anderen Personen und der Außenwelt einzugehen und zu entwickeln (vgl EGMR 25.9.2001, 44787/98, *P.G. & J.H./Vereinigtes Königreich*, Z 56). Der Schutzbereich des Grundrechtes umfasst daher auch die Interaktion mit anderen im öffentlichen Kontext. Die Sammlung und Speicherung von Daten bestimmter Personen über diese Interaktion und das Verhalten der Personen im öffentlichen Raum durch die Sicherheitsbehörden kann einen Eingriff in dieses Recht auf Achtung des Privatlebens darstellen (vgl EGMR 26.3.1987, 9248/81, *Leander/Schweden*, Z 47 ff; EGMR 2.9.2010, 35623/05, *Uzun/Deutschland*, Z 43 ff). Dies gilt insbesondere dann, wenn solche Handlungen systematisch oder geheim erfolgen (vgl mwN VfSlg 20.356/2019). Nach einer Reihe von Kriterien ist im Einzelfall zu beurteilen, ob das Privatleben in diesem Sinne von Maßnahmen, die außerhalb des privaten Bereichs, also im öffentlichen Raum, vorgenommen werden, beeinträchtigt wird. Insbesondere ist entscheidend, inwieweit die Person die berechtigte Erwartung hatte oder haben durfte, Privatsphäre zu genießen („reasonable expectation of privacy"). Eine Person, die die Straße entlang geht, kann automatisch von jedem auch dort anwesenden Bürger gesehen werden. Die Überwachung desselben öffentlichen Geschehens mit technischen Mitteln (etwa durch eine Sicherheitskraft, die eine Videoüberwachung durchführt) ist damit vergleichbar. Sobald eine systematische oder dauerhafte Speicherung solcher aus dem öffentlichen Bereich gewonnenen Daten erfolgt, können jedoch Aspekte des Privatlebens betroffen sein. Weiters sind Faktoren wie der Umstand, ob über eine bestimmte Person Daten gesammelt wurden bzw personenbezogene Daten verarbeitet oder genutzt worden sind oder ob das entsprechende Material in einer Weise oder einem Maß veröffentlicht worden ist, die üblicherweise nicht vorhersehbar sind, relevant. Auch etwa die Frage, ob die Daten computerunterstützt gesammelt, gespeichert und später ausgewertet oder an Dritte weitergegeben werden können, spielt eine Rolle (vgl EGMR 25.9.2001, 44787/98, *P.G. & J.H./Vereinigtes Königreich*, Z 57; EGMR, 28.1.2003, 44647/98, *Peck/Vereinigtes Königreich*, Z 58). Für den EGMR ist ausschlaggebend, ob die fragliche Maßnahme auf die Verarbeitung oder Verwendung personenbezogener Daten hinausläuft. Die Veröffentlichung von an öffentlichen Plätzen gewonnenem Material in einer Weise oder einem Maß, das üblicherweise nicht vorhersehbar ist, kann so hinsichtlich der aufgezeichneten Daten oder des erfassten Materials in den Schutzbereich des Art 8 Abs 1 EMRK fallen. Im vorliegenden Fall werden Videoaufnahmen an einem öffentlichen Ort, dem Hauptplatz, gemacht, sie werden flächendeckend angefertigt, werden aufgezeichnet und für einen längeren Zeitraum gespeichert; das gewonnene Material kann dann unter Umständen veröffentlicht und/oder zur Identifikation bei strafrechtlichen Ermittlungen herangezogen werden. Überquert *Stefan* nun den Hauptplatz, interagiert er dort mit anderen Personen, so wird dies systematisch überwacht, aufgezeichnet und gespeichert und die gesammelten Daten werden gegebenenfalls zur Identifikation seiner oder anderer Personen herangezogen. Vor diesem Hintergrund ist ein Eingriff in Art 8 EMRK anzunehmen.

Bei entsprechender Identifizierbarkeit der betroffenen Personen kann auch ein Eingriff in das Grundrecht auf Datenschutz nach § 1 DSG vorliegen. Das Grundrecht auf Datenschutz gemäß § 1 Abs 1 DSG gewährleistet jedermann einen Anspruch auf Geheimhaltung der ihn betreffenden personenbezogenen Daten, soweit er daran ein schutzwürdiges Interesse, insbesondere im Hinblick auf die Achtung des Privatlebens, hat.

Der Anspruch auf Geheimhaltung schutzwürdiger personenbezogener Daten ist nicht bloß auf die Nichtweitergabe erhobener Daten gerichtet, sondern verbietet es auch, dass der Betroffene unzulässiger Weise zur Offenlegung verpflichtet wird. Dieser Schutz gilt auch dann, wenn die Verpflichtung zur Offenlegung nicht dem Betroffenen selbst, sondern einem über geschützte Daten des Betroffenen verfügenden Dritten auferlegt wird (VfSlg 12.228/1989, 12.880/1991, 16.369/2001, 19.673/2012). Das Grundrecht schützt nicht bloß vor der Weitergabe erhobener Daten, sondern bezieht sich auch auf die Ermittlung personenbezogener Daten (VfSlg 12.880/1991, 16.369/2001), sofern ein schutzwürdiges Interesse daran besteht. Daher kann grundsätzlich sowohl die Aufzeichnung als auch die Speicherung der Aufnahmen aus einer Videoüberwachung einen rechtfertigungsbedürftigen Eingriff in das Grundrecht darstellen.

Das Bestehen eines schutzwürdigen Interesses ist nach § 1 Abs 1 Satz 2 DSG ausgeschlossen, wenn Daten infolge ihrer allgemeinen Verfügbarkeit oder wegen ihrer mangelnden Rückführbarkeit auf den Betroffenen einem Geheimhaltungsanspruch nicht zugänglich sind. Bei der Beurteilung der Schutzwürdigkeit ist dabei ein objektiver Maßstab heranzuziehen (*Ö/E*, Rz 829; *G/H*, Rz 483).

Bei entsprechender Identifizierbarkeit der betroffenen Personen in den Aufzeichnungen der Überwachungsvideos liegen im vorliegenden Fall personenbezogene Daten vor. Durch die Videoaufnahmen und Aufzeichnungen werden diese im vorliegenden Fall verwendet. Der Ausnahmetatbestand des § 1 Abs 1 Satz 2 DSG ist hier nicht einschlägig, da es weder die Möglichkeit eines rechtmäßigen Zugangs zu den Daten für einen unbestimmten Nutzerkreis gibt – wie dies zB bei öffentlichen Büchern oder Registern der Fall wäre – noch die Rückführbarkeit auf den Betroffenen ausgeschlossen werden kann. Es ist daher von einem schutzwürdigen Interesse auszugehen, weshalb sowohl die Aufzeichnung als auch die Speicherung in das Grundrecht auf Datenschutz nach § 1 Abs 1 DSG eingreifen.

Frage 6: ***Gertrud* und *Gerhard* sind empört. Seit der Geburt ihrer Enkelin *Anna* haben sie sich um das Kind gekümmert, da *Annas* Eltern dazu nicht in der Lage waren. *Anna* hat aus diesem Grund ihre ersten drei Lebensjahre bei den Großeltern verbracht. An ihrem dritten Geburtstag wurde *Anna* allerdings von einem fremden Ehepaar adoptiert. *Gertrud* und *Gerhard* stellten daraufhin einen Antrag auf Kontaktregelung bei Gericht, der allerdings aufgrund von § 197 Abs 2 ABGB abgewiesen wurde. Die Bestimmung normiert, dass nach einer Adoption die familienrechtlichen Beziehungen zwischen den leiblichen Eltern und deren Verwandten (also auch den Großeltern) und dem adoptierten Kind erlöschen. Aus diesem Grund hätten die Großeltern kein Recht auf Kontakt zu ihrer Enkelin. *Gertrud* und *Gerhard* würden allerdings sehr gerne weiterhin in das Aufwachsen ihrer Enkelin eingebunden sein, immerhin haben sie sich immer schon gegen die Freigabe zur Adoption ausgesprochen und vermissen das Mädchen sehr. Werden die Grundrechte der Großeltern im vorliegenden Fall durch die Bestimmung des § 197 Abs 2 ABGB verletzt?**

Im vorliegenden Fall ist ein Eingriff in den Schutzbereich des Grundrechts auf Achtung des Privat- und Familienlebens nach Art 8 EMRK zu prüfen. Unter den Begriff des „Familienlebens" im Sinne dieser Bestimmung fallen jedenfalls die Beziehungen in der Kernfamilie, also jene zwischen Eltern und deren Kindern. Daneben fallen aber auch die Beziehungen sonstiger durch Blutsverwandtschaft, Eheschließung oder Adoption verbundener Familienmitglieder in den Schutzbereich des Grundrechts, wenn zwischen ihnen eine ausreichende Nahebeziehung (zB durch Zusammenleben) oder ein Abhängigkeitsverhältnis besteht (*G/H*, Rz 466; *Ö/E*, Rz 815; zu den Beziehungen von Großeltern zu Enkelkindern vgl VfSlg 13.629/1993 sowie EGMR [GK] 13.7.2000, 39221/98 ua, *Scozzari & Giunta/Italien* und EGMR 25.11.2014, 10140/13, *Kruškić ua/Kroatien*). Im vorliegenden Fall fällt die Beziehung zwischen den Großeltern *Gertrud* und *Gerhard* und ihrer Enkelin *Anna* in den Schutzbereich des Rechtes auf Achtung des Familienlebens nach Art 8 EMRK, da *Anna* ihre ersten drei Lebensjahre mit den Großeltern im gemeinsamen Haushalt gelebt hat und daher jedenfalls eine ausreichende Nahebeziehung zwischen den Familienmitgliedern vorliegt. Nach der Rechtsprechung des EGMR haben Großeltern auf Grund von Art 8 EMRK das Recht, durch Kontakt mit ihren Enkelkindern eine Beziehung zu diesen aufrechtzuerhalten, wie sie normalerweise zwischen Großeltern und deren Enkelkindern üblich ist (EGMR 25.11.2014, 10140/13, *Kruškić ua/Kroatien*, Z 111). § 197 Abs 2 ABGB stellt daher einen Eingriff in das Recht von *Gertrud* und *Gerhard* auf Achtung ihres Familienlebens dar, da ihre familiäre Beziehung zu ihrer Enkelin *Anna* dadurch nicht nur beeinträchtigt wird, sondern sogar gänzlich erlischt.

Eingriffe in Art 8 EMRK sind dann gerechtfertigt, wenn sie eine gesetzliche Grundlage haben und in einer demokratischen Gesellschaft zur Erreichung eines der in Art 8 Abs 2 EMRK abschließend aufgeführten Ziele notwendig sind (*G/H*, Rz 469; *Ö/E*, Rz 818). Es ist sohin eine Verhältnismäßigkeitsprüfung durchzuführen (*G/H*, Rz 469). Gem Art 8 Abs 2 EMRK stellen die nationale Sicherheit, die öffentliche Ruhe und Ordnung, das wirtschaftliche Wohl des Landes, die Verteidigung der Ordnung, die Verhinderung von strafbaren Handlungen, der Schutz der Gesundheit und der Moral und der Schutz der Rechte und Freiheiten anderer legitime Ziele dar. Art 8 Abs 2 EMRK beinhaltet damit einen materiellen Gesetzesvorbehalt. Nach der Rsp des VfGH ist ein Eingriff in Art 8 EMRK durch adoptionsrechtliche Bestimmungen nur dann gem Art 8 Abs 2 EMRK gerechtfertigt, wenn diese Bestimmungen dem Schutz der Rechte und Freiheiten anderer, nämlich des Wahlkindes und der Wahleltern dienen (VfSlg 13.629/1993). Bei der Beurteilung der Notwendigkeit des Eingriffes ist dem Gesetzgeber ein gewisser rechtspolitischer Gestaltungsspielraum eingeräumt (VfSlg 12.103/1989). Das Hineinwachsen eines Adoptivkindes in seine neue Familie bedarf eines besonderen Schutzes vor Störungen und die betreffende Bestimmung entspricht durchaus einer in einer demokratischen Gesellschaft üblichen Adoptionsregelung. Im vorliegenden Fall überschreitet die Bestimmung daher den dem Gesetzgeber zur Verfügung stehenden rechtspolitischen Gestaltungsspielraum nicht (vgl VfSlg 13.629/1993). Der Eingriff durch die gesetzliche Bestimmung des § 197 Abs 2 ABGB in das Recht auf Achtung des Familienlebens von *Gertrud* und *Gerhard* ist daher gerechtfertigt.

Frage 7: Gegen *Thomas* wurde wegen des Verdachts des Schweren Betrugs ein Ermittlungsverfahren eingeleitet. Die zuständige Staatsanwaltschaft ordnete im August 2021 die Sicherstellung seines Mobiltelefons (Smartphones) an. Nach der damaligen Strafprozessordnung (StPO) war die Sicherstellung von Gegenständen (einschließlich Datenträgern) möglich, wenn ein Anfangsverdacht vorliegt (also aufgrund bestimmter Anhaltspunkte angenommen werden kann, dass eine Straftat begangen worden ist) und die Sicherstellung aus Beweisgründen erforderlich erscheint und verhältnismäßig ist. Die Sicherstellung war von der Staatsanwaltschaft anzuordnen und von der Kriminalpolizei durchzuführen; eine gerichtliche Bewilligung war nicht erforderlich. *Thomas* erhob gegen die Sicherstellung seines Mobiltelefons Einspruch, der vom zuständigen Landesgericht abgewiesen. Daraufhin erhob *Thomas* eine zulässige Beschwerde an das zuständige Oberlandesgericht und stellte aus diesem Anlass einen Parteiantrag auf Normenkontrolle (Art 140 Abs 1 Z 1 lit d B-VG) an den VfGH. Er behauptete im Wesentlichen, dass die angefochtenen gesetzlichen Reglungen über die Sicherstellung von Datenträgern gegen das Grundrecht

auf Datenschutz (§ 1 DSG) verstoßen würden. Die Sicherstellung von Datenträgern (wie zB Smartphones) erlaube tiefe Einblicke in das Leben und die Privatsphäre des Betroffenen. Angesichts der Schwere dieses Eingriffs seien die hierfür erforderlichen gesetzlichen Voraussetzungen nicht streng genug, insb weil (anders als für ähnlich eingriffsintensive Ermittlungsmaßnahmen) keine gerichtliche Bewilligung erforderlich sei. Hat *Thomas* Recht?

Das Grundrecht auf Datenschutz gewährleistet gem § 1 Abs 1 DSG jedermann Anspruch auf Geheimhaltung der ihn betreffenden personenbezogenen Daten, soweit er daran ein schutzwürdiges Interesse, insbesondere im Hinblick auf die Achtung des Privatlebens. Der materielle Gesetzesvorbehalt des § 1 Abs 2 DSG zieht die Grenzen für Eingriffe in das Grundrechte enger, als dies Art 8 Abs 2 EMRK tut (VfSlg 19.892/2014). Abgesehen von der Verwendung personenbezogener Daten im lebenswichtigen Interesse des Betroffenen oder mit seiner Zustimmung sind Beschränkungen des Anspruchs auf Geheimhaltung demnach nur zur Wahrung überwiegender berechtigter Interessen eines anderen zulässig, und zwar bei Eingriffen einer staatlichen Behörde nur auf Grund von Gesetzen, die aus den in Art 8 Abs 2 EMRK genannten Gründen notwendig sind und die ausreichend präzise, also für jedermann vorhersehbar, regeln, unter welchen Voraussetzungen die Ermittlung bzw die Verwendung personenbezogener Daten für die Wahrnehmung konkreter Verwaltungsaufgaben erlaubt ist (zB VfSlg 18.146/2007, 19.886/2014, 20.213/2017). Sofern Daten, die ihrer Art nach besonders schutzwürdig sein, verwendet werden sollen, müssen angemessene Garantien für den Schutz der Geheimhaltungsinteressen der Betroffenen festgelegt werden (§ 1 Abs 2 Satz 2 DSG).

Die Sicherstellung von Datenträgern ist besonders eingriffsintensiv, weil Strafverfolgungsbehörden potentiell Zugriff auf sämtliche (auch besonders schutzwürdige) Daten haben, die auf einem Datenträger gespeichert sind, was einen Zugriff auf Informationen über sämtliche Lebensbereiche der betroffenen Personen und auch Dritter ermöglicht (VfSlg 20.659/2023). In einer solchen Konstellation erfordert § 1 DSG einen wirksamen Rechtsschutz, durch den ua das Vorliegen der erforderlichen Voraussetzungen für die Sicherstellung effektiv geprüft wird. Wirksamer Rechtsschutz setzt hierbei eine richterliche Kontrolle voraus, weil die erforderliche Missbrauchsprävention nur durch die Kontrolle eines unabhängigen Gerichts gewährleistet ist (VfSlg 20.659/2023; siehe auch VfSlg 19.892/2014). Die angefochtenen Bestimmungen ermächtigen die Strafverfolgungsbehörden zur Sicherstellung von Datenträgern, ohne dass dies einer vorhergehenden Bewilligung durch ein Gericht bedarf. Diese Rechtslage verstößt gegen § 1 DSG (VfSlg 20.659/2023).

Frage 8: Die Österreicherin *Cathy* ist Inhaberin eines Einkaufszentrums in Neusiedl am See, in dem sie auch selbst drei Geschäfte betreibt. *Cathy* ärgert sich seit langer Zeit über das im Öffnungszeitengesetz 2003 normierte Verbot der Öffnung von Geschäften an Sonntagen. Durch eine Öffnung der Geschäfte an Sonntagen erhofft sich *Cathy* wesentlich höhere Einnahmen. In welchen Grundrechten ist *Cathy* durch die betreffende Bestimmung im Öffnungszeitengesetz 2003 beschränkt?

Zu denken ist an die Erwerbsfreiheit nach Art 6 StGG und die Eigentumsfreiheit nach Art 5 StGG bzw Art 1 1. ZPEMRK. Es muss zunächst festgestellt werden, ob der vorliegende Sachverhalt in den Schutzbereich der zu prüfenden Grundrechte fällt. Des Weiteren ist zu prüfen, ob die Grundrechte durch die gesetzliche Regelung eingeschränkt wurden und somit ein Eingriff in die Grundrechte vorliegt.

Die durch Art 6 StGG garantierte Erwerbsfreiheit ist ein sog Staatsbürgerrecht. Dies sind Grundrechte, die nur Staatsbürgern gewährleistet sind (*Ö/E*, Rz 702). *Cathy* ist österreichische Staatsbürgerin, fällt daher in den persönlichen Schutzbereich und kann sich auf das Grundrecht berufen. Der sachliche Schutzbereich umfasst jede selbständige und unselbständige Tätigkeit, die auf die Erzielung von wirtschaftlichem Erfolg gerichtet ist, wobei der Antritt sowie die Ausübung der Erwerbstätigkeit geschützt sind (*G/H*, Rz 497; *Ö/E*, Rz 886). Der vorliegende Fall fällt auch in den sachlichen Schutzbereich des Grundrechtes, da *Cathy* selbständig und mit Gewinnerzielungsabsicht Geschäfte im Einkaufszentrum betreibt. Eingriffe in die Erwerbsfreiheit lassen sich in drei Kategorien einteilen (*G/H*, Rz 500 ff; *Ö/E*, Rz 887), uzw objektive und subjektive Zugangsbeschränkungen (objektive Beschränkungen des Erwerbsantrittes, die der Grundrechtsberechtigte aus eigener Kraft nicht überwinden kann, und subjektive Beschränkungen des Erwerbsantrittes, die der Grundrechtsberechtigte aus eigener Kraft überwinden kann) sowie Ausübungsschranken (die die Ausübung der Erwerbstätigkeit beschränken). *Cathy* kann durch das Verbot der Sonntagsöffnung an Sonntagen keine Waren verkaufen und erleidet dadurch Umsatzeinbußen. Es liegt eine Ausübungsschranke vor, die *Cathy* in ihrer Erwerbstätigkeit beschränkt und daher in ihr Grundrecht auf Erwerbsfreiheit eingreift.

Die durch Art 5 StGG bzw Art 1 1. ZPEMRK geschützte Unverletzlichkeit des Eigentums ist ein sogenanntes Jedermannsrecht (*Ö/E*, Rz 702). Diese Grundrechte stehen allen Menschen zu, weshalb *Cathy* vom persönlichen Schutzbereich des Grundrechtes erfasst ist. Der Sachverhalt fällt auch in den sachlichen Schutzbereich der Eigentumsfreiheit, da der VfGH unter den Begriff des „Eigentums" alle vermögenswerten Privatrechte subsumiert und *Cathy* Eigentümerin der drei Geschäfte ist (*G/H*, Rz 486; *Ö/E*, Rz 868; vgl zB VfSlg 9887/1983, 10.322/1985, 16.636/2002, 20.397/2020). Im Zusammenhang mit der Eigentumsfreiheit werden die Eingriffsarten der Enteignung und der Eigentumsbeschränkung unterschieden

(*G/H*, Rz 487 f). Im vorliegenden Fall handelt es sich um eine Eigentumsbeschränkung, da *Cathy* zwar trotz des Sonntagsöffnungsverbotes Eigentümerin ihrer Geschäfte bleibt, sie die Geschäfte an Sonntagen aber nicht öffnen darf und daher in der Nutzung ihres Eigentums eingeschränkt wird. Das gesetzliche Verbot der Sonntagsöffnung beschränkt *Cathy* daher auch in ihrem Grundrecht auf Eigentumsfreiheit gem Art 5 StGG bzw Art 1 1. ZPEMRK.

Frage 9: ***Peter*** **ist Schilehrer mit Leib und Seele. Er möchte nun seine eigene Schischule in seinem Lieblingsschigebiet eröffnen. Da** ***Peter*** **von anderen Schisportarten wie Snowboarden oder Langlaufen nicht viel hält, möchte er in der Schischule ausschließlich Schifahren unterrichten. Außerdem möchte er die Schischule ganz alleine betreiben und keine zusätzlichen Schilehrer einstellen. Sein Antrag auf Erteilung einer Bewilligung für die Schischule wird allerdings von der zuständigen Behörde abgewiesen, da der Betrieb einer „Ein-Mann-Schischule" wie von** ***Peter*** **beantragt nicht dem anzuwendenden Schischulgesetz entspricht, das eine gewisse Mindestgröße und ein gewisses Angebot an Unterricht in bestimmen Wintersportarten erfordert. Als sich** ***Peter*** **beim zuständigen Schischulverband erkundigt, bekommt er die Auskunft, dass durch die Bestimmung ein qualitativ hochwertiger Schischulunterricht und die Sicherheit beim Betrieb von Wintersportarten gewährleistet werden sollen. Außerdem seien Schischulen mit demselben Angebot leichter zu verwalten. Die im Gesetz genannten Leistungen kann** ***Peter*** **aber alleine nicht erbringen. Außerdem ist er der Meinung, dass es in seinem Lieblingsschigebiet bereits genügend Schischulen gibt, die nahezu alle Wintersportarten anbieten, weshalb er kein Problem darin sieht, eine ausschließlich auf das Schifahren ausgerichtete Schule zu eröffnen. Als** ***Peters*** **gegen den Bescheid erhobene Beschwerde beim zuständigen LVwG ohne Erfolg bleibt, erhebt er gegen das Erk des LVwG eine Erkenntnisbeschwerde gem Art 144 B-VG an den VfGH. Dieser hegt Bedenken, dass die Norm über die Mindestgröße und -organisation von Schischulen gegen die Erwerbsfreiheit nach Art 6 StGG verstoßen könnte. Er stellt fest, dass der Schutzbereich der Erwerbsfreiheit eröffnet ist und dass ein Eingriff in das Grundrecht vorliegt. Wie wird der VfGH in der weiteren Grundrechtsprüfung vorgehen?**

Der Wortlaut des Art 6 StGG „unter den gesetzlichen Bedingungen" normiert grundsätzlich einen formellen Gesetzesvorbehalt, der allerdings in der Judikatur des VfGH zu einem materiellen Gesetzesvorbehalt weiterentwickelt wurde (*G/H*, Rz 505). Eingriffe in die Erwerbsfreiheit müssen dem Grundsatz der Verhältnismäßigkeit entsprechen. Daher prüft der VfGH auch bei einem Eingriff in die

Erwerbsfreiheit, ob dieser im öffentlichen Interesse gelegen, zur Zielerreichung geeignet, erforderlich, adäquat und auch sonst sachlich gerechtfertigt ist (vgl statt vieler etwa VfSlg 13.725/1994, 15.509/1999, 16.222/2001, 20.191/2017; *G/H*, Rz 505; *Ö/E*, Rz 888). Die fragliche Regelung des Schischulgesetzes liegt im öffentlichen Interesse, da sie der Aufrechterhaltung eines qualitativ hochwertigen Schischulunterrichts und der Sicherheit beim Betrieb von Wintersportarten dient. Die Verpflichtung, dass Schischulen eine gewisse Mindestgröße haben müssen, ist grundsätzlich geeignet, dieses Ziel zu erreichen. Die Erforderlichkeit prüft der VfGH zumeist nicht separat, sondern lässt seine Erwägungen diesbezüglich in die Prüfung der Adäquanz einfließen (*G/H*, Rz 508). Im vorliegenden Fall ist eine verpflichtende Mindestgröße einer Schischule allerdings nur teilweise notwendig (VfSlg 19.008/2010). Das Verbot einer „Ein-Mann-Schischule“ verhindert die Eröffnung von Schischulen mit einer Spezialisierung in einer bestimmten Sparte des Schilaufes, was allerdings genauso attraktiv sein könnte wie eine Schischule mit unterschiedlichen Wintersportarten. Ohne die Regelung über Mindestgrößen wäre zudem sicher dennoch ein Kernangebot an Schischulen im betreffenden Gebiet vorhanden. Auch mögliche Aspekte der Verwaltungsökonomie im Sinne einer besseren Administrierbarkeit der Schischulen rechtfertigen eine solche Regelung nicht (VfSlg 19.008/2010). Die Erforderlichkeit bzw die Adäquanz der vorliegenden gesetzlichen Regelung ist daher zu verneinen. Es liegt also eine Verletzung des Grundrechtes auf Freiheit der Erwerbsbetätigung nach Art 6 StGG vor.

Frage 10: Im Jahre 2023 wurde im Maklergesetz (MaklerG) das „Erstauftraggeberprinzip“ für Provisionsvereinbarungen für die Vermittlung von Wohnungsmietverträgen eingeführt. Festgelegt wurde zusammengefasst, dass der Immobilienmakler mit einem Wohnungssuchenden nur dann eine Provisionszahlung vereinbaren darf, wenn dieser der erste Auftraggeber ist. Tritt hingegen der Vermieter als erster an den Immobilienmakler heran, darf der Immobilienmakler mit dem Wohnungssuchenden keine Provisionszahlung vereinbaren. Zuwiderhandlungen gegen diese Regelungen durch Immobilienmakler und Vermieter sind mit Verwaltungsstrafe bedroht. Zur Verhinderung von Umgehungen sind Vereinbarungen unwirksam, nach denen sich der Wohnungssuchende zu einer Provision oder sonstigen Leistung im Zusammenhang mit der Vermittlung des Mietvertrags an den Immobilienmakler oder Vermieter verpflichtet. *Manuel*, Eigentümer mehrerer Zinshäuser in Wien, erachtet diese Regelungen als ungerechtfertigten Eingriff in die Privatautonomie und daher als Verstoß gegen die Eigentumsfreiheit. Hat *Manuel* Recht?

Die Eigentumsfreiheit wird in Art 5 StGG und Art 1 1. ZPEMRK gewährleistet. Vom persönlichen Schutzbereich sind neben natürlichen Personen auch juristische Personen erfasst. Der sachliche Schutzbereich umfasst Eigentum im verfassungsrechtlichen Sinn, wozu alle vermögenswerten Privatrechte zu zählen sind (vgl zB VfSlg 8201/1977, 9887/1983, 10.322/1985, 16.636/2002, 20.285/2018), auch die Privatautonomie (vgl zB VfSlg 12.227/1989, 19.873/2014). Den Schutz des Grundrechtes genießt damit auch das Recht, bestimmte Verträge abzuschließen oder nicht abschließen zu müssen (VfSlg 20.285/2018; VfGH 27.2.2025, G 168/2024).

Ein Eingriff in die Eigentumsfreiheit liegt vor, wenn ein unter den verfassungsrechtlichen Eigentumsbegriff fallendes Recht entzogen oder beschränkt wird (*Ö/E*, Rz 870). Die Regelungen über das Erstauftraggeberprinzip verbieten die Vereinbarung bestimmter Verträge (Provisionsvereinbarungen) bzw erklären diese für unwirksam. Damit liegt ein Eingriff in Form einer Eigentumsbeschränkung vor (VfGH 27.2.2025, G 168/2024 [zu § 17a Abs 5 MaklerG]).

Die Rechtfertigung einer Eigentumsbeschränkung setzt nach dem materiellen Gesetzesvorbehalt des Art 1 1. ZPEMRK voraus, dass die Eigentumsbeschränkung im öffentlichen Interesse liegt (vgl zB VfSlg 9911/1983, 14.535/1996, 15.577/1999, 17.071/2003, 20.089/2016) und nicht unverhältnismäßig ist (vgl zB VfSlg 13.587/1993, 14.500/1996, 14.679/1996, 15.367/1998 und 15.753/2000, 19.950/2015 und 20.397/2020).

Die gesetzlichen Regelungen verfolgen das Ziel, Mieter mit geringerem oder mittlerem Einkommen finanziell zu entlasten, ihnen die Befriedigung ihres Wohnbedürfnisses zu ermöglichen und vor faktischen Machtverhältnissen am Wohnungsmarkt zu schützen, und damit ein legitimes Ziel (VfGH 27.2.2025, G 168/2024). Die Regelungen sind geeignet, dieses Ziel zu erreichen, und können auch als erforderlich und adäquat beurteilt werden. Nach der Rsp des VfGH genießt der Gesetzgeber bei der Regelung des Mietrechts einen weiten Gestaltungsspielraum (vgl VfSlg 20.089/2016, 20.179/2017 und 20.180/2017). Die Regelungen über das „Erstauftraggeberprinzip" überschreiten diesen Gestaltungsspielraum nicht (VfGH 27.2.2025, G 168/2024): Nach den tatsächlichen Gegebenheiten am Immobilienmarkt tritt in der Regel der Vermieter mit einem Vermittlungsauftrag an einen Immobilienmakler heran, sodass sich der Vermieter die Person des Immobilienmaklers aussuchen und mit diesem die Modalitäten des Vermittlungsvertrags vereinbaren kann. Der Abschluss des Mietvertrags wird in weiterer Folge häufig davon abhängig gemacht, dass der Mieter für die gesamte Provision des Immobilienmaklers aufkommt. Angesichts angespannter Wohnungsmärke sind Mieter regelmäßig gezwungen, einer solchen Vereinbarung zuzustimmen, ohne Einfluss auf diese Vereinbarung (etwa auf die Höhe der Provision) nehmen zu können. Zudem kommt dem Vermieter die Vermittlungstätigkeit des Immobilienmaklers häufig ungleich mehr zugute als dem Mieter. Während es nämlich für einen Mieter kaum einen Unterschied macht, ob er dem Vermieter oder einem Immobilienmakler gegenübertritt, kann ein Vermieter im Wesentlichen seinen gesamten Aufwand dem Immobilienmakler übertragen. Vor dem Hintergrund dieser faktischen Machtverhältnisse am Wohnungsmarkt erscheinen die fraglichen, die Wohnungssuchenden begünstigenden Regelungen sachlich gerechtfertigt und verhältnismäßig.

Frage 11: *Adrian* ist muslimischen Glaubens und hat in seinem Garten in Podersdorf ein paar Schafe, deren Milch und Fleisch er ausschließlich für den eigenen Bedarf verwendet. Sein Glaube verlangt, dass die Schafe geschächtet werden. Das bedeutet, dass die Tiere ohne Betäubung ausgeblutet werden. Als ihm seine Nachbarin *Johanna* eines Tages mitteilt, dass das betäubungslose Schächten grausam sei und gesetzlich ausnahmslos verboten werden sollte, entgegnet *Adrian* gelassen, dass ihn ein solches Verbot in seinen Grundrechten verletzen würde. Hat er Recht?

Im vorliegenden Fall ist eine Verletzung der Religions(ausübungs)freiheit gem Art 14 Abs 1 StGG, Art 63 Abs 2 StV von St. Germain und Art 9 EMRK zu prüfen. Die Religionsfreiheit ist ein Jedermannsrecht, weshalb *Adrian* vom persönlichen Schutzbereich des Grundrechts erfasst ist. Als religiöser Gebrauch und damit als Religionsausübung fällt das Befolgen von Speisevorschriften in den sachlichen Schutzbereich der Religionsfreiheit (*G/H*, Rz 520). Ein Verbot von (auch rituellen) Schächtungen von Tieren stellt daher einen Eingriff in dieses Grundrecht dar. In seiner Rsp (s für diesen Fall insb VfSlg 15.394/1998) erkannte der VfGH, dass Art 14 StGG durch Art 63 Abs 2 StV von St. Germain ergänzt und die dort normierten Grundrechtsschranken durch Art 9 Abs 2 EMRK näher umschrieben werden (s auch *G/H*, Rz 525). Der in Art 63 Abs 2 StV von St. Germain umschriebene Gesetzesvorbehalt („sofern deren Übung nicht mit der öffentlichen Ordnung oder mit den guten Sitten unvereinbar ist") ist enger als jener in Art 9 Abs 2 EMRK („in einer demokratischen Gesellschaft notwendige Maßnahmen im Interesse der öffentlichen Sicherheit, der öffentlichen Ordnung, Gesundheit und Moral oder für den Schutz der Rechte und Freiheiten anderer"). Aufgrund des in Art 53 EMRK normierten Günstigkeitsprinzips sind Eingriffe in die Religionsfreiheit grundsätzlich anhand des Gesetzesvorbehaltes des Art 63 Abs 2 StV von St. Germain zu beurteilen (*G/H*, Rz 525). Dieser Vorbehalt wird jedoch nach der Judikatur des VfGH durch die Verfassungsbestimmung des Art 9 Abs 2 EMRK näher konkretisiert.

Es muss also geprüft werden, ob ein gesetzliches Verbot des Schächtens mit dem Gesetzesvorbehalt des Art 63 Abs 2 StV von St. Germain, in den die materiellen Voraussetzungen des Art 9 Abs 2 EMRK hineingelesen werden, im Einklang stünde. Beschränkungen der Religionsfreiheit müssen zu ihrer Rechtfertigung gesetzlich vorgesehen und zum Schutze der öffentlichen Ordnung oder der guten Sitten in einer demokratischen Gesellschaft notwendig, also verhältnismäßig sein. Ein Verbot des Schächtens könnte zwar gesetzlich vorgesehen werden. Es stellt sich allerdings die Frage, ob ein Verbot verhältnismäßig wäre. Mit der öffentlichen Ordnung sind nur Handlungen unvereinbar, die das Zusammenleben der

Menschen im Staat empfindlich stören. Dies kann vom Ritus des Schächtens nicht behauptet werden (VfSlg 15.394/1998). In den letzten Jahren ist der Tierschutz zwar ein bedeutsames öffentliches Interesse geworden, allerdings wirkt die Religionsausübungsfreiheit demgegenüber schwerer. Das Schächten ist ein jahrtausendealter Ritus, der auf die bestmögliche Vermeidung von Schmerzen, Leiden und Angst bei den Tieren abzielt (VfSlg 15.394/1998). In der rituellen Schächtung kann daher keine empfindliche Störung des Zusammenlebens der Menschen im Staat gesehen werden und es geht von ihr keine Bedrohung der öffentlichen Ordnung aus, die ihr Verbot rechtfertigen würde (VfSlg 15.394/1998). Auch mit den guten Sitten nach Art 63 Abs 2 StV von St. Germain ist der Ritus des Schächtens nicht unvereinbar (VfSlg 15.394/1998). Ein Verbot hielte daher der Verhältnismäßigkeitsprüfung nicht stand, da es zum Schutz der öffentlichen Ordnung oder der guten Sitten in einer demokratischen Gesellschaft nicht notwendig wäre (*Ö/E*, Rz 939). Ein (ausnahmsloses) gesetzliches Verbot des Schächtens stellt daher eine Verletzung der Religionsfreiheit nach Art 14 StGG, Art 63 Abs 2 StV von St. Germain und Art 9 EMRK dar.

Frage 12: Gem § 2 Abs 1 des Anti-Gesichtsverhüllungsgesetzes (AGesVG) begeht eine Verwaltungsübertretung, wer „an öffentlichen Orten oder in öffentlichen Gebäuden seine Gesichtszüge durch Kleidung oder andere Gegenstände in einer Weise verhüllt oder verbirgt, dass sie nicht mehr erkennbar sind", wobei gem § 2 Abs 2 AGesVG mehrere Ausnahmen bestehen (zB künstlerische Veranstaltungen; Sportausübung; gesundheitliche oder berufliche Gründe). Diese Regelung soll der „Förderung von Integration durch die Stärkung der Teilhabe an der Gesellschaft und [der] Sicherung des friedlichen Zusammenlebens in Österreich" dienen (§ 1 AGesVG). *Seyran* und *Fatma* sind der Ansicht, dass diese Regelung verfassungswidrig sei. *Seyran* meint, dass es einem liberalen Staat im Hinblick auf das Selbstbestimmungsrecht der Menschen nicht erlaubt sei, derartige Bekleidungsvorschriften zu erlassen. *Fatma* erachtet die Regelung als Verletzung der Religionsfreiheit; sie hält es als Muslima für ihre religiöse Pflicht, sich in der Öffentlichkeit zu verschleiern. Haben die beiden Recht?

Zu prüfen ist zunächst, ob § 2 AGesVG das Recht auf Achtung des Privatlebens (Art 8 EMRK) verletzt. Das Recht auf Achtung des Privatlebens umfasst auch die Wahl der Bekleidung als Teil der Privatsphäre des Menschen (vgl OGH 24.9.2015, 9 Ob A82/15x [im Arbeitsverhältnis]). § 2 AGesVG greift in dieses Recht ein, weil es eine bestimmte Art der Bekleidung (die Verhüllung oder Verbergung der Gesichtszüge) zur Verwaltungsübertretung erklärt. Eingriffe in Art 8 EMRK sind dann gerechtfertigt, wenn sie eine gesetzliche Grundlage haben und in einer demokratischen Gesellschaft zur Erreichung eines der in Art 8 Abs 2 EMRK abschließend angeführten Ziele notwendig sind (*G/H*, Rz 469; *Ö/E*, Rz 818). Der Eingriff ist jedenfalls gesetzlich vorgesehen. Fraglich ist aber, ob der Eingriff einem in Art 8 Abs 2 EMRK angeführten Ziel dient. Nach der (umstrittenen) Rsp des EGMR (EGMR [GK] 1.7.2014, 43835/11, *S.A.S./Frankreich*) dient eine Regelung wie § 2 AGesVG einem legitimen Ziel iSv Art 8 Abs 2 EMRK. Konkret legte der EGMR dar, dass die Achtung für gewisse Mindestanforderungen an das Leben in der Gesellschaft oder an das Zusammenleben („living together") einen Bezug zum legitimen Ziel des Schutzes der Rechte und Freiheiten anderer hat, und er wies darauf hin, dass die Sichtbarkeit des Gesichts eine wichtige Rolle in der sozialen Interaktion spielt (EGMR [GK] 1.7.2014, 43835/11, *S.A.S./Frankreich*, Z 121 f). Der EGMR hat damit die Ermöglichung sozialer Kommunikation bzw den Schutz zwischenmenschlicher Kommunikation als Grundsatz eines demokratischen Staates anerkannt (VfGH 3.10.2024, E 4003/2023). Vor diesem Hintergrund dient § 2 AGesVG einem legitimen Ziel iSd Art 8 Abs 2 EMRK. Die Regelung ist geeignet, um dieses Ziel zu verfolgen, und kann auch als erforderlich und adäquat beurteilt werden. Der Gesetzgeber genießt nämlich bei der Frage, ob es erlaubt sein soll, die Gesichtszüge in der Öffentlichkeit zu verhüllen, einen weiten Gestaltungsspielraum (VfGH 3.10.2024, E 4003/2023). Aufgrund der Festlegung mehrerer (sachlich gerechtfertigter) Ausnahmen ist § 2 AGesVG auch kein überschießendes Verbot. § 2 AGesVG verletzt daher das Recht auf Schutz des Privatlebens nicht (VfGH 3.10.2024, E 4003/2023).

In Frage kommt weiters eine Verletzung des Rechts auf Religions(ausübungs)freiheit (Art 14 Abs 1 StGG, Art 63 Abs 2 StV von St. Germain und Art 9 EMRK). Die Religionsfreiheit schützt jede von einer religiösen Überzeugung geleitete Handlung oder Verhaltensweise (VfSlg 20.435/2020), einschließlich die Befolgung von religiösen Bekleidungsvorschriften (siehe EGMR [GK] 10.11.2005, *Leyla Şahin/Türkei*, Z 76 ff; *G/H*, Rz 520). § 2 AGesVG verbietet die (ua) aus religiösen Gründen vorgenommene „Vollverschleierung" in der Öffentlichkeit und greift daher in die Religions(ausübungs)freiheit ein. Nach der Rsp des VfGH sind Eingriffe in die Religionsfreiheit grundsätzlich anhand des Gesetzesvorbehaltes des Art 63 Abs 2 StV von St. Germain zu beurteilen, wobei dieser Vorbehalt durch Art 9 Abs 2 EMRK näher konkretisiert wird (s Frage 11). Der Eingriff ist jedenfalls gesetzlich vorgesehen. Vor dem Hintergrund der Rsp des EGMR (EGMR [GK] 1.7.2014, 43835/11, *S.A.S./Frankreich*) kann auch davon ausgegangen werden, dass § 2 AGesVG einem legitimen Ziel iSd Art 63 Abs 2 StV von St. Germain dient, nämlich dem Schutz der guten Sitten. Nach der Rsp des VfGH umfassen die guten Sitten iSd Art 63 Abs 2 StV von St. Germain die allgemein in der Bevölkerung verankerten Vorstellungen von einer „richtigen" Lebensführung, die durch ausdrückliche gesetzliche Anordnung geschützt sind (VfSlg 15.394/1998). Die Sichtbarkeit des Gesichts in der Öffentlichkeit kann zu diesen Vorstellungen gezählt werden. Die Regelung ist auch geeignet, das Ziel zu verfolgen, und kann als erforderlich und adäquat beurteilt werden (siehe oben zu Art 8 EMRK).

Frage 13: *Hans* ist glühender Fußballfan. Bei seinen Besuchen im Stadion gerät er regelmäßig in Konflikt mit der Polizei. Als er dann auch noch auf Grund einer seiner Ansicht nach völlig sinnlosen Verkehrskontrolle zu spät zu einem Termin in Wien kommt, will er seine Wut auf die Polizei möglichst öffentlichkeitswirksam kundtun. Er nimmt daher zu seinem nächsten Besuch in einem Fußballstadion in Wien eine mehrere Quadratmeter große an einer Stange befestigte Fahne mit dem Schriftzug „A.C.A.B." als Abkürzung für „all cops are bastards" mit und schwenkt diese während des Fußballspiels. Daraufhin wird *Hans* mit Bescheid der Landespolizeidirektion Wien eine Geldstrafe in Höhe von 150 Euro auferlegt, da er durch das Schwenken der Fahne im Stadion gegen den öffentlichen Anstand gem § 1 Abs 1 Z 1 Wiener Landes-Sicherheitsgesetz verstoßen habe. *Hans* erhebt gegen den Bescheid Beschwerde an das zuständige VwG Wien, das die Beschwerde abweist. Begründend führt das VwG Wien aus, dass das in der Abkürzung „A.C.A.B." verwendete Wort „bastards" eine nicht unerhebliche Geringschätzung zum Ausdruck bringe und es sich dabei um ein Schimpfwort handle. Eine solche Beschimpfung sei auch nicht mehr von der Meinungsäußerungsfreiheit erfasst. Nicht nur die anderen Zuschauer hätten die Fahne gesehen, sondern seien auch die im Stadion befindlichen Organe des öffentlichen Sicherheitsdienstes durch das Schwenken der Fahne unmittelbar bei der Vollziehung ihrer Aufgaben mit einer Beschimpfung konfrontiert worden. Der Tatbestand der öffentlichen Anstandsverletzung sei damit erfüllt.

***Hans* ist empört. Er wollte durch das Schwenken der Fahne doch nur ganz allgemein seine ablehnende Haltung gegenüber der Polizei zum Ausdruck bringen. Er sieht nicht ein, dass er dafür bestraft wird. Er erhebt gegen das Erkenntnis des VwG Wien Beschwerde gem Art 144 B-VG an den VfGH. Dieser hält die Beschwerde für zulässig und prüft in der Sache, ob das Erkenntnis des VwG Wien *Hans* in seinen Grundrechten verletzt. Zu welchem Ergebnis wird der VfGH kommen? Begründen Sie Ihre Antwort!**

Es könnte eine Verletzung des verfassungsgesetzlich gewährleisteten Rechtes auf freie Meinungsäußerung gem Art 10 EMRK und Art 13 StGG vorliegen. Die Meinungsäußerungsfreiheit ist ein Jedermannsrecht, weshalb *Hans* als natürliche Person jedenfalls vom persönlichen Schutzbereich erfasst ist. Der sachliche Schutzbereich der Meinungsäußerungsfreiheit umfasst das Recht, anderen Personen „Nachrichten" und „Ideen" mitzuteilen. Dazu zählen sowohl Werturteile als auch Tatsachenfeststellungen, jeweils unabhängig von Inhalt, Wert, Zweck und Richtigkeit (*G/H*, Rz 533). Geschützt sind gerade auch solche Meinungen, die den Staat oder einen Teil der Bevölkerung verletzen, schockieren oder beunruhigen (zB EGMR 7.12.1976, 5493/72, *Handyside/Vereinigtes Königreich*, Z 49; EGMR 20.9.1994, 13470/87, *Otto-Preminger-Institut/Österreich*, Z 49). Art 10 EMRK schützt jede Form und jedes Mittel der Mitteilung: sowohl die sprachliche Mitteilung durch Stimme und Schrift als auch die symbolische Mitteilung durch Gestikulation, Kunstgegenstände, künstlerische Inszenierungen, Fotografien oder das Tragen einer bestimmten Kleidung (*G/H*, Rz 533). *Hans* äußerte durch das Schwenken der Fahne mit der Aufschrift „A.C.A.B." seine kritische Haltung gegenüber der Polizei und gab damit sein Bedürfnis nach Abgrenzung von der staatlichen Ordnungsmacht kund (VfSlg 20.333/2019). Dies fällt als sprachliche Mitteilung durch Schrift in den sachlichen Schutzbereich der Meinungsäußerungsfreiheit gem Art 10 EMRK (vgl zur Meinungsäußerung auf Transparenten VfSlg 12.501/1990 sowie auf Plakaten VfSlg 13.127/1992, 20.340/2019). Der Umstand, dass *Hans* die anwesenden Polizisten und Zuschauer mit einer Beschimpfung und damit einer Geringschätzung konfrontierte, führt im Sinne der genannten Rechtsprechung nicht dazu, dass die Äußerung außerhalb des Schutzbereiches der Meinungsfreiheit liegt; der Schutzbereich der grundrechtlichen Garantie umfasst im Sinne der demokratischen Bedeutung und Funktion der Meinungsäußerungsfreiheit gerade auch für andere unangenehme Äußerungen und insbesondere auch Äußerungen der Machtkritik. Die Bestrafung des *Hans* stellt einen Eingriff in dessen Grundrecht auf Freiheit der Meinungsäußerung dar (VfSlg 20.333/2019; *G/H*, Rz 536).

Eine in die Meinungsäußerungsfreiheit eingreifende Entscheidung eines Verwaltungsgerichtes ist verfassungswidrig, wenn sie gesetzlos ergeht, auf einem verfassungswidrigen Gesetz beruht oder wenn ein verfassungsrechtlich unbedenkliches Gesetz denkunmöglich angewendet wurde (*G/H*, Rz 546). Das vorliegende Erkenntnis des VwG Wien ist nicht gesetzlos ergangen und beruht auch nicht auf einer verfassungswidrigen gesetzlichen Grundlage: Die gesetzliche Grundlage des Erkenntnisses bildet § 1 Abs 1 Z 1 Wiener Landes-Sicherheitsgesetz; nach der Rechtsprechung des VfGH ist diese Bestimmung verfassungskonform (VfSlg 10.700/1985, 20.333/2019). Zu prüfen ist daher, ob § 1 Abs 1 Z 1 Wiener Landes-Sicherheitsgesetz denkunmöglich angewendet wurde. Eine denkunmögliche Gesetzesanwendung liegt insbesondere dann vor, wenn das VwG dem Gesetz einen verfassungswidrigen, weil die besonderen Schranken des Art 10 EMRK missachtenden Inhalt unterstellt hat. Dies ist insbesondere dann der Fall, wenn die durch das Erkenntnis verfügte Beschränkung der Meinungsäußerungsfreiheit über das hinausgeht, was zur Erreichung des im Sinne des Art 10 Abs 2 EMRK zulässigen Zwecks notwendig war (*G/H*, Rz 546). Gesetze, die in die Meinungsfreiheit eingreifen, müssen zudem so interpretiert werden, dass der prinzipielle Gehalt dieses Rechts in jedem Fall gewahrt bleibt. Für die Grenzen zulässiger Kritik ist maßgeblich, wer oder was Gegenstand der Kritik ist. Am weitesten sind die Grenzen bei Äußerungen, die sich gegen die Regierung, Staatsoberhäupter oder andere Staatsorgane richten, gezogen. Sie sind enger, wenn sie sich gegen Privatpersonen richten (vgl zB EGMR 23.4.1992, 11798/85, *Castells/Spanien*, Z 46; s auch *Grabenwarter/Pabel*, Europäische Menschenrechtskonvention[7] [2021] § 23 Rz 34 mwN). Nach der Rechtsprechung des VfGH kommt es daher bei der Beurteilung einer Verletzung des öffentlichen Anstandes nicht bloß auf den Wortlaut einer Äußerung alleine an, sondern auch auf die Art und den Umstand der Äußerung, also wie und wo welche Öffentlichkeit mit dieser Meinung konfrontiert wird (VfSlg 10.700/1985, 20.333/2019). Da die im Stadion eingesetzten Polizeikräfte zwar eine Teilgruppe aller Polizistinnen und Polizisten sind, eine personalisierte Zuordnung der Beleidigung im Sinne einer individuellen Beschimpfung jedoch nicht vorliegt und *Hans* mit dem Schwenken der Fahne offensichtlich primär auf sein angespanntes Verhältnis zur Polizei hinweisen und seine ablehnende Haltung gegenüber der Polizei als Teil der staatlichen Ordnungsmacht zum Ausdruck bringen wollte, stellt das Schwenken der Fahne keine konkrete Beschimpfung bestimmter Personen dar (VfSlg 20.333/2019). Die Bestrafung des *Hans* durch das Erkenntnis des VwG Wien wegen Verletzung des öffentlichen Anstandes erweist sich daher im Hinblick auf sein Recht auf Meinungsäußerungsfreiheit als unverhältnismäßig. Der VfGH würde daher im vorliegenden Fall zum Ergebnis kommen, dass das VwG Wien § 1 Abs 1 Z 1 Wiener Landes-Sicherheitsgesetz einen die Grenzen des Art 10 EMRK missachtenden Inhalt unterstellt hat und dass *Hans* daher durch das Erkenntnis in seinem verfassungsgesetzlich gewährleisteten Recht auf Freiheit der Meinungsäußerung verletzt wurde (VfSlg 20.333/2019).

Frage 14: Der Tierschutzverein „*T*" plante, am Karsamstag in der Grazer Innenstadt einen Demonstrationszug zu veranstalten, der neben dem Hauptzweck des Tierschutzes auch als Kritik an der Haltung der römisch-katholischen Kirche zum Schutz der Tiere gedacht war. Aus der Versammlungsanzeige bei der zuständigen Behörde ging hervor, dass die etwa 40 Teilnehmer am Demonstrationszug planten, in diversen Kostümen mit blutverschmierten Tier- und Todesmasken sowie mehreren Holzkreuzen durch die Straßen zu ziehen und dabei auch vor Kirchen zu halten. Der geplante Demonstrationszug wurde von der zuständigen Behörde mit Bescheid gem § 6 VersG iVm Art 11 Abs 2 EMRK untersagt. Die vom Verein fristgerecht eingebrachte Beschwerde gegen den Bescheid wurde vom LVwG Steiermark mit Erk als unbegründet abgewiesen. In seiner Begründung führte das LVwG Steiermark insb aus, dass von der angezeigten Versammlung eine Gefährdung des öffentlichen Wohls iSd § 6 VersG zu erwarten gewesen sei, da an diesem Tag die zahlreichen Katholiken beim Zu- und Weggehen von den Kirchen mit dem Demonstrationszug konfrontiert und zutiefst verstört worden wären. Die Untersagung der Versammlung sei daher zur Vermeidung der Gefährdung des öffentlichen Wohles gerechtfertigt. Vom LVwG Steiermark konnte

jedoch nicht festgestellt werden, dass durch den Demonstrationszug eine physische Behinderung der Kirchenbesucher oder eine Beeinträchtigung der Ausübung der religiösen Überzeugungen der Kirchenbesucher zu erwarten war. Der Tierschutzverein sieht sich durch das Erk in seinen verfassungsgesetzlich gewährleisteten Rechten verletzt und erhebt dagegen eine zulässige Beschwerde gem Art 144 B-VG beim VfGH. Ist "*T*" durch das Erkenntnis des LVwG in einem verfassungsgesetzlich gewährleisteten Recht verletzt worden?

Zu prüfen ist, ob „*T*" durch das Erk in seinem durch Art 12 StGG bzw Art 11 EMRK gewährleisteten Recht auf Versammlungs- und Vereinigungsfreiheit verletzt ist. Der Verein „*T*" ist als juristische Person in diesem Fall Grundrechtsberechtigter, da die Versammlungs- und Vereinigungsfreiheit ihrem „Wesen" nach auch juristischen Personen zustehen kann (*Berka*, Verfassungsrecht[8] [2021] Rz 1239). Während Art 11 EMRK als Jedermannsrecht ausgestaltet ist, erstreckt sich der persönliche Schutzbereich des Art 12 StGG nur auf österreichische Staatsbürger. Da dem Sachverhalt jedoch nicht entnommen werden kann, dass es sich beim Tierschutzverein „*T*" um einen Verein nach ausländischem Recht handelt, kann sich „*T*" sowohl auf Art 12 StGG als auch auf Art 11 EMRK berufen. Der vorliegende Sachverhalt fällt auch in den sachlichen Schutzbereich der Versammlungsfreiheit des Art 12 StGG, da es sich um eine Zusammenkunft mehrerer Menschen handelt, die in der Absicht veranstaltet wird, die Anwesenden zu einem gemeinsamen Wirken (Debatte, Diskussion, Manifestation, usw) zu veranlassen (*G/H*, Rz 549; *Ö/E*, Rz 907). Auch der sachliche Schutzbereich der Versammlungsfreiheit des Art 11 EMRK ist eröffnet, da es sich um eine organisierte einmalige Vereinigung mehrerer Menschen zu einem gemeinsamen Ziel an einem bestimmten Ort handelt (*G/H*, Rz 550; *Ö/E*, Rz 907). Eingriffe in den Schutzbereich der Versammlungsfreiheit liegen dann vor, wenn die Organisation der Versammlung behindert oder die Durchführung der Versammlung beschränkt, abgebrochen oder verboten wird. Auch die strafrechtliche Ahndung der Organisation oder Teilnahme an einer Versammlung sowie die Bestrafung wegen Übertretung des VersG oder eines anderen Gesetzes, das Versammlungen beschränkt, stellen Eingriffe in den Schutzbereich der Versammlungsfreiheit dar (*G/H*, Rz 554). Im vorliegenden Sachverhalt wird die Versammlung durch den Untersagungsbescheid bzw das die Untersagung bestätigende Erk verboten, wodurch in den Schutzbereich des Grundrechtes eingegriffen wird.

In der früheren Judikatur des VfGH wurde der Gesetzesvorbehalt in Art 12 StGG als „Ausgestaltungsvorbehalt" verstanden, wonach grundsätzlich jede Verletzung des Ausführungsgesetzes – im konkreten Fall des VersG – gleichzeitig eine Verletzung des Grundrechtes darstellte. Hierdurch kam es zu einer „Feinprüfung" des VfGH, während eine Prüfung durch den VwGH ausgeschlossen wurde (vgl VfSlg 17.600/2005; *Ö/E*, Rz 903). In seiner neueren Judikatur wendet der VfGH nunmehr regelmäßig ausschließlich Art 11 EMRK an (dies selbst dann, wenn der Sachverhalt den [persönlich und sachlich engeren] Schutzbereich von Art 12 StGG nicht überschreitet). Die jüngere Judikatur des VfGH (VfSlg 19.961/2015, 19.962/2015) prüft mögliche Verletzungen der Versammlungs- oder Vereinigungsfreiheit durch Entscheidungen der Verwaltungsgerichte daher anhand der traditionellen „Grobprüfungsformel/Entscheidungsprüfungsformel“.

Eine Entscheidung eines VwG verletzt Art 11 EMRK demnach dann, wenn sie ohne Rechtsgrundlage ergangen ist, auf einer dem Art 11 EMRK widersprechenden Rechtsvorschrift beruht oder wenn das Gesetz denkunmöglich angewendet bzw verfassungswidrig interpretiert wurde (zur Versammlungsfreiheit s VfSlg 19.961/2015, 19.962/2015; zur Vereinigungsfreiheit s VfSlg 20.057/2016). Nach Ansicht des VfGH ist in Fällen der Auflösung einer Versammlung (vgl VfSlg 19.818/2013), der Untersagung einer Versammlung (VfSlg 19.961/2015, 19.962/2015) sowie bezüglich der Frage, ob überhaupt eine Versammlung iSd Art 11 EMRK vorliegt, jedoch eine strengere Kontrolle geboten, da diese Maßnahmen den Kernbereich der Versammlungsfreiheit berühren (*G/H*, Rz 561). In diesen Fällen führt der VfGH auch nach seiner jüngeren Judikatur eine strenge Prüfung unmittelbar am Maßstab des Grundrechtes durch.

Da im konkreten Fall eine Versammlung auf Grund von § 6 VersG untersagt wurde, ist im vorliegenden Fall detailliert zu prüfen, ob eine Verletzung der Versammlungsfreiheit vorliegt. Nach § 6 VersG sind Versammlungen, deren Zweck den Strafgesetzen zuwiderläuft oder deren Abhaltung die öffentliche Sicherheit oder das öffentliche Wohl gefährdet, von der zuständigen Behörde zu untersagen. Die Untersagung einer Versammlung ist nur zulässig, wenn sie zur Erreichung der in Art 11 Abs 2 EMRK genannten Ziele zwingend notwendig ist, sodass sie stets nur ultima ratio sein kann (VfSlg 19.961/2015). Im Rahmen der Beurteilung, ob eine Untersagung der Versammlung im vorliegenden Fall gerechtfertigt ist, muss das LVwG Steiermark daher zwingend eine Abwägung zwischen den Interessen des Tierschutzvereines an der Abhaltung des Demonstrationszuges einerseits und den in Art 11 Abs 2 EMRK erwähnten öffentlichen Interessen am Unterbleiben der Versammlung andererseits durchführen (vgl zB VfSlg 10.443/1985, 12.257/1990). Zu den in Art 11 Abs 2 EMRK genannten Zielen zählt auch der Schutz der Rechte und Freiheiten anderer. Den grundrechtlich geschützten Interessen des Vereines *„T“* stehen dabei im konkreten Fall insb die durch Art 9 EMRK geschützten Interessen der Gläubigen gegenüber. Der VfGH geht in seiner Rsp (VfSlg 19.961/2015) davon aus, dass der Karsamstag und die damit verbundenen christlichen Feierlichkeiten als religiöser Gebrauch gem Art 9 EMRK grundrechtlich geschützt sind. Es stellt sich daher die Frage, ob das LVwG Steiermark bei der Untersagung der Versammlung gem § 6 VersG eine hinreichende Interessenabwägung vorgenommen hat.

Das LVwG Steiermark ist bei der Interessenabwägung zum Ergebnis gelangt, dass eine Untersagung der Versammlung gerechtfertigt sei, da am Karsamstag die zahlreichen Katholiken beim Zu- und Weggehen von den Kirchen mit dem

Demonstrationszug konfrontiert und zutiefst verstört worden wären. Durch diese „Verstörung“ komme es zu einer Gefährdung des öffentlichen Wohles iSd § 6 VersG. Als Gegenargument könnte man vorbringen, dass Art 9 EMRK nach der Judikatur des EGMR zwar einen Schutz religiöser Gefühle vor Beleidigung durch Dritte gewährleistet. Darunter ist jedoch nicht eine Beschränkung inhaltlicher Kritik zu verstehen, sondern vielmehr der Schutz des „religiösen Friedens“ iSd Aufrechterhaltung der Ordnung des Gemeinschaftslebens (vgl VfSlg 19.961/2015). Es gilt daher die Frage zu klären, ob durch die Art und Weise der Durchführung des Demonstrationszuges eine Schwelle erreicht wird, die den „religiösen Frieden“ derart gefährdet, dass die Untersagung gerechtfertigt ist.

Im vorliegenden Sachverhalt ist von einer Gefährdung des „religiösen Friedens“ nicht auszugehen. Das LVwG Steiermark hätte vielmehr auch den Zweck des Demonstrationszuges sowie die Tatsache, dass weder eine physische Behinderung der Kirchenbesucher noch eine Hinderung an der religiösen Überzeugung der Kirchenbesucher zu erwarten war, hinreichend berücksichtigen müssen. Wenn das LVwG Steiermark die Untersagung der Versammlung mit der „Verstörung“ der Kirchenbesucher begründet, kann dem entgegengehalten werden, dass nach der Rsp des VfGH (vgl VfSlg 15.170/1998, 15.952/2000) die Untersagung einer Versammlung nicht damit gerechtfertigt werden kann, dass ein Adressat einer Meinung befürchten muss, dass ihm eine von ihm missbilligte oder abgelehnte Meinung in räumlicher Nähe demonstrativ zur Kenntnis gebracht wird. Da die Kirchenbesucher durch den Demonstrationszug an der Ausübung des Glaubens nicht gestört worden wären, ist davon auszugehen, dass die Abhaltung des Demonstrationszuges die Schwelle der Gefährdung des „religiösen Friedens“, die die Untersagung der Versammlung rechtfertigen kann, nicht erreicht hätte. Auch die Verwendung des Kreuzes ist nach der Rechtsprechung des VfGH (VfSlg 19.961/2015) bei Versammlungen als Mittel der Kritik zulässig. Das LVwG Steiermark hat somit die widerstreitenden Interessen nicht hinreichend abgewogen. Der Tierschutzverein *„T“* wurde daher durch das angefochtene Erk in seinem verfassungsgesetzlich gewährleisteten Recht auf Versammlungsfreiheit verletzt.

Frage 15: *Philipp* ist Facharzt für Chirurgie und führt regelmäßig Brustverkleinerungen nach einer speziellen Operationsmethode durch. In einer Gratis-Wochenzeitschrift wurde eine Reportage veröffentlicht, in der auf Basis eines Interviews mit *Philipp* dessen Operationsmethode im Vergleich mit „herkömmlichen“ Brustverkleinerungen dargestellt wurde und *Philipp* mit den Worten „Ich bin gegen eine Verstümmelungschirurgie“ zitiert wurde. *Philipp* wurde wegen dieser Äußerung eines Disziplinarvergehens für schuldig erkannt. Rechtsmittel hiergegen blieben erfolglos. Begründet wurden die Entscheidungen damit, dass der durchschnittliche Leser die Äußerung als abwertende Beurteilung der herkömmlich verbreiteten gegenüber der selbst praktizierten Operationsme-

thode verstehen musste. Ist das Grundrecht der Wissenschaftsfreiheit hier betroffen? Begründen Sie!

Art 17 StGG gewährleistet die Freiheit der Wissenschaft und der Lehre, einen Sonderfall des Rechtes der Freiheit der Meinungsäußerung (vgl VfSlg 18.559/2008). Der Schutzbereich der Wissenschaftsfreiheit umfasst das Recht der unbehinderten wissenschaftlichen Forschung und das Recht der unbehinderten Lehre der Wissenschaft. Niemand, der wissenschaftlich forscht oder lehrt (VfSlg 8136/1977, 13.978/1994), darf vom Staat spezifischen, intentional auf die Einengung dieser Freiheit gerichteten Beschränkungen unterworfen werden. Forschungsgegenstand und Methode sowie die Verbreitung der Ergebnisse müssen frei wählbar sein. Hinzu tritt die Freiheit, die Ergebnisse öffentlich zu äußern und zu publizieren. Der Schutzbereich der Wissenschaftsfreiheit umfasst die bloße verbale Herabsetzung der Kollegen durch eine sorglose Wortwahl ebenso wenig wie die reine Weitergabe fremder Forschungsergebnisse (VfSlg 18.763/2009; *G/H*, Rz 563). Auch eine Verurteilung wegen marktschreierischer Werbemaßnahmen, die in keinem Zusammenhang mit einem wissenschaftlichen Diskurs steht, betrifft nicht etwa den Schutzbereich der Wissenschaftsfreiheit, sondern allein jenen der Meinungsäußerungsfreiheit (VfSlg 18.559/2008). *Philipps* Verurteilung erfolgte nicht wegen eines wissenschaftlichen Diskurses, sondern beruhte auf der sorglosen Formulierung, die geeignet war, jene Kollegen herabzusetzen, die die herkömmlich verbreitete Operationsmethode anwenden. Der Schutzbereich der Wissenschaftsfreiheit ist damit nicht eröffnet.

Frage 16: ***Nina* ist Musikstudentin und tritt auch öffentlich als Pianistin auf. Sie übt häufig mehrere Stunden am Tag in ihrer Wohnung im ersten Wiener Gemeindebezirk. Die zuständige Behörde verhängt daraufhin durch Bescheid eine Verwaltungsstrafe wegen Erregung störenden Lärmes durch Klavierspielen in ungebührlicher Weise über einige Stunden an mehreren Tagen. *Nina* fragt Sie um Rat. Sie ist der Auffassung, diese Verwaltungsstrafe greife in ihre Grundrechte ein. Wie antworten Sie?**

Zu prüfen ist, ob der Schutzbereich der durch Art 17a StGG gewährleisteten Freiheit der Kunst eröffnet ist. Art 17a StGG umfasst das künstlerische Schaffen, die Vermittlung von Kunst sowie deren Lehre; der Schutzbereich umfasst sowohl den „Werkbereich" als auch den „Wirkbereich" (*Ö/E*, Rz 931). *Ninas* Klavierspiel ist ein künstlerisches Schaffen und liegt damit im Schutzbereich der Kunstfreiheit (vgl VfSlg 11.567/1987). Fraglich ist, ob eine Verhängung einer Verwaltungsstrafe wegen störenden Lärmes einen Eingriff in diese Freiheit darstellt. Dagegen könnte sprechen, dass eine allgemeine Verhaltensnorm wie etwa eine baurechtliche Vorschrift oder eben das Verbot der unnötigen Erregung störenden Lärmes für sich allein nicht als Beschränkung der Freiheit der Kunst gewertet werden kann (vgl VfSlg 10.401/1985; vgl *Ö/E*, Rz 933). Allerdings kann auch eine Norm bzw eine Maßnahme, die nach ihrer Zielsetzung nicht darauf gerichtet ist, künstlerische Tätigkeiten zu verhindern, Wirkungen entfalten, die einer Behinderung des künstlerischen Schaffens oder der Vermittlung von Kunst oder ihrer Lehre gleichkommen (VfSlg 11.567/1987). Eine solche staatliche Beeinträchtigung liegt hier vor. Die staatliche Maßnahme zielt unmittelbar darauf ab, störenden Lärm zu verhindern, führt jedoch dazu, dass das künstlerische Schaffen behindert wird. *Nina* muss das Klavierspiel einstellen, um den störenden Lärm zu unterlassen. Sie ist an der Ausübung ihrer künstlerischen Tätigkeit gehindert. Darin liegt ein Eingriff in die Kunstfreiheit.

Frage 17: *Markus* hat seit seiner Kindheit davon geträumt, Arzt zu werden. Nach erfolgreich abgeschlossener Matura wollte er daher Humanmedizin an der Medizinischen Universität Wien studieren und meldete sich zum Medizin-Aufnahmetest (MedAT) an. Der Test wurde gem der Zulassungsverordnung des Rektorats der Medizinischen Universität Wien (in der zu diesem Zeitpunkt geltenden Fassung) geschlechtergetrennt berechnet, da durch empirische Untersuchungen belegt worden war, dass weibliche Testteilnehmer beim konkreten Testverfahren statistisch nachweisbar schlechter abgeschnitten haben als die männlichen Teilnehmer. Die Geschlechterunterschiede bei den Testergebnissen konnten weder durch Informationsmaßnahmen noch durch eine Optimierung der Testdurchführung verringert werden. Daher war eine geschlechtergetrennte Auswertung notwendig. *Markus* belegte mit einem Testwert von 110 Rang 600 auf der Rangliste. Da der letzte Studienplatz an den Studienwerber mit Rang 550 vergeben wurde, wurde sein Antrag auf Zulassung zum Studium abgelehnt. Durch Zufall erfuhr *Markus*, dass er ohne die geschlechtergetrennte Auswertung des MedAT Rang 500 eingenommen hätte, der zur Zulassung zum Medizinstudium gereicht hätte. *Markus* fühlte sich ungerecht behandelt, da die österreichische Verfassung seines Erachtens die Gleichbehandlung von Mann und Frau gewährleistet. Verstößt die Bestimmung in der Zulassungsverordnung, die eine geschlechtergetrennte Auswertung des MedAT fordert, Ihrer Ansicht nach gegen den allgemeinen Gleichheitsgrundsatz? Begründen Sie Ihre Antwort!

Es muss geprüft werden, ob die Bestimmung in der Zulassungsverordnung der Medizinischen Universität Wien eine Verletzung des Gleichheitsgrundsatzes nach Art 7 B-VG und Art 2 StGG darstellt, wonach vor dem Gesetz alle Staatsbürger gleich zu behandeln sind. An den allgemeinen Gleichheitsgrundsatz sind sowohl die Gesetzgebung als auch die Vollziehung gebunden. Eine Verordnung verletzt den Gleichheitsgrundsatz, wenn sie auf einem gleichheitswidrigen Gesetz beruht oder wenn sie Differenzierungen schafft, die sachlich nicht gerechtfertigt sind, oder wenn sie eine Regelung trifft, die schlechthin unsachlich ist (*Ö/E*, Rz 790). Bei der genderspezifischen Auswertung nach der Zulassungsverordnung handelt es sich um eine am Geschlecht anknüpfende Differenzierung. Eine solche Diskriminierung bedarf nach der Rsp des VfGH im Hinblick auf Art 7 Abs 1 Satz 2 B-VG einer besonderen sachlichen Rechtfertigung (vgl VfSlg 19.758/2013, 19.866/2014 jeweils mwN). Eine solche sachliche Rechtfertigung können insb Maßnahmen iSd Art 7 Abs 2 B-VG zur Förderung der faktischen Gleichstellung von Frauen und Männern darstellen. Liegt eine nachgewiesene strukturelle Ungleichheit von Männern und Frauen vor, die durch die gesetzlichen Maßnahmen tatsächlich ausgeglichen werden soll, können daher rechtliche Ungleichbehandlungen, die mit dem Geschlecht an einem persönlichen Merkmal anknüpfen, gerechtfertigt sein (VfSlg 19.899/2014).

Art 7 Abs 2 B-VG richtet sich als Staatszielbestimmung in Form einer verfassungsrechtlichen Aufgabe an den einfachen Gesetzgeber und gewährt daher kein subjektives Recht (*G/H*, Rz 601). Die Maßnahmen nach Art 7 Abs 2 B-VG unterliegen ihrerseits auch den Grenzen der sachlichen Rechtfertigung. Die Maßnahmen müssen sich daher für die Gleichstellung der Geschlechter eignen und verhältnismäßig sein (VfSlg 19.899/2014; *G/H*, Rz 601). Bei der geschlechtergetrennten Auswertung des MedAT handelt es sich um eine Maßnahme zur Förderung der faktischen Gleichstellung von Frauen und Männern nach Art 7 Abs 2 B-VG. Die genderspezifische Auswertung des MedAT scheint grundsätzlich zur Erreichung des gem Art 7 Abs 2 B-VG legitimen Ziels der Beseitigung der faktischen Benachteiligung weiblicher Testteilnehmerinnen geeignet. Es konnte empirisch und über Begleitstudien nachgewiesen werden, dass Frauen beim MedAT grundsätzlich schlechter abschneiden als Männer. Selbst Informationsmaßnahmen und eine Optimierung der tatsächlichen Testdurchführung führten zu keiner nachhaltigen Verringerung der Geschlechterunterschiede, weshalb die Anforderungen an die sachliche Rechtfertigung erfüllt sind. Bei der in der Zulassungsverordnung angeordneten geschlechtergetrennten Auswertung des MedAT handelt es sich sohin um eine geeignete und verhältnismäßige Maßnahme iSd Art 7 Abs 2 B-VG, um eine strukturelle Benachteiligung von Frauen bei der Anwendung des MedAT zu vermeiden (VfSlg 19.899/2014). Die Bestimmung in der Zulassungsverordnung verstößt daher nicht gegen den Gleichheitsgrundsatz.

Frage 18: *Cornelia* war bereits seit über 30 Jahren Eigentümerin eines Grundstücks in St. Pölten. Da sie sich plötzlich unverhofft in finanziellen Schwierigkeiten befand, wollte sie das Grundstück verkaufen. Ein Käufer war schnell gefunden und *Cornelia* unterfertigte einen Kaufvertrag, in dem das private Grundstück um 200.000 Euro veräußert wurde. Als ihr Bekannter *Klaus* davon erfuhr, erkundigte sich dieser bei *Cornelia*, warum sie ihr Grundstück nicht

vor der Gesetzesänderung zur Immobilienertragssteuer verkauft habe. *Klaus* klärte *Cornelia* dahingehend auf, dass vor zwei Monaten – somit vor Abschluss des Kaufvertrages – eine neue gesetzliche Bestimmung in Kraft getreten war, wonach nunmehr bei allen privaten Grundstücksverkäufen, bei denen das schuldrechtliche Verpflichtungsgeschäft nach dem Inkrafttreten der Bestimmung abgeschlossen wurde, eine Steuer auf den Veräußerungserlös zu entrichten sei. Einige Zeit später wurde *Cornelia* ein Bescheid des Finanzamtes St. Pölten zugeschickt, mit dem sie zur Zahlung der Steuer für den Grundstücksverkauf verpflichtet wurde. *Cornelia* erhob gegen den Bescheid Beschwerde an das BFG. Das BFG hegte Bedenken gegen die Verfassungsmäßigkeit der neuen Bestimmung, da sie als „rückwirkende, unvorhergesehene und plötzliche Änderung unter Verletzung des Vertrauensschutzprinzips zu werten sei" und stellte einen Antrag auf Normenkontrolle beim VfGH. Nehmen sie an, der VfGH erklärt den Antrag für zulässig. Sind die Bedenken des BFG begründet? Begründen Sie Ihre Antwort!

Im vorliegenden Fall ist zu prüfen, ob die gesetzliche Bestimmung, die eine Besteuerung von privaten Grundstücksverkäufen vorsieht, auch wenn diese nach alter Rechtslage nicht steuerverfangen waren, gegen den verfassungsgesetzlich gewährleisteten Vertrauensschutz verstößt. Der aus dem Gleichheitsgrundsatz abgeleitete Vertrauensschutz schützt die Normunterworfenen unter gewissen Umständen vor nicht vorhersehbaren oder überraschenden Rechtsänderungen zu ihren Lasten (*Berka*, Verfassungsrecht[8] [2021] Rz 1687). Liegt eine verfassungsrechtlich zu berücksichtigende Vertrauenslage der Rechtsunterworfenen vor, kann der Gesetzgeber die bestehende Rechtslage nicht uneingeschränkt nach seinem Belieben ändern. Verfassungsrechtliche Grenzen für die Gesetzgebung aus dem Vertrauensschutz können sich nach der Rsp des VfGH grundsätzlich aus drei besonderen Umständen ergeben. Erstens kann ein solcher besonderer Umstand vorliegen, wenn der Gesetzgeber rückwirkende belastende Regelungen erlässt (vgl VfSlg 13.020/1992, 16.850/2003). Zweitens können Bestimmungen verfassungswidrig sein, wenn der Gesetzgeber plötzlich und intensiv in bereits erworbene Rechtspositionen eingreift, auf die die Betroffenen aus berechtigten Gründen vertrauen konnten (vgl VfSlg 17.254/2004). Drittens können auch faktische Dispositionen der Normunterworfenen den Vertrauensschutz genießen, wenn diese im Vertrauen auf die Rechtslage vorgenommen wurden und durch eine spätere Maßnahme des Gesetzgebers frustriert bzw ihrer Wirkung beraubt werden (vgl VfSlg 13.655/1993, 16.452/2002). Liegt einer der genannten besonderen Umstände vor, so besteht eine schutzwürdige Position, die dem Gesetzgeber verfassungsrechtliche Schranken setzt.

Im vorliegenden Fall kann vorgebracht werden, dass Steuerpflichtige über Jahrzehnte in dem Vertrauen auf die Rechtslage lebten, dass sie den Veräußerungserlös eines privaten Grundstücksverkaufes nicht besteuern mussten. Zudem könnte man argumentieren, dass durch das jahrzehntelange Vertrauen auf den Fortbestand der Rechtsordnung die Einführung einer Steuer auf private Grundstücksverkäufe für die Steuerpflichtigen unvorstellbar gewesen sei. In dieses Vertrauen wird durch die gesetzliche Regelung eingegriffen, wonach nunmehr eine Steuer auf private Grundstücksverkäufe zu entrichten ist. Dem kann jedoch entgegenhalten werden, dass der Gesetzgeber über einen weiten Gestaltungsspielraum verfügt und eine verfassungsrechtlich berücksichtigungswürdige Vertrauenslage nur unter ganz besonderen Umständen entsteht. Fraglich ist somit, ob das Vertrauen in den Fortbestand der Rechtsordnung im Sinne einer ständigen Steuerfreiheit von privaten Grundstücksveräußerungen einen der oben genannten besonderen Umstände darstellt.

Insb im Steuerrecht spielt der Vertrauensschutz im Zusammenhang mit rückwirkend belastenden Regelungen eine wichtige Rolle (*Ö/E*, Rz 786; *G/H*, Rz 604). Rückwirkende Verschlechterungen der Rechtslage im Steuerrecht können je nach Zielsetzung sowie Ausmaß und Art ihrer Auswirkung verfassungsrechtlich unzulässig sein (vgl VfSlg 12.416/1990, 14.515/1996). Im vorliegenden Fall liegt jedoch gerade kein rückwirkend belastendes Gesetz vor. Durch die Besteuerung von Grundstücksverkäufen, bei denen das schuldrechtliche Verpflichtungsgeschäft nach Inkrafttreten der Bestimmung abgeschlossen wird, greift der Gesetzgeber nicht rückwirkend in bestehende Rechtspositionen ein, sondern regelt vielmehr erst die Rechtsfolgen für Veräußerungen ab dem Inkrafttreten der Regelung.

UU kann auch ohne die Anordnung der Rückwirkung eines Gesetzes gegen den verfassungsgesetzlich gewährleisteten Vertrauensschutz verstoßen werden. Ein solcher Vertrauensschutz greift jedoch nur für ganz bestimmte schutzwürdige Positionen. Dem Gesetzgeber werden damit nur unter engen Voraussetzungen verfassungsrechtliche Schranken gesetzt (VfSlg 20.004/2015), etwa wenn der Normunterworfene durch eine in Aussicht gestellte Begünstigung zu einem bestimmten Aufwand veranlasst wurde, der nach dem Wegfall der Begünstigung frustriert wurde (vgl VfSlg 12.944/1991 zum Nachtfahrverbot für lärmarme Lastkraftwagen). Im Hinblick auf die Nichtbesteuerung des Veräußerungserlöses bei privaten Grundstücksveräußerungen vor der Gesetzesänderung kann nicht davon ausgegangen werden, dass der Gesetzgeber bestimmte Verhaltensweisen der Normunterworfenen im Sinne von faktischen Dispositionen gefördert hätte. Auch von einem plötzlichen und intensiven Eingriff in bereits erworbene und als rechtens erachtete Rechtsansprüche ist nicht auszugehen. Besonders im wirtschaftlichen Verkehr muss damit gerechnet werden, dass sich Abgaben ändern können (VfSlg 19.634/2012; *Ö/E*, Rz 787). Auch nach der stRsp des VfGH genießt das bloße Vertrauen auf den unveränderten Fortbestand der gegebenen Rechtslage als solches keinen besonderen verfassungsrechtlichen Schutz (vgl VfSlg 16.687/2002 mwN; VfSlg 20.004/2015).

Im gegenständlichen Fall ist daher von keinem auf den unveränderten Fortbestand der Rechtslage verfassungsrechtlich geschützten Vertrauen auszugehen. Auch wenn die Normunterworfenen zu einem bestimmten Zeitpunkt davon ausgegangen sind, dass eine Veräußerung des Grundstücks keiner Steuer auf den Veräußerungserlös unterliegt, ist dieses Vertrauen nicht als aus dem Vertrauensschutz ableitbare schutzwürdige Position zu bewerten, die den Gestaltungsspielraum des Gesetzgebers einschränkt. Die gesetzliche Bestimmung verletzt daher nicht den verfassungsgesetzlich gewährleisteten Vertrauensschutz.

Frage 19: *Katja* ist Staatsbürgerin des Staates Phantasia. Sie reiste im September 2015 illegal nach Österreich ein und stellte einen Antrag auf internationalen Schutz hinsichtlich der Zuerkennung des Status der Asylberechtigten, da ihr Bruder sie in ihrer Heimat bereits zum wiederholten Mal hatte zwangsverheiraten wollen. Der Antrag auf internationalen Schutz wurde daraufhin von der zuständigen Behörde mit Bescheid (unter anderem) hinsichtlich der Zuerkennung des Status der Asylberechtigten abgewiesen und *Katja* wurde aus dem österreichischen Staatsgebiet ausgewiesen. *Katja* erhob gegen den Bescheid Beschwerde und begründete diese mit ihrer Furcht vor der Zwangsverheiratung durch ihren Bruder. *Katjas* Beschwerde wurde vom BVwG abgewiesen. Die Entscheidung erließ ein männlicher Richter nach Durchführung einer mündlichen Verhandlung. § 20 Abs 1 AsylG lautet allerdings: „Gründet ein Asylwerber seine Furcht vor Verfolgung (Art 1 Abschnitt A Z 2 der Genfer Flüchtlingskonvention) auf Eingriffe in seine sexuelle Selbstbestimmung, ist er von einem Organwalter desselben Geschlechts einzuvernehmen, es sei denn, dass er anderes verlangt. […]“. § 20 Abs 2 AsylG bestimmt darüber hinaus, dass § 20 Abs 1 AsylG für Verfahren vor dem BVwG nur gilt, „wenn der Asylwerber den Eingriff in seine sexuelle Selbstbestimmung bereits vor dem Bundesamt [für Fremdenwesen und Asyl] oder in der Beschwerde behauptet hat. Diesfalls ist eine Verhandlung von einem Einzelrichter desselben Geschlechts oder einem aus Richtern desselben Geschlechts bestehenden Senat durchzuführen.“ In der Begründung der Entscheidung des BVwG wurde ausgeführt, dass *Katja* ihre Gefährdungssituation nicht glaubwürdig habe darlegen können. Daraufhin wandte sich *Katja* mittels Erkenntnisbeschwerde gem Art 144 B-VG an den VfGH. In welchem Grundrecht könnte *Katja* durch die angefochtene Entscheidung verletzt sein? Begründen Sie Ihre Antwort!

Zu prüfen ist, ob im vorliegenden Sachverhalt eine Verletzung des Rechtes auf ein Verfahren vor dem gesetzlichen Richter nach Art 83 Abs 2 B-VG vorliegt.

Die Entscheidung eines VwG verletzt das Recht auf den gesetzlichen Richter, wenn das VwG eine ihm gesetzlich nicht zukommende Zuständigkeit in Anspruch nimmt (vgl VfSlg 15.738/2000, 16.066/2001, 16.298/2001 und 16.717/2002 sowie nach der Verwaltungsgerichtsbarkeits-Novelle 2012 VfGH 24.11.2017, E 3218/2016; *G/H*, Rz 625) oder wenn es in gesetzwidriger Weise seine Zuständigkeit ablehnt, zB indem es zu Unrecht die Sachentscheidung verweigert (vgl VfSlg 15.482/1999, 15.858/2000, 16.079/2001 und 16.737/2002; sowie nach der Verwaltungsgerichtsbarkeits-Novelle 2012 zB VfSlg 19.963/2015, 20.118/2016, 20.385/2019; *Ö/E*, Rz 952). Außerdem verletzt eine verwaltungsgerichtliche Entscheidung das Recht auf den gesetzlichen Richter, wenn das VwG bei der Entscheidung nicht gesetzmäßig zusammengesetzt war (*Ö/E*, Rz 954).

Im vorliegenden Fall war das BVwG zwar an sich zuständig, allerdings war es nicht gesetzmäßig zusammengesetzt, da § 20 Abs 2 AsylG bestimmt, dass eine mündliche Verhandlung vor dem BVwG von einem Einzelrichter desselben Geschlechtes durchzuführen ist, wenn der Asylwerber einen Eingriff in seine sexuelle Selbstbestimmung bereits in der Beschwerde behauptet hat. Nach § 20 Abs 2 AsylG ist daher eine solche Rechtssache gleich bei Beschwerdeanfall einem Einzelrichter desselben Geschlechtes oder einem aus Richtern desselben Geschlechtes bestehenden Senat zur Behandlung zuzuweisen (VfSlg 20.260/2018). *Katja* hat als Frau ihren Antrag auf internationalen Schutz hinsichtlich der Zuerkennung des Status der Asylberechtigten mit einem drohenden Eingriff in ihre sexuelle Selbstbestimmung, nämlich mit der Furcht vor Zwangsverheiratung, begründet und dies auch bereits in ihrer Beschwerde an das BVwG vorgebracht. Dennoch hat ein männlicher Richter sowohl die mündliche Verhandlung durchgeführt als auch über *Katjas* Beschwerde entschieden. Der VfGH hat bereits wiederholt ausgesprochen, dass eine mündliche Verhandlung schon dann durch eine Person desselben Geschlechtes durchzuführen ist, wenn die Flucht aus dem Heimatstaat nicht mit bereits stattgefundenen Eingriffen in die sexuelle Selbstbestimmung, sondern mit Furcht vor Eingriffen in die sexuelle Selbstbestimmung durch eine erst drohende (erstmalige) Zwangsverheiratung begründet wird (vgl zB VfSlg 20.260/2018). Indem das BVwG die vorliegende Rechtssache durch einen Richter männlichen Geschlechtes sowohl verhandelt als auch entschieden hat, hat es *Katja* in ihrem verfassungsgesetzlich gewährleisteten Recht auf ein Verfahren vor dem gesetzlichen Richter gem Art 83 Abs 2 B-VG verletzt.

Frage 20: *Manfred* wurde vom Bürgermeister der Stadt Oberwart eine Baubewilligung für ein Gebäude mit dem Verwendungszweck „Bordell" erteilt. In weiterer Folge suchte er am 2. März 2014 um die Erteilung einer Bordellbewilligung für das Gebäude beim Bürgermeister in Oberwart an. Nach langen (durch Personalmangel im Gemeindeamt verursachten) Verzögerungen wies der in Folge eines Devolutionsantrags zuständig gewordene GR das Ansuchen auf Erteilung der Bewilligung am 7. Jänner 2018 ab. Am 13. Juni

2022 wurde das dagegen gerichtete Rechtsmittel (erst nach Erhebung eines Fristsetzungsantrags durch *Manfred* an den VwGH) vom LVwG Burgenland abgewiesen. Liegt eine Verletzung verfassungsgesetzlich gewährleisteter Rechte aufgrund der langen Verfahrensdauer vor?

Art 6 Abs 1 EMRK garantiert ein Recht auf angemessene Verfahrensdauer. Jedermann hat Anspruch darauf, dass seine Sache innerhalb einer angemessenen Frist von einem Gericht, das über zivilrechtliche Ansprüche und Verpflichtungen zu entscheiden hat, gehört wird. Art 6 EMRK ist auf das Verfahren zur Bewilligung eines Bordellbetriebes anwendbar, da es sich dabei um einen zivilrechtlichen Anspruch iSd Art 6 Abs 1 EMRK handelt (*G/H*, Rz 631 f). Die Angemessenheit der Verfahrensdauer ist nach der Rsp des EGMR nicht abstrakt, sondern im Lichte der besonderen Umstände des Einzelfalles zu beurteilen. Die zu berücksichtigenden besonderen Umstände des Einzelfalles sind zum einen solche, die die Verfahrensdauer beeinflussen, wie etwa die Komplexität des Falles und das Verhalten von Betroffenen sowie Behörden und Gerichten im Verfahren. Daneben ist aber auch relevant, welche Bedeutung die Angelegenheit für den Grundrechtsträger hat (vgl VfSlg 18.509/2008). Es bedarf für eine Verletzung des Rechtes auf angemessene Verfahrensdauer einer Verzögerung, die auf Versäumnisse staatlicher Organe zurückzuführen ist. Eine fixe Obergrenze, bei deren Überschreitung eine Verletzung von Art 6 Abs 1 EMRK ohne Rücksicht auf den Einzelfall vorliegt, kennt die Rsp nicht (vgl VfSlg 16.385/2001).

Im vorliegenden Fall dauerte das Verfahren bis zu der die Angelegenheit erledigenden verwaltungsgerichtlichen Entscheidung länger als acht Jahre. Der Bescheid der zuständigen Berufungsbehörde erging fast vier Jahre nach Antragstellung. Zudem ist die Dauer nur durch Versäumnisse der staatlichen Organe begründet. *Manfred* hat einen Devolutionsantrag und Fristsetzungsantrag erhoben und sich damit seinerseits um die Beschleunigung des Verfahrens bemüht. Die lange Dauer des Verfahrens ist damit ausschließlich dem Verhalten der Organe des Staates geschuldet. Besondere Gründe für die lange Dauer sind nicht ersichtlich. *Manfred* ist damit in seinem Recht auf Entscheidung innerhalb angemessener Verfahrensdauer nach Art 6 Abs 1 EMRK verletzt worden.

Frage 21: *Kurt* wurde wegen des Verdachtes des Mordes an einem Geschäftspartner festgenommen. In einer Pressekonferenz unmittelbar nach der Festnahme informiert der zuständige StA die Öffentlichkeit über die Festnahme und erklärt dabei, die StA sei von *Kurts* Schuld überzeugt. Welche grundrechtliche Garantie ist hier betroffen?

Im vorliegenden Fall ist Art 6 Abs 2 EMRK, der die Unschuldsvermutung im Strafverfahren garantiert, betroffen. Bis zum gesetzlichen Nachweis der Schuld wird danach vermutet, dass *Kurt* unschuldig ist. Der gesetzliche Nachweis der

Schuld ist erst dann erbracht, wenn eine rechtskräftige Entscheidung vorliegt. Gerichte, Staatsanwälte, Polizeibeamte und andere Behörden und Staatsorgane sind hiernach verpflichtet, bis zum Zeitpunkt einer rechtskräftigen Verurteilung von der Unschuld auszugehen (vgl *Ö/E*, Rz 969). Hierzu gehört auch, dass nicht frühzeitig von der Schuld ausgegangen werden darf, etwa in einem öffentlichen Statement wie im vorliegenden Sachverhalt, und die Information an die Öffentlichkeit „diskret und umsichtig" formuliert werden muss (*G/H*, Rz 648).

Frage 22: *Kilian* ist iranischer Staatsangehöriger und stellte nach seiner Einreise nach Österreich einen Antrag auf internationalen Schutz. Bei der Befragung gab er an, er habe den Iran verlassen, weil er in einer christlichen Kirche engagiert gewesen sei und einige seiner Freunde, die ebenfalls in dieser Kirche ihren christlichen Glauben praktiziert hätten, festgenommen worden seien. Er habe Angst bekommen und das Land verlassen. Er sei auf der Flucht römisch-katholisch getauft worden und habe später erfahren, dass seine Freunde erst nach Verleugnung ihres christlichen Glaubens im Iran freigelassen worden seien. Er lebe nun in Österreich in einer kleinen Gemeinde und habe sich in die dortige Pfarrgemeinde bestens eingefügt; er sei ehrenamtlicher Helfer in der Pfarre und erhalte Kost und Logis für seine Mithilfe. Er besuche regelmäßig Gottesdienste und den Katechumenat-Unterricht bei einem Pfarrer. Er arbeite inzwischen auch als Assistent des Pfarrers, bereite Gottesdienste vor und helfe während der Messen. Er sei auch beim Katechumenat tätig; eine derartige Tätigkeit setze eine Zugehörigkeit zum römisch-katholischen Glauben voraus. Er gab weiter an, er lebe seinen Glauben täglich, empfange die Sakramente und unterrichte die Mitglieder der Pfarre zum Neuen Testament. Der Pfarrer der Gemeinde könne sein hohes Engagement und seine Einbindung in die Pfarre bestätigen. Er legte im Rahmen seiner Befragung auch zahlreiche Unterstützungsschreiben und eine Taufbescheinigung einer römisch-katholischen Pfarre vor.

Das Bundesamt für Fremdenwesen und Asyl wies den Antrag auf internationalen Schutz mit Bescheid ab, erteilte keinen Aufenthaltstitel, erließ eine Rückkehrentscheidung und stellte fest, dass die Abschiebung zulässig sei. Es setzte eine Frist von vierzehn Tagen für die freiwillige Ausreise. Das BVwG wies die dagegen von *Kilian* erhobene Beschwerde mit Erkenntnis ohne Durchführung einer mündlichen Verhandlung als unbegründet ab. Es begründete seine Entscheidung ua damit, *Kilians* Vorbringen zu seinen Asylgründen sei unglaubwürdig; es ergäben sich aus seinen Aussagen teilweise Widersprüche und er habe seine Konversion nicht glaubhaft darzulegen vermocht; es sei von einer Scheinkonver-

sion auszugehen. Die Abhaltung einer mündlichen Verhandlung könne gem § 21 Abs 7 BFA-VG entfallen, weil der Sachverhalt aus der Aktenlage in Verbindung mit der Beschwerde geklärt erschiene und sich aus den Ermittlungen zweifelsfrei ergebe, dass das Vorbringen tatsachenwidrig sei.

***Kilian* ist der Auffassung, das Vorgehen des BVwG verletze ihn in seinem Recht auf ein faires Verfahren. Er nimmt an, das BVwG hätte ihn jedenfalls im Rahmen einer mündlichen Verhandlung anhören und befragen müssen. Ist diese Ansicht zutreffend? Begründen Sie!**

Das Erkenntnis des BVwG könnte Art 47 Abs 2 GRC verletzen, indem es § 21 Abs 7 BFA-VG einen verfassungswidrigen Inhalt unterstellt. Art 47 Abs 2 GRC garantiert einen Anspruch auf Durchführung einer mündlichen Verhandlung vor dem über die Tat- und Rechtsfrage entscheidenden Gericht (vgl *Berka*, Verfassungsrecht[8] [2021] Rz 1599) und ist anwendbar, wenn eine Person ein subjektives Recht geltend macht, das im Anwendungsbereich des Unionsrechtes liegt (vgl VfSlg 19.632/2012). Art 47 Abs 2 GRC ist nicht auf strafrechtliche Anklagen oder zivilrechtliche Entscheidungen beschränkt, sodass die Garantie auch – anders als Art 6 EMRK – im vorliegenden Bereich des Asyl- und Fremdenrechtes anwendbar ist; der Anwendungsbereich des Unionsrechtes ist auch eröffnet, weil sich die geltend gemachten Rechte auf internationalen Schutz aus innerstaatlichen Bestimmungen ergeben, die die Mitgliedstaaten in Umsetzung bzw Durchführung des Unionsrechtes erlassen haben. Art 47 Abs 2 GRC ist somit anwendbar und durch Unterlassen der mündlichen Verhandlung wird die grundrechtliche Garantie beeinträchtigt. Das Absehen von einer mündlichen Verhandlung stellt eine Verletzung des Grundrechtes dar, wenn die mündliche Verhandlung zur Gewährleistung einer den Anforderungen des Art 47 Abs 2 GRC an ein faires Verfahren entsprechenden Entscheidung des erkennenden Gerichtes geboten ist (VfGH 13.3.2013, U 1175/12 ua; VfGH 26.6.2013, U 1257/2012; VfGH 22.9.2014, U 2529/2013). Sofern zuvor bereits ein Verwaltungsverfahren stattgefunden hat, in dessen Rahmen Parteiengehör gewährt wurde, steht das Absehen allerdings im Einklang mit dem verfassungsgesetzlich gewährleisteten Recht aus Art 47 Abs 2 GRC, wenn der Sachverhalt aus der Aktenlage in Verbindung mit der Beschwerde geklärt erscheint oder sich aus den Ermittlungen zweifelsfrei ergibt, dass das Vorbringen tatsachenwidrig ist (vgl VfSlg 19.632/2012). Der VfGH geht aber davon aus, dass Art 47 Abs 2 GRC in einem Fall, in dem die Entscheidung über das Vorliegen eines Asylgrundes wesentlich von der Glaubwürdigkeit des Asylwerbers in Bezug auf seine innere Einstellung, insbesondere etwa in Bezug auf seine religiöse Überzeugung abhängt, für deren Beurteilung der persönliche Eindruck maßgeblich ist, grundsätzlich verlangt, dass sich das erkennende Gericht selbst unmittelbar in einer mündlichen Verhandlung diesen Eindruck verschafft (vgl VfSlg 19.632/2012;

VfGH 26.2.2018, E 3296/2017; VfGH 24.9.2018, E 3106/2018; VfGH 6.6.2019, E 1592/2019).

Vorliegend ist dies der Fall: Die Entscheidung über das Vorliegen eines Asylgrundes hängt wesentlich von der Glaubwürdigkeit des Beschwerdeführers in Bezug auf seine innere Einstellung, nämlich seine religiöse Überzeugung, ab. Für die Beurteilung, ob es sich bei der Konversion des Beschwerdeführers um eine Scheinkonversion handelt, kommt nach der ständigen Rsp von VfGH und VwGH der Frage der inneren (Glaubens-)Überzeugung des Beschwerdeführers maßgebliche Bedeutung zu (vgl VfSlg 19.837/2013; VfGH 12.6.2013, U 2087/2012; VfGH 22.9.2014, U 2193/2013; VwGH 2.9.2015, Ra 2015/19/0091; VwGH, 23.5.2017, Ra 2017/18/0028). Für diese Beurteilung ist insbesondere der persönliche Eindruck des Beschwerdeführers wesentlich. Einen solchen persönlichen Eindruck vermag vor dem Hintergrund des vorliegenden Falles aber nur eine Einvernahme in einer mündlichen Verhandlung vor dem BVwG zu vermitteln. Im Rahmen einer Gesamtbetrachtung ist die Glaubwürdigkeit der Konversion anhand einer näheren Beurteilung von Zeugenaussagen und einer konkreten Befragung des Beschwerdeführers zu seinen religiösen Aktivitäten zu ermitteln (vgl zB VfSlg 19.837/2013). Das BVwG hat im vorliegenden Fall keine mündliche Verhandlung durchgeführt und es damit unterlassen, sich einen persönlichen Eindruck von *Kilian* zu verschaffen, obwohl es die Frage des Vorliegens eines Asylgrundes wesentlich von seiner Glaubwürdigkeit in Bezug auf seine innere Einstellung abhängig macht. Damit unterlässt es das BVwG, sich durch eine mündliche Verhandlung einen persönlichen Eindruck vom Beschwerdeführer zu verschaffen, obwohl es sich um einen Fall handelt, in dem es entscheidend auf die für das Vorliegen eines Asylgrundes maßgebliche religiöse Überzeugung, somit die innere Einstellung, des Beschwerdeführers ankommt. Da *Kilian* vorliegend detailliert seine Mitarbeit und sein Engagement in der Kirche und seine intensive Einbindung in die Arbeit der Gemeinde schildert sowie seinen praktizierten Glauben vorbringt und auch Urkunden zum Beleg dessen vorlegt, handelt es sich auch nicht um einen Fall, in dem der persönliche Eindruck ausnahmsweise nicht maßgeblich ist und das Unterbleiben einer mündlichen Verhandlung aus diesem Grund in dieser Hinsicht keine Bedenken im Hinblick auf Art 47 Abs 2 GRC aufwerfen würde (vgl VfGH 23.9.2019, E 968/2019). Indem das BVwG es im vorliegenden Fall unterlassen hat, sich im Wege einer mündlichen Verhandlung einen persönlichen Eindruck zu verschaffen, unterstellt es § 21 Abs 7 BFA-VG einen mit Art 47 Abs 2 GRC nicht zu vereinbarenden Inhalt und verletzt damit den Beschwerdeführer in seinem durch diese Bestimmung verfassungsgesetzlich gewährleisteten Recht.

Frage 23: *Franz* ist (ehemaliger) Rechtsanwalt und wurde mit Urteil vom 29.7.2022 wegen unterschiedlicher Delikte, ua wegen geschlechtlicher Nötigung und sexuellem Missbrauch von Unmündigen, rechtskräftig zu einer Freiheitsstrafe verurteilt. Der Disziplinar-

rat der zuständigen Rechtsanwaltskammer sprach *Franz* später hinsichtlich jener Fakten für schuldig, hinsichtlich derer er auch durch das Strafgericht rechtskräftig verurteilt worden war. Wegen dieser Taten wurde über *Franz* die Disziplinarstrafe der Streichung von der Liste der Rechtsanwälte der zuständigen Rechtsanwaltskammer verhängt. Rechtsmittel hiergegen blieben erfolglos. Liegt hier eine Verletzung der verfassungsgesetzlich gewährleisteten Rechte des *Franz* dadurch vor, dass die Disziplinarstrafe auf denselben Taten beruhte wie die strafgerichtliche Verurteilung?

Zu prüfen ist, ob *Franz* in seinem verfassungsgesetzlich gewährleisteten Recht aus Art 4 Abs 1 7. ZPEMRK verletzt ist. Art 4 Abs 1 7. ZPEMRK regelt das Verbot der Doppelbestrafung. Danach darf niemand wegen einer strafbaren Handlung, derentwegen er bereits einmal rechtskräftig verurteilt oder freigesprochen worden ist, in einem Strafverfahren desselben Staates erneut vor Gericht gestellt oder bestraft werden. Mit dieser grundrechtlichen Gewährleistung ist es unvereinbar, dass ein Verhalten zu mehreren Strafverfahren führt, wenn die verschiedenen Vorwürfe im Wesentlichen denselben Unrechts- und Schuldgehalt erfassen (*G/H*, Rz 658). Vorliegend wird *Franz* wegen desselben Unrechts- und Schuldgehaltes, der im Strafverfahren bereits behandelt wurde und zu einem rechtskräftigen Urteil führte, im Disziplinarverfahren noch einmal verfolgt und bestraft. Darin könnte ein Verstoß gegen das Doppelbestrafungsverbot liegen. Hierzu ist zunächst zu klären, ob Art 4 Abs 1 7. ZPEMRK auf Disziplinarverfahren Anwendung findet. Der VfGH geht in stRsp davon aus, dass dies dahinstehen könne, da hier ohnehin eine Ausnahme greife. Es sei ein legitimes Interesse der Standesgemeinschaft, sich im Falle schwerwiegender gerichtlicher Verurteilungen, denen – wie hier – Verhaltensweisen des Betroffenen zugrunde liegen, von denen regelmäßig auch eine Gefährdung des Ansehens des Standes oder der ordnungsgemäßen Erfüllung bestimmter standesspezifischer Berufspflichten ausgehe, in Wahrnehmung des sogenannten „disziplinären Überhanges" disziplinarrechtliche Reaktionen vorzubehalten. Es sei dies ein eigener, eine gesonderte disziplinäre Bestrafung rechtfertigender Aspekt, wenn und soweit der standesrechtliche Aspekt im Strafverfahren nicht berücksichtigt wurde (vgl VfSlg 15.586/1999, 15.847/2000). *Franz* wurde damit nicht in seinem verfassungsgesetzlich gewährleisteten Recht aus Art 4 Abs 1 7. ZPEMRK verletzt.

Verfassungsgerichtsbarkeit

Johannes Hartlieb / Katharina Jesse

Frage 1: Gegen die Tierschützerin *Beate* wird ein Strafverfahren wegen Beteiligung an einer kriminellen Organisation (§ 278a StGB) eröffnet. Bereits während der Hauptverhandlung vor dem Landesgericht für Strafsachen Wien argumentiert *Beates* Anwalt vehement, dass die genannte Strafbestimmung wegen ihrer Unbestimmtheit gegen die österreichische Bundesverfassung verstoße. Was könnte man *Beates* Anwalt raten, wenn dieser § 278a StGB durch den VfGH auf seine Verfassungskonformität überprüfen lassen möchte?

Gem Art 140 B-VG erkennt der VfGH über die Verfassungswidrigkeit von Gesetzen. Eine Prüfung setzt jedoch idR einen entsprechenden Antrag eines bestimmten staatlichen Organs oder einer Privatperson voraus. Lediglich dann, wenn der VfGH in einer bei ihm anhängigen Rechtssache ein Gesetz anzuwenden hätte (zB im Rahmen einer Erkenntnisbeschwerde nach Art 144 B-VG), kann er dieses von Amts wegen auf seine Verfassungskonformität prüfen (Art 140 Abs 1 Z 1 lit b B-VG). In allen anderen Fällen setzt die Gesetzesprüfung einen Antrag voraus, wobei Art 140 Abs 1 B-VG die Antragslegitimierten taxativ aufzählt.

Im vorliegenden Fall könnte man *Beates* Anwalt zunächst raten, das Landesgericht davon zu überzeugen, einen Gesetzesprüfungsantrag beim VfGH zu stellen. Die Antragslegitimation des Landesgerichtes ergibt sich aus Art 140 Abs 1 Z 1 lit a iVm Art 89 Abs 2 B-VG: Das Landesgericht ist ohne Zweifel ein (ordentliches) Gericht iSd dieser Bestimmungen. Zudem muss das Landesgericht gegen die Anwendung eines Gesetzes aus dem Grund der Verfassungswidrigkeit Bedenken haben. Mit der Formulierung „Anwendung eines Gesetzes" ist gemeint, dass das antragstellende Gericht nicht irgendwelche gesetzlichen Bestimmungen beim VfGH anfechten kann, sondern bloß jene, welche im konkreten Verfahren eine Voraussetzung der zu erlassenden Entscheidung bilden; die angefochtenen Bestimmungen müssen daher präjudiziell sein. Im konkreten Fall: Das Landesgericht hat zu prüfen, ob *Beate* gegen § 278a StGB verstoßen hat. Das Gericht hat daher diese Bestimmung „anzuwenden". Hat das Landesgericht entweder aufgrund eigener Erwägungen oder aufgrund des Vorbringens von *Beates* Anwalt verfassungsrechtliche Bedenken gegen § 278a StGB, so ist es verpflichtet, einen Gesetzesprüfungsantrag beim VfGH zu stellen. *Beate* kommt allerdings kein Rechtsanspruch darauf zu, dass das Gericht tatsächlich einen Gesetzesprüfungsantrag an den VfGH erhebt. Es gibt jedoch noch eine zweite Möglichkeit, wie *Beates* Anwalt § 278a StGB auf seine Verfassungskonformität überprüfen lassen könnte:

Die Parteien eines Verfahrens vor den ordentlichen Gerichten haben es in vielen Fällen auch selbst in der Hand, einen Gesetzesprüfungsantrag beim VfGH zu stellen. Die Voraussetzungen für einen derartigen „Parteiantrag auf Normenkontrolle" sind (für die Anfechtung von Gesetzen) in Art 140 Abs 1 Z 1 lit d B-VG festgelegt: Antragsberechtigt ist zunächst die Partei eines Gerichtsverfahrens; dies trifft auf *Beate* als Angeklagte in einem Strafprozess zu. *Beate* muss behaupten, durch die Anwendung eines verfassungswidrigen Gesetzes in ihren Rechten verletzt zu sein; aufgrund des dargestellten Vorbringens ihres Anwalts wird dies kein Problem darstellen. Es muss zudem eine von einem ordentlichen Gericht in erster Instanz entschiedene Rechtssache vorliegen. Im konkreten Fall könnte *Beate* daher während der Hauptverhandlung noch keinen Antrag stellen; sie muss das Urteil des Landesgerichtes abwarten. Liegt dieses Urteil schließlich vor, muss der „Parteiantrag auf Normenkontrolle" aus Anlass eines gegen diese Entscheidung erhobenen Rechtsmittels gestellt werden. Der VfGH geht aufgrund der Formulierung „aus Anlass" davon aus, dass der Parteiantrag innerhalb jener Rechtsmittelfrist eingebracht werden muss, die für die Bekämpfung der erstinstanzlichen Entscheidung maßgeblich ist. Der Parteiantrag muss jedoch nicht gleichzeitig mit dem Rechtsmittel eingebracht werden (vgl VfGH 26.9.2016, G 62/2016). An der gem § 62 Abs 2 iVm § 62a VfGG darzulegenden Präjudizialität des anzufechtenden § 278a StGB kann – wie bereits oben ausgeführt – kein Zweifel bestehen. Schließlich bleibt zu beachten, dass ein Parteiantrag in bestimmten Fällen nicht gestellt werden kann (§ 62a Abs 1 Z 1-9 VfGG; zB im Besitzstörungsverfahren). § 278a StGB fällt indes unter keinen Tatbestand dieses Ausnahmekatalogs.

Ein „Parteiantrag auf Normenkontrolle" ist im vorliegenden Fall – nach Entscheidung durch das Landesgericht für Strafsachen Wien – zulässig. Es ist darauf hinzuweisen, dass mittels Parteiantrag auch Verordnungen (Art 139 Abs 1 Z 4 B-VG), Wiederverlautbarungen (Art 139a B-VG) und Staatsverträge (Art 140a B-VG) aus einem ordentlichen Gerichtsverfahren heraus angefochten werden können.

Frage 2: ***Markus*** **ist ein notorischer Schnellfahrer: Auch im Sommer 2023 war er wieder zu ambitioniert unterwegs, weswegen ein Straferkenntnis der Landespolizeidirektion (LPD) Wien ergangen ist. Dieses Straferkenntnis wurde vom VwG Wien mit Erkenntnis vom 4. Oktober 2023 bestätigt. Aufgrund einer dagegen erhobenen Erkenntnisbeschwerde nach Art 144 B-VG wurde mit veröffentlichtem Prüfungsbeschluss vom 21. Februar 2024 ein amtswegiges Gesetzesprüfungsverfahren gegen die der Entscheidung zugrunde liegende Strafbestimmung eingeleitet. Der VfGH hat am 12. Juni 2024 mit der nichtöffentlichen Beratung im Gesetzesprüfungsverfahren begonnen und die Strafbestimmung mit Erkenntnis vom 29. Juni 2024 als verfassungswidrig erkannt. Die Aufhebung wird mit 31. Dezember 2024 wirksam.**

Während *Markus* noch rätselt, welche Konsequenzen die Entscheidung des VfGH für sein Verfahren hat und ob er den bezahlten Strafbetrag zurückerhalten wird, erzählt ihm sein Freund *Gerhard*, dass auch seine beiden nach der in Rede stehenden Strafbestimmung geahndeten Verkehrsdelikte (Tatzeitpunkt und Einleitung des Verwaltungsstrafverfahrens jeweils am 1. Februar 2024) durch das VwG Wien bestätigt wurden und er jeweils am 5. bzw am 15. Juni 2024 dagegen Erkenntnisbeschwerde nach Art 144 B-VG erhoben hat. Klären Sie *Markus* und *Gerhard* über die Konsequenzen der Gesetzesaufhebung hinsichtlich ihrer Verkehrsstrafen auf!

Hebt der VfGH ein Gesetz wegen Verfassungswidrigkeit auf, so tritt gem Art 140 Abs 5 B-VG die Wirkung der Aufhebung erst mit Ablauf des Tages der Kundmachung ein („ex nunc-Wirkung“). Nach dieser Bestimmung kann jedoch für das Außerkrafttreten eine 18 Monate nicht überschreitende Frist bestimmt werden. Im vorliegenden Fall tritt die Strafbestimmung erst über ein halbes Jahr nach dem aufhebenden Erkenntnis des VfGH außer Kraft.

Art 140 Abs 7 B-VG bestimmt, dass auf die vor der Aufhebung verwirklichten Tatbestände mit Ausnahme des Anlassfalles weiterhin das – als verfassungswidrig erkannte – Gesetz anzuwenden ist, sofern der VfGH nicht in seinem aufhebenden Erkenntnis anderes ausspricht. Weil die Erkenntnisbeschwerde von *Markus* tatsächlich „Anlass“ für die Einleitung des Gesetzesprüfungsverfahrens war, ist seine konkrete Rechtssache im vorliegenden Verfahren der „Anlassfall“. Dies hat nicht bloß zur Folge, dass die verfassungswidrige Strafbestimmung im Verfahren von *Markus* nicht mehr anzuwenden ist; vielmehr hebt der VfGH auch jedenfalls die Entscheidung des VwG Wien auf. Seit dem Jahr 1984 erfolgt keine Prüfung des Anlassfalles an der „bereinigten Rechtslage“ (also an der Rechtslage ohne die als verfassungswidrig erkannte Strafbestimmung) mehr. Da die Entscheidung des VwG Wien im Falle von *Markus* durch den VfGH aufgehoben wird, hat jedenfalls eine Rückzahlung des (nunmehr ohne Rechtsgrund) geleisteten Strafbetrages zu erfolgen (sog „Folgenbeseitigungsanspruch“; vgl § 87 VfGG); falls – aus welchen Gründen auch immer – faktisch keine Rückzahlung erfolgt, kann *Markus* seinen Anspruch mit Klage nach Art 137 B-VG beim VfGH durchsetzen.

Das von *Gerhard* angestrengte verfassungsgerichtliche Verfahren kann zunächst nicht als „klassischer“ Anlassfall bezeichnet werden, weil das Gesetzesprüfungsverfahren eben aufgrund der Beschwerde von *Markus* eingeleitet wurde. Der VfGH dehnt jedoch die Anlassfallwirkung auf jene Fälle aus, die im Zeitpunkt des Beginns der mündlichen Verhandlung oder, wenn eine solche unterbleibt, bei Beginn der nichtöffentlichen Beratung des VfGH im Gesetzesprüfungsverfahren beim VfGH anhängig sind. Diese Fälle werden auch als „Quasi-Anlassfälle“ bezeichnet. Dies trifft auf *Gerhards* Erkenntnisbeschwerde vom 5. Juni 2024, nicht jedoch auf seine Erkenntnisbeschwerde vom 15. Juni 2024, zu. Eine weitere Ausnahme ist jedoch zu beachten: Wird das Verwaltungsverfahren erst nach Bekanntmachung des Prüfungsbeschlusses eingeleitet, so liegt auch dann kein „Quasi-Anlassfall“ vor, wenn die Erkenntnisbeschwerde vor Beginn der mündlichen Verhandlung bzw der nichtöffentlichen Beratung beim VfGH anhängig ist. Dies ist im vorliegenden Fall nicht einschlägig, weil die Verwaltungsstrafverfahren vor Bekanntmachung des Prüfungsbeschlusses eingeleitet wurden. Der VfGH wird daher das mit Beschwerde vom 5. Juni 2024 bekämpfte Erkenntnis des VwG Wien jedenfalls aufheben. Die Erkenntnisbeschwerde vom 15. Juni 2024 wird jedoch – so nicht eine Aufhebung aus einem anderen Grund in Frage kommt – abgewiesen werden, obwohl die auch in diesem Verfahren angewendete Strafbestimmung als verfassungswidrig erkannt wurde. Dies eben deshalb, weil Art 140 Abs 7 letzter Satz B-VG bestimmt, dass im Falle einer Fristsetzung durch den VfGH, das Gesetz auf alle bis zum Ablauf dieser Frist verwirklichten Tatbestände – mit Ausnahme des Anlassfalles – weiterhin anzuwenden ist. Daher ist im konkreten Fall die verfassungswidrige Strafbestimmung bis zum 31. Dezember 2024 weiterhin von den Behörden anzuwenden. Die Verfassungswidrigkeit der Strafbestimmung kann daher – abgesehen von den (Quasi-)Anlassfällen – in etwaigen Strafverfahren nicht mehr geltend gemacht werden kann. Man spricht auch bildlich davon, dass die (an sich ja verfassungswidrige) Strafbestimmung bis zu ihrem Außerkrafttreten mit Ablauf des 31. Dezember 2024 „immunisiert“ ist. Aus diesem Grund eingebrachte Erkenntnisbeschwerden würden daher – so nicht eine Aufhebung des Erkenntnisses aus einem anderen Grund in Frage kommt – vom VfGH abgewiesen werden.

Frage 3: Nachdem der Nationalrat einen Untersuchungsausschuss zur Klärung der Verantwortung für die Vorgänge rund um die *H-Bank* eingesetzt hat, sollen verschiedene Personen als Auskunftspersonen geladen werden. *Gerlinde* war als Staatskommissärin bei der *H-Bank* tätig und erscheint – schon etwas nervös – vor dem Untersuchungsausschuss. Prompt wird *Gerlinde* mit dem Vorwurf eines Nationalratsabgeordneten konfrontiert: Immer dann, wenn es um heikle Geschäfte der *H-Bank* gegangen sei, habe *Gerlinde* den Sitzungssaal verlassen. Durch diesen Vorwurf fühlt sich *Gerlinde* in ihrem „Recht auf Ehre“ und in ihrem „Recht auf Wahrung ihres wirtschaftlichen Rufs“ gem § 1330, § 16 ABGB und § 111 StGB verletzt und erwägt rechtliche Schritte. Welchen Rechtsweg könnte *Gerlinde* beschreiten? Wie läuft das entsprechende Verfahren ab und wird *Gerlinde* mit ihrem Rechtsmittel erfolgreich sein?

Der VfGH entscheidet über bestimmte Meinungsverschiedenheiten betreffend die Einsetzung und Tätigkeit von Untersuchungsausschüssen (Art 138b B-VG). Die meisten Zuständigkeiten beziehen sich auf die Überprüfung von Beschlüssen des Untersuchungsausschusses auf ihre Rechtmäßigkeit durch Mitglieder des

Untersuchungsausschusses selbst. Die Gesetzgebung hat indes auch die Rechtsstellung von Personen bedacht, welche durch die Tätigkeit des Untersuchungsausschusses in ihren Rechten verletzt werden können.

Dementsprechend erkennt der VfGH gem Art 138b Abs 1 Z 7 B-VG über Beschwerden einer Person, die durch ein Verhalten eines Untersuchungsausschusses des NR (lit a), eines Mitgliedes eines solchen Ausschusses in Ausübung seines Berufes als Mitglied des NR (lit b) oder gesetzlich zu bestimmender Personen in Ausübung ihrer Funktion im Verfahren vor dem Untersuchungsausschuss (lit c) in ihren Persönlichkeitsrechten verletzt zu sein behauptet. Gem § 56i Abs 3 VfGG hat die Beschwerde die Bezeichnung des angefochtenen Verhaltens und, soweit dies zumutbar ist, die Angabe, wer es gesetzt hat, den Sachverhalt, die Bezeichnung der Persönlichkeitsrechte, in denen der Beschwerdeführer verletzt zu sein behauptet, die erforderlichen Beweise sowie die Angaben zu enthalten, die erforderlich sind, um zu beurteilen, ob das Verhalten rechtzeitig angefochten wurde.

Im vorliegenden Fall könnte *Gerlinde* daher Beschwerde beim VfGH erheben: *Gerlinde* müsste zunächst das angefochtene Verhalten darlegen, was keine Probleme bereiten dürfte. Gleiches gilt für die Angabe des Sachverhaltes, der Person, welche das angefochtene Verhalten gesetzt hat, der erforderlichen Beweise sowie der Angaben zur Rechtzeitigkeit der Beschwerde. Fraglich könnte sein, welche Rechte als „Persönlichkeitsrechte" iSd Art 138b Abs 1 Z 7 B-VG zu verstehen sind. Die von *Gerlinde* als verletzt erachteten Rechte hat der VfGH als derartige „Persönlichkeitsrechte" erachtet (VfGH 8.10.2015, UA 3/2015, Rz 22). Eine Beschwerde von *Gerlinde* nach Art 138b Abs 1 Z 7 B-VG wäre daher zulässig.

Der VfGH erachtet sich im Verfahren nach Art 138b Abs 1 Z 7 B-VG an das Beschwerdevorbringen gebunden: Es ist ihm verwehrt, über das in der Beschwerde ausdrücklich angeführte, konkrete Verhalten hinaus über sonstiges Verhalten der Mitglieder oder Funktionäre des Untersuchungsausschusses zu erkennen. Der VfGH hat sich auf die Feststellung zu beschränken, ob das ausdrücklich in Beschwerde gezogene Verhalten die konkret geltend gemachten Persönlichkeitsrechte verletzt. Der VfGH hat nicht von Amts wegen zu prüfen, ob in andere als die geltend gemachten Persönlichkeitsrechte eingegriffen (und diese verletzt) wurde(n) (VfGH 8.10.2015, UA 3/2015, Rz 28).

Im verfassungsgerichtlichen Verfahren haben der Beschwerdeführer und der Präsident des NR Parteistellung (§ 56i Abs 4 VfGG). Dieser kann eine Äußerung erstatten und jene Mitglieder oder Funktionäre, wegen deren Verhalten Beschwerde erhoben worden ist, zu einer schriftlichen Stellungnahme auffordern (näher § 56i Abs 5 VfGG). Der VfGH hat ohne unnötigen Aufschub zu entscheiden (§ 56i Abs 7 VfGG). Das angefochtene Verhalten ist – so die Beschwerde nicht ab- oder zurückzuweisen ist – für rechtswidrig zu erklären (§ 56i Abs 8 VfGG).

In der Sache berücksichtigt der VfGH, dass die jeweilige Auskunftsperson die „öffentliche Bühne" nicht freiwillig betritt, sondern diese vielmehr verpflichtet ist, einer Ladung des Untersuchungsausschusses zu folgen und dort wahrheitsgemäß auszusagen. Die Äußerungen der Mitglieder des Untersuchungsausschusses seien in ihrem Kontext zu beurteilen. Die Auskunftsperson, an welche eine Frage gerichtet oder die mit negativer Kritik oder Vorwürfen konfrontiert wird, habe – außer im Falle evident unwahrer Tatsachenbehauptungen oder Werturteilen mit exzessivem Charakter – die Möglichkeit der unmittelbaren Reaktion und Aufklärung (VfGH 8.10.2015, UA 3/2015, Rz 33). Im vorliegenden Fall konnte der VfGH die im konkreten Vorwurf enthaltene Tatsachenfeststellung nicht als unwahr erkennen. Die im konkreten Vorwurf enthaltene Wertung des Mitgliedes des NR sei durch das Recht auf freie Meinungsäußerungsfreiheit (Art 10 EMRK) geschützt und stelle keinen Wertungsexzess dar (VfGH 8.10.2015, UA 3/2015, Rz 46 f).

Frage 4: *Julia* bewirtschaftet seit einiger Zeit ein landwirtschaftliches Grundstück in Pucking (Oberösterreich) auf dem vornehmlich Äpfel angebaut werden. Ihren gewohnten Zufahrtsweg bildet die Gemeindestraße X, auf der sie innerhalb von wenigen Minuten ihre Apfelbäume erreicht. Im Frühjahr 2025 erlässt der Gemeinderat von Pucking eine Verordnung, mit der die Gemeindestraße X aufgelassen wird, weil diese wegen mangelnder Verkehrsbedeutung für den Gemeingebrauch entbehrlich geworden sei (§ 11 Abs 3 Oberösterreichisches Straßengesetz). Durch die Auflassung wird der Gemeingebrauch an der Straße entzogen (§ 2 Z 4 Oberösterreichisches Straßengesetz). Der Gemeinderat begründet diese Verordnung damit, dass seit Jahren nur noch *Julia* diese Straße nütze und dies aufgrund der laufenden Instandhaltungsmaßnahmen einen unverhältnismäßigen Aufwand bedeute. *Julia* könne zudem die Gemeindestraße Y nutzen, um zu ihren Apfelbäumen zu fahren. Dass sich die Fahrzeit dadurch auf eine halbe Stunde erhöhe, sei zumutbar. *Julia* ist darüber empört und möchte „direkt gegen die Verordnung vorgehen“. Was meint sie damit und wird sie Erfolg haben?

Unter bestimmten Umständen können Einzelpersonen eine generelle Norm direkt beim VfGH anfechten (Art 139 Abs 1 Z 3, Art 140 Abs 1 Z 1 lit c B-VG). Der Unterschied zum „Parteiantrag auf Normenkontrolle“, mit dem gleichfalls ein Prüfungsantrag von einer Einzelperson gestellt werden kann, liegt darin, dass es für diesen ein zugrunde liegendes Verfahren vor einem ordentlichen Gericht bedarf. Indes kann eine generelle Norm mit einem sog Individualantrag unter bestimmten Umständen auch ohne jegliches zugrundeliegende Verfahren beim VfGH angefochten werden. Ein Individualantrag kann sich gegen Gesetze, Verordnungen, Staatsverträge oder Wiederverlautbarungen richten. Im vorliegenden Fall kommt ein Individualantrag auf Verordnungsprüfung in Betracht (Art 139 Abs 1 Z 3 B-VG). Damit ein Individualantrag zulässig ist, müssen zwei Voraussetzungen (kumulativ) erfüllt sein: Der Antragsteller muss unmittelbar in seiner

Rechtsposition betroffen sein und es muss diesem unmöglich oder unzumutbar sein, ein gerichtliches Urteil oder einen Bescheid einer Verwaltungsbehörde zu erlangen. Hinter dem zweiten Kriterium steht die Überlegung, dass ein Individualantrag unzulässig ist, wenn es einen zumutbaren „Umweg“ gibt, der von der Einzelperson beschritten werden kann, um die generelle Norm entweder aus einem ordentlichen Gerichtsverfahren heraus durch einen „Parteiantrag auf Normenkontrolle“ zu bekämpfen oder gegen die Entscheidung eines VwG eine Erkenntnisbeschwerde nach Art 144 B-VG zu erheben. Der Individualantrag ist daher gegenüber diesen Formen des Rechtsschutzes subsidiär; aus diesem Grund prüft der VfGH die dargestellten Voraussetzungen sehr streng.

Die erste Voraussetzung der Betroffenheit in einer Rechtsposition lässt sich in mehrere Kriterien untergliedern: Zunächst muss die Rechtssphäre des Antragstellers berührt bzw muss in die Rechtsphäre des Antragstellers eingegriffen werden (*Ö/E*, Rz 1021). Anfechtungsbefugt ist nur derjenige, an oder gegen den sich die angefochtene Norm wendet bzw der von dieser unmittelbar betroffen ist („Normadressat“) (*Ö/E*, Rz 1022). Der Eingriff muss durch die Norm selbst nach Art und Ausmaß eindeutig bestimmt sein; er muss auch aktuell und nicht bloß potenziell sein (*Ö/E*, Rz 1023). Zu diesen Kriterien existiert eine reichhaltige Judikatur des VfGH, die mitunter sehr fallspezifisch ist – an einem Studium ausgewählter Fallkonstellationen (zB bei *Ö/E*, Rz 1021 ff) führt daher kein Weg vorbei.

Im vorliegenden Fall ist fraglich, ob ein Eingriff in die Rechtssphäre von *Julia* vorliegt. Der VfGH weist in ständiger Rsp Individualanträge zurück, in denen die angefochtene Norm keine rechtlichen, sondern bloß faktische Auswirkungen auf den Antragsteller hat. Das Straßenverkehrsrecht ist hierfür ein gutes Beispiel: Oft werden Normen angefochten, die eine bestimmte Befahrung von Straßen erschweren oder unmöglich machen. In diesem Fallen spricht der VfGH regelmäßig von einer bloß „faktischen bzw wirtschaftlichen Reflexwirkung“, die keinen Eingriff in die Rechtssphäre des Antragstellers bewirkt. Das klassische Beispiel idZ ist ein – unzulässiger – Individualantrag eines Würstelstandbesitzers, der sich gegen eine Verordnung nach der Straßenverkehrsordnung (StVO) richtet, weil diese bewirkt, dass weniger Autofahrer an seinem Würstelstand vorbeifahren und er dadurch Umsatzeinbußen erleidet (VfSlg 8060/1977). Die Verordnung im vorliegenden Fall zeigt die Einzelfallbezogenheit der Rsp: Weil *Julia* ein weiterer – wenn auch weitaus zeitintensiverer – Weg zu ihren Apfelbäumen offen steht, liegt bloß eine „faktische bzw wirtschaftliche Reflexwirkung“ vor. Ein Individualantrag von *Julia* wäre daher vom VfGH als unzulässig zurückzuweisen. Anders wäre der Fall zu beurteilen, wenn für *Julia* durch die Auflassung der Gemeindestraße X gar keine Möglichkeit mehr bestünde, die Apfelbäume auf ihrem landwirtschaftlichen Grundstück zu erreichen. Bei derartigen Konstellationen hat der VfGH regelmäßig die unmittelbare Betroffenheit in einer Rechtsposition bejaht (vgl VfSlg 9721/1983 mwN).

Frage 5: **Im Zuge der jüngsten Novellierung des österreichischen Weingesetzes wurde eine Regelung geschaffen, die vorschreibt, dass auf der Etikettierung von Weinerzeugnissen spezifische Angaben zur Herkunft eines Weines gemacht werden und die Etiketten einer gewissen Gestaltung entsprechen müssen. Wird ein Wein entgegen diesen Etikettierungsvorschriften in Verkehr gebracht, drohen hohe Verwaltungsstrafen. Vor Einführung dieser Regelung konnten die Etiketten von Weinerzeugnissen frei gestaltet werden und die Winzer und Winzerinnen frei entscheiden, wie sie die Herkunft ihres Weines beschreiben. *Maria*, eine Winzerin aus dem niederösterreichischen Weinviertel, hat die Etiketten ihres Weines bislang sehr kreativ gestaltet. Sie sieht sich durch die neuen Etikettierungsvorschriften in ihrer „unternehmerischen Freiheit" eingeschränkt und möchte ihre kreativ gestalteten Etiketten weiterhin zur Kennzeichnung ihres Weines verwenden. Von einer Freundin, die in Wien Rechtswissenschaften studiert, hat *Maria* gehört, dass man in solchen Fällen „direkt den Verfassungsgerichtshof anrufen kann". Was meint *Marias* Freundin damit? Klären Sie die beiden Freundinnen auf.**

Der VfGH erkennt über die Verfassungswidrigkeit von Gesetzen auf Antrag einer Person, die unmittelbar durch diese Verfassungswidrigkeit in ihren Rechten verletzt zu sein behauptet, wenn das Gesetz ohne Fällung einer gerichtlichen Entscheidung oder ohne Erlassung eines Bescheides für diese Person wirksam geworden ist. Das heißt, unter bestimmten Voraussetzungen können Einzelpersonen generelle Normen ohne vorangegangenes (verwaltungs-)gerichtliches Verfahren beim VfGH anfechten. Die Antragslegitimation eines solchen Individualantrages – auf den der Hinweis von *Marias* Freundin abzielt – ergibt sich im Fall der Anfechtung von Gesetzen aus Art 140 Abs 1 Z 1 lit c B-VG. Damit ein Individualantrag zulässig ist, müssen zwei Voraussetzungen (kumulativ) erfüllt sein: Der Antragsteller muss unmittelbar in seiner Rechtsposition betroffen sein und es muss diesem unmöglich oder unzumutbar sein, ein gerichtliches Urteil oder einen Bescheid einer Verwaltungsbehörde zu erlangen. Im konkreten Fall stellt sich vor allem die Frage, ob es einen zumutbaren „Umweg" gibt, der von *Maria* beschritten werden kann, um die gesetzliche Norm im österreichischen Weingesetz entweder aus einem ordentlichen Gerichtsverfahren heraus durch einen „Parteiantrag auf Normenkontrolle" zu bekämpfen oder gegen die Entscheidung eines VwG eine Erkenntnisbeschwerde nach Art 144 B-VG zu erheben. Aus dem Sachverhalt ergeben sich keine Hinweise dafür, dass *Maria* die Möglichkeit hätte, ein Verfahren vor den ordentlichen Gerichten anzustreben, um die generelle Norm im Wege eines „Parteiantrags auf Normenkontrolle" vor den VfGH zu bringen. Zu überlegen ist daher, ob *Maria* die Möglichkeit hat, ein verwaltungsbehördliches Verfahren einzuleiten, um in weiterer Folge eine Erkenntnisbeschwerde nach Art 144 B-VG zu erheben. *Maria* könnte sich überlegen, ob sie – trotz der neuen Etikettierungsvorschriften – ihren Wein weiterhin mit frei gestalteten Etiketten in Verkehr bringt und damit die Verhängung einer Verwaltungsstrafe „provoziert". Eine solche Verwaltungsstrafe wäre grundsätzlich bescheidmäßig vorzuschreiben. Das entsprechende Straferkenntnis (Strafbescheid) könnte in weiterer Folge beim zuständigen VwG und die daraufhin ergehende verwaltungsgerichtliche Entscheidung im Wege einer Erkenntnisbeschwerde nach Art 144 B-VG beim VfGH angefochten werden. In einem solchen Verfahren wären die in Frage stehenden Etikettierungsvorschriften auch präjudiziell und könnten somit auf ihre Verfassungskonformität überprüft werden. Der VfGH erachtet es allerdings als unzumutbar, eine strafbare Handlung zu setzen, um ein gerichtliches oder verwaltungsbehördliches Strafverfahren zu provozieren (VfSlg 20.191/2017; zum österreichischen Weingesetz vgl VfSlg 11.369/1987). Einem Normunterworfenen kann es nicht zugemutet werden, eine verbotene Handlung vorzunehmen, um sich daraufhin in einem dadurch eingeleiteten Verfahren mit der Behauptung, dass die verletzte Norm verfassungswidrig sei, zur Wehr zu setzen. Anders sieht dies der VfGH, wenn ein (Verwaltungs-)Strafverfahren bereits im Gange ist. In einem solchen Fall ist es durchaus zumutbar, im Wege einer Beschwerde nach Art 144 B-VG (oder eines Parteiantrags auf Normenkontrolle) die Bedenken gegen die generelle Norm vorzubringen (*Ö/E*, Rz 1024 ff). *Maria* steht daher kein zumutbarer Umweg, die Bedenken gegen die Etikettierungsvorschriften des Weingesetzes vor dem VfGH geltend zu machen, zur Verfügung, weshalb diese Voraussetzung für die Erhebung eines Individualantrages erfüllt ist. Mit der „unternehmerischen Freiheit" beruft sich Maria auf die Erwerbsfreiheit, die als verfassungsgesetzlich gewährleistetes Recht (Art 6 StGG) im Rahmen eines Individualantrags auch als Prüfungsmaßstab dient (zum österreichischen Weingesetz vgl VfSlg 13.576/1993).

Frage 6: **In Österreich breitet sich innerhalb kürzester Zeit eine höchst ansteckende, gefährliche Infektionskrankheit aus. Deshalb erlässt der zuständige Bundesminister für Gesundheit eine Verordnung, die weitreichende Beschränkungen der allgemeinen Bewegungsfreiheit vorsieht. *Max*, Universitätsprofessor für Öffentliches Recht, hat zahlreiche verfassungsrechtliche Bedenken gegen diese Verordnung. Er überlegt nun, seine Bedenken mittels Individualantrag an den VfGH heranzutragen. Aber noch bevor *Max* seinen Plan in die Realität umsetzen kann, beruhigt sich die Situation und die Verordnung tritt außer Kraft. Da sich *Max* durch die Verordnung aber derart in seinen Grundrechten auf persönliche Freiheit und persönliche Freizügigkeit verletzt erachtet (hat), möchte er dennoch etwas dagegen unternehmen und seinen ursprünglichen Plan durchsetzen. Kann *Max* trotz Außerkrafttreten der Verordnung weiterhin einen Individualantrag an den VfGH**

erheben oder steht das Außerkrafttreten der Verordnung dem Vorhaben von *Max* entgegen?

Im vorliegenden Fall kommt ein Individualantrag auf Verordnungsprüfung nach Art 139 Abs 1 Z 3 B-VG in Betracht. Für die Zulässigkeit eines Individualantrages müssen zwei Voraussetzung vorliegen. Der Antragsteller muss unmittelbar in seiner Rechtsposition betroffen sein und es muss diesem unmöglich oder unzumutbar sein, ein gerichtliches Urteil oder einen Bescheid einer Verwaltungsbehörde zu erlangen. (Erste) Voraussetzung der Antragslegitimation ist, dass die generelle Norm – im konkreten Fall also die in Rede stehende Verordnung – in die Rechtssphäre des Antragstellers nachteilig eingreift. Durch das Außerkrafttreten der in Rede stehenden Verordnung, ist im Fall von *Max* vor allem diese erste Voraussetzung der unmittelbaren Betroffenheit in der Rechtssphäre des Antragstellers fraglich. Zwar ist es nicht ausgeschlossen, dass auch bereits außer Kraft getretene Normen die Rechtssphäre des Antragstellers noch aktuell berühren könnten; dies ist insbesondere bei zeitraumbezogenen Regelungen der Fall. Grundsätzlich geht der VfGH aber davon aus, dass eine Verordnung nicht mehr im Wege des Art 139 Abs 1 Z 3 B-VG bekämpft werden kann, wenn sie bereits außer Kraft getreten ist (zB VfSlg 19.931/2011). Im Rahmen der Rsp zur COVID-19-Pandemie hat der VfGH diese Voraussetzung weiterentwickelt. Abgeleitet aus dem rechtsstaatlichen Prinzip bejaht der VfGH eine Berührung in der Rechtssphäre des Antragstellers auch bei außer Kraft getretenen Normen, wenn eine Verordnung auf Grund der besonderen Situation nur kurze Zeit in Kraft steht (zur Bewältigung der COVID-19-Pandemie war eine laufende und rasche Anpassung des Regelungssystems notwendig) und Rechtsschutz gegen individuelle Rechtseingriffe durch Verordnungsbestimmungen sonst nicht oder nur auf unzumutbarem Weg erlangt werden kann. Das Rechtsschutzinteresse von *Max* an der Klärung, ob der durch die anzufechtende Verordnung bewirkte Eingriff in seine Rechtssphäre verfassungsmäßig erfolgt ist, reicht somit über den Zeitraum der Geltung der Verordnung hinaus, weil Rechtsschutz ansonsten – wenn kein Verfahren nach Art 139 Abs 1 Z 3 B-VG in Frage käme – nur bei Setzen einer strafbaren Handlung zu erlangen gewesen wäre (*G/H*, Rz 681; VfSlg 20.398/2020). *Max* kann also an seinem Plan festhalten und die – mittlerweile außer Kraft getretene – Verordnung weiterhin vom VfGH im Wege eines Individualantrages auf ihre Verfassungskonformität überprüfen lassen.

Frage 7: *Mathilde* hat aus ihrem letzten Sommerurlaub auf der indonesischen Insel Bali einige seltene Tiere mitgenommen, die sie in ihrer Tierhandlung gewinnbringend verkaufen möchte. Einige Wochen nach ihrer Ankunft in Österreich werden die Tiere durch den zuständigen Bundesminister beschlagnahmt. Der entsprechende Bescheid wird auf Grundlage eines Bundesgesetzes erlassen, durch das ein völkerrechtliches Übereinkommen über den Schutz

bestimmter seltener Tiere in nationales Recht umgesetzt wurde. *Mathilde* erhebt gegen diesen Bescheid Beschwerde beim BVwG, dieses weist die Beschwerde jedoch ab und erklärt die Revision für zulässig. *Mathilde* erhebt daraufhin Revision vor dem VwGH, welcher das Erkenntnis des BVwG wegen Verfahrensmängeln aufhebt. Auf Grundlage der Rechtsanschauung des VwGH hebt das BVwG infolgedessen den Bescheid auf, die Herausgabe der Tiere wird jedoch vom zuständigen Bundesminister verweigert. *Mathilde* ist verzweifelt, da sie beträchtliche Umsatzeinbußen befürchtet. Sie beschließt daher, den VfGH in dieser Sache anzurufen. Neben der Forderung auf Herausgabe der Tiere macht *Mathilde* in ihrer Klage auch schadenersatzrechtliche Ansprüche geltend. Auf welche Rechtsgrundlage stützt sich die Klage? Gegen wen richtet sich die Klage? Wird *Mathilde* mit ihrer Klage Erfolg haben?

Im gegenständlichen Fall ist die in Art 137 B-VG normierte Kompetenz des VfGH angesprochen, über vermögensrechtliche Ansprüche gegen den Bund, die Länder, die Gemeinden und die Gemeindeverbände zu erkennen („Kausalgerichtsbarkeit"). Es handelt sich um eine subsidiäre Klagemöglichkeit, die nur dann in Betracht kommt, wenn weder ein ordentliches Gericht noch eine Verwaltungsbehörde zuständig ist. Unter vermögensrechtlichen Ansprüchen sind alle Ansprüche zu verstehen, die auf eine Geldleistung oder geldwerte Leistung abzielen, ua die Rückzahlung einer Geldstrafe oder die Herausgabe beschlagnahmter Sachen. Die Klage kann gem §§ 37 und 38 VfGG auf Leistung oder auf Feststellung gerichtet sein. Sie richtet sich nicht gegen das handelnde Organ, sondern gegen die Gebietskörperschaft selbst, die passive Klagslegitimation ergibt sich aus Art 137 B-VG (*Ö/E*, Rz 992 ff).

Die Herausgabe der beschlagnahmten Tiere kann vor dem VfGH eingeklagt werden, da es sich um einen vermögensrechtlichen Anspruch handelt (VfSlg 11.180/1986). Aufgrund der Aufhebung des Bescheides durch das BVwG sind die Rechtsgrundlage und damit die Berechtigung für die Beschlagnahme weggefallen. Im vorliegenden Fall ist der Bund als jener Rechtsträger zu klagen, dem das rechtswidrige Verhalten des Bundesministers zuzurechnen ist. Im Ergebnis wird *Mathilde* mit ihrer Klage auf Herausgabe der beschlagnahmten Tiere Erfolg haben, da alle Voraussetzungen des Art 137 B-VG vorliegen und die Beschlagnahme zu Unrecht erfolgt ist. Bei den schadenersatzrechtlichen Ansprüchen handelt es sich dagegen um „bürgerliche Rechtssachen" iS des § 1 Jurisdiktionsnorm. *Mathilde* kann diese Ansprüche nicht vor dem VfGH geltend machen. Diesbezüglich ist sie auf den ordentlichen Rechtsweg zu verweisen (*Berka*, Verfassungsrecht[8] [2021] Rz 1122). Bei Vorliegen der einschlägigen Voraussetzungen kann *Mathilde* auch eine Amtshaftungsklage gem Art 23 Abs 1 B-VG erheben.

Frage 8: Im Zuge eines nachbarschaftlichen Rechtsstreits zwischen *Heinrich Hinz* und *Konrad Kunz* kommt es zu einem Zuständigkeitskonflikt zwischen dem VwG Wien und dem Landesgericht für Zivilrechtssachen Wien. Beide Gerichte erachten sich im gegenständlichen Fall als zuständig. Infolgedessen will *Heinrich Hinz* die Zuständigkeit klären lassen und ruft zu diesem Zweck den VfGH an. Keines der beiden zunächst genannten Gerichte hat bisher eine Entscheidung erlassen. Wann liegt ein positiver Zuständigkeitskonflikt vor? Auf welcher Rechtsgrundlage kann der VfGH entscheiden? Kommt den Parteien ein Antragsrecht zu? Kann der VfGH im vorliegenden Fall über den Zuständigkeitskonflikt absprechen?

Gem Art 138 B-VG entscheidet der VfGH über Kompetenzkonflikte zwischen Gerichten und Verwaltungsbehörden (Z 1), zwischen ordentlichen Gerichten und Verwaltungsgerichten oder dem VwGH und zwischen dem VfGH selbst und allen anderen Gerichten (Z 2) sowie zwischen dem Bund und einem Land oder zwischen den Ländern untereinander (Z 3). Ein bejahender (positiver) Zuständigkeitskonflikt liegt vor, wenn zwei Gerichte oder Verwaltungsbehörden in derselben Sache ihre Zuständigkeit annehmen, bei einem verneinenden (negativen) Zuständigkeitskonflikt lehnen beide Gerichte ihre Zuständigkeit ab. In beiden Fällen muss die Annahme bzw die Ablehnung der Zuständigkeit durch ein Gericht oder eine Verwaltungsbehörde zu Unrecht erfolgt sein. Dieselbe Sache liegt dann vor, wenn dieselbe generelle Rechtsnorm auf ein und denselben Sachverhalt anzuwenden ist (*G/H*, Rz 709). Die Antragsberechtigung richtet sich nach §§ 42 ff VfGG.

Im vorliegenden Fall ist Art 138 Abs 1 Z 2 B-VG anzuwenden, da es sich um einen Konflikt zwischen einem ordentlichen Gericht (Landesgericht für Zivilrechtssachen Wien) und dem Verwaltungsgericht eines Landes (VwG Wien) handelt. Es handelt sich um einen positiven (bejahenden) Kompetenzkonflikt, da sowohl das Landesgericht für Zivilrechtssachen Wien als auch das VwG Wien die Entscheidung derselben Sache in Anspruch nehmen. Da im gegenständlichen Fall ein positiver Kompetenzkonflikt zwischen einem Verwaltungsgericht und einem ordentlichen Gericht vorliegt, ist zur Bestimmung der Antragsberechtigung § 43 VfGG heranzuziehen. Demnach hat der VfGH über den Kompetenzkonflikt von Amts wegen zu entscheiden, sofern er von diesem Kenntnis erlangt hat, sei durch ein beteiligtes Gericht, durch eine beteiligte Verwaltungsbehörde, durch die Parteien oder aus dem Inhalt seiner eigenen Akten. Konkretisierend wird in § 43 Abs 4 VfGG ausgeführt, dass die genannten Behörden zur Anzeige verpflichtet sind. Aus § 43 Abs 3 VfGG ergibt sich kein Antragsrecht der Parteien, dieses bestimmt sich nach § 48 VfGG. Demnach können die am Verfahren beteiligten Personen an die zur Antragstellung berufene Verwaltungs- oder Gerichtsbehörde das Begehren richten, einen Antrag an den VfGH zu stellen. Kommen diese dem Begehren nicht nach, können die Parteien selbst einen Antrag zur Klärung des

Kompetenzkonfliktes beim VfGH stellen. Im vorliegenden Fall kommt *Heinrich Hinz* und *Konrad Kunz* somit (nur) ein subsidiäres Antragsrecht zu.

Liegt ein rechtskräftiger Spruch in der Hauptsache vor, so kommt dem VfGH keine Kompetenz zur Feststellung der Zuständigkeit (mehr) zu, das entscheidende Gericht bleibt alleinig zuständig (§ 43 Abs 1 und 2 VfGG). Das ist im gegenständlichen Fall nicht gegeben, da laut Sachverhalt keines der beiden Gerichte eine Entscheidung gefällt hat. Der VfGH kann somit über den Zuständigkeitskonflikt absprechen, er hat ferner etwaige seinem Erkenntnis entgegenstehende Akte (auch der Gerichtsbarkeit) aufzuheben (*Ö/E*, Rz 997). Gem § 43 Abs 5 VfGG wird das Verfahren vor den Gerichten bis zur Entscheidung des VfGH unterbrochen.

Frage 9: In einer kleinen Tiroler Gemeinde fanden im Februar 2022 Gemeinderatswahlen statt. Im Zuge der Wahl wurden – entgegen den einschlägigen Bestimmungen der Tiroler Gemeindewahlordnung (TGWO) – in den Wahlzellen der drei Wahlsprengel keine Abschriften der eingebrachten Wahlvorschläge angebracht. Auf den Stimmzetteln selbst fanden sich – in Entsprechung der anzuwendenden Bestimmungen – keine Angaben zu den wahlwerbenden Gruppen. Eine Wählergruppe begehrt nun die Aufhebung der Wahl durch den VfGH. Die Gemeindewahlbehörde entgegnet, dass die Wahlvorschläge an der Amtstafel des Gemeindeamtes in unmittelbarer Nähe zu allen Wahllokalen ausgehängt wurden und somit von allen Wählern eingesehen werden konnten. Nach Ansicht der Wahlbehörde sei die Wahl daher nicht aufzuheben. Ist der VfGH im gegenständlichen Fall zuständig? Aus welchen Gründen kann eine Wahl angefochten werden? Wer ist zur Anfechtung der Wahl berechtigt? Wird die Anfechtung der Wahl in diesem Fall erfolgreich sein?

Gem Art 141 B-VG erkennt der VfGH als „Wahlgerichtshof" über die Anfechtung von Wahlen. Zu den anfechtbaren Wahlen zählen gem Art 141 Abs 1 lit a und b B-VG die Wahl des Bundespräsidenten, Wahlen zu allgemeinen Vertretungskörpern, Wahlen zum EP, Wahlen zu satzungsgebenden Organen der gesetzlichen beruflichen Vertretungen, Wahlen in die LReg und Wahlen in die mit der Vollziehung betrauten Organen einer Gemeinde. Darüber hinaus verleiht Art 141 B-VG dem VfGH weitere Kompetenzen. Dazu zählt ua die Entscheidung über die Anfechtung der Ergebnisse von Volksbegehren, Volksabstimmungen, Volksbefragungen und von Europäischen Bürgerinitiativen (Art 141 Abs 1 lit e B-VG). Im vorliegenden Fall handelt es sich bei der Wahl des GR um die Wahl eines allgemeinen Vertretungskörpers, der VfGH ist somit zuständig (VfSlg 8973/1980; 11.021/1986).

Nach Art 141 Abs 1 B-VG kann eine Wahlanfechtung auf die Rechtswidrigkeit des Verfahrens gestützt werden, wobei jede Art von Rechtswidrigkeit geltend gemacht werden kann (VfSlg 5689/1968; 9044/1981). Davon sind sowohl gesetzwidrige Handlungen der Wahlbehörden als auch das Vorliegen rechtswidriger Rechtsgrundlagen umfasst (*Ö/E*, Rz 1043). Die Rechtswidrigkeit muss behauptet werden, die Anfechtung hat den begründeten Antrag auf Nichtigerklärung des gesamten Wahlverfahrens oder eines bestimmten Teiles zu enthalten (§ 67 Abs 1 VfGG). Der VfGH prüft nur die geltend gemachten Rechtswidrigkeiten und führt keine amtswegige Prüfung auf Vorliegen weiterer Rechtswidrigkeiten durch (*Ö/E*, Rz 1042).

Die Antragslegitimation richtet sich nach den jeweiligen Wahlordnungen sowie nach § 67 Abs 2 VfGG. Antragslegitimiert sind grundsätzlich die Wählergruppen bzw ihre zustellungsbevollmächtigten Vertreter sowie Wahlwerber, welche die rechtswidrige Aberkennung ihrer Wählbarkeit behaupten. Der Anfechtungsantrag ist gem § 68 Abs 1 VfGG spätestens 4 Wochen ab Beendigung des Wahlverfahrens einzubringen, außer die jeweilige Wahlordnung normiert eine andere Frist.

Im vorliegenden Fall hat die Wahlbehörde rechtswidrig gehandelt, indem sie – entgegen den anzuwendenden Bestimmungen der TGWO – in den Wahlkabinen keine Abschriften der Wahlvorschläge angebracht hat. Der Hinweis der Wahlbehörde, dass sich in unmittelbarer Nähe zu den Wahlzellen ein Aushang der Wahlvorschläge, der von allen Wahlberechtigten eingesehen werden konnte, befunden hat, ändert nichts an der Rechtswidrigkeit der Wahl. Die Wahl ist gem Art 141 Abs 1 B-VG iVm § 70 Abs 1 VfGG jedoch nur dann aufzuheben, wenn die behauptete Rechtswidrigkeit auf das Wahlergebnis von Einfluss war. Nach ständiger Rsp des VfGH ist es jedoch ausreichend, wenn die Rechtswidrigkeit auf das Wahlergebnis von Einfluss sein konnte (VfGH 1.7.2016, W I 6/2016, Rz 495 mwN). In dem in Rede stehenden Fall ging der VfGH – mangels Vorliegens eines Orientierungsbehelfs für den Wähler bei der Stimmabgabe – von einem derartigen Einfluss aus und hob das gesamte Wahlverfahren auf (VfSlg 11.021/1986).

Frage 10: In einem Bauverfahren in einer niederösterreichischen Gemeinde wurden einige Nachbarn von der Baubehörde – mangels Vorliegens subjektiv-öffentlicher Rechte gem § 6 Abs 2 Niederösterreichische Bauordnung 2014 (NÖ BO 2014) – nicht als Verfahrensparteien zugelassen. Das zuständige LVwG Niederösterreich weist die von einem betroffenen Nachbarn vorgebrachte Beschwerde zurück. Dieser fühlt sich dadurch in seinen verfassungsgesetzlich gewährleisteten Rechten verletzt, wendet sich an den VfGH und rügt die Verletzung von Art 7 B-VG, Art 2 und Art 5 StGG, Art 6 EMRK, Art 17, Art 20 und Art 47 GRC. Der VfGH lehnt die Behandlung der Beschwerde jedoch mit der Begründung ab, dass sich die Beschwerdebehauptungen bloß auf die unrichtige Anwendung eines einfachen Gesetzes beziehen und somit keine verfassungsrechtlichen Fragen aufwerfen würden. Bezüglich der

behaupteten Verletzung der GRC führt der VfGH aus, dass die GRC grundsätzlich zwar als Prüfungsmaßstab heranzuziehen sei, § 6 NÖ BO 2014 die Durchführung von Unionsrecht jedoch nicht bezwecke. Um welche Art des Verfahrens handelt es sich? Kann der VfGH die Behandlung der Beschwerde ablehnen? Wie beurteilen Sie die Aussagen des VfGH zur GRC?

Im vorliegenden Fall handelt es sich um eine Beschwerde gem Art 144 B-VG. Demnach erkennt der VfGH über Beschwerden gegen Erkenntnisse oder bestimmte Beschlüsse eines VwG. Beschwerdelegitimiert sind nur die Träger subjektiver Rechte, diese können sich aus dem Verfassungsrecht oder aus dem einfachen Recht ergeben (*G/H*, Rz 696). Der Beschwerdeführer muss die Behauptung vorbringen, in einem verfassungsgesetzlich gewährleisteten Recht oder wegen Anwendung eines verfassungswidrigen Gesetzes, einer gesetzwidrigen Verordnung, einer gesetzwidrigen Wiederverlautbarung oder eines rechtswidrigen Staatsvertrages in seinen Rechten verletzt worden zu sein. Die Beschwerde ist binnen einer Frist von sechs Wochen einzubringen, sie hat ua die Berufung auf Art 144 B-VG, die Bezeichnung der angefochtenen Entscheidung und des jeweiligen VwG sowie ein bestimmtes Begehren zu enthalten (§ 82 VfGG).

Der VfGH kann die Entscheidung des VwG aufheben oder die Beschwerde zurück- oder abweisen. Darüber hinaus verleiht Art 144 Abs 2 B-VG dem VfGH die Befugnis, die Behandlung einer Beschwerde abzulehnen, wenn sie keine Aussicht auf Erfolg hat oder die Klärung einer verfassungsrechtlichen Frage nicht zu erwarten ist. Der VfGH verzichtet in diesem Fall auf eine nähere Prüfung der Beschwerde. Auf Antrag des Beschwerdeführers ist die Beschwerde diesfalls an den VwGH abzutreten, die Stellung eines Abtretungsantrags ist auch nach Zustellung der Entscheidung des VfGH binnen einer Frist von zwei Wochen möglich (§ 87 VfGG). Die Ablehnung einer Beschwerde durch Beschluss nach Art 144 Abs 2 B-VG hat in der Praxis große Bedeutung (*G/H*, Rz 703).

Im Gegensatz zur EMRK ist die GRC nicht Teil des österreichischen Verfassungsrechts im formellen Sinn. Es handelt sich vielmehr um Unionsrecht, ihr Anwendungsbereich bestimmt sich nach Art 51 Abs 1 GRC. Demnach gilt die GRC für Unionsorgane und die Mitgliedstaaten ausschließlich bei der Durchführung von Unionsrecht. Der VfGH verweist durch die Aussage, dass § 6 NÖ BO 2014 nicht die Durchführung von Unionsrecht bezwecke, auf Art 51 Abs 1 GRC. Für den VfGH stellen die in der GRC verbürgten Rechte – nicht dagegen Grundrechte als allgemeine Rechtsgrundsätze oder sonstiges Unionsrecht – als verfassungsgesetzlich gewährleistete Rechte ebenfalls einen Prüfungsmaßstab in Verfahren nach Art 139, 140 und 144 B-VG dar, sofern sie den in Verfassungsrang stehenden Grundrechten, insb jenen der EMRK, entsprechen (VfSlg 19.632/2012; *G/H*, Rz 378). Eine Beschwerde gem Art 144 B-VG kann somit grds mit der Behauptung erhoben werden, durch die Entscheidung eines VwG in einem durch die GRC gewährleisteten Recht verletzt worden zu sein. Die Anwendung der GRC als Prüfungsmaßstab für Gesetze, Verordnungen und Entscheidungen liegt im unionsrechtlichen Äquivalenzgrundsatz und in der Tatsache, dass die in der GRC verbürgten Rechte weitgehend jenen der im Verfassungsrang stehenden EMRK entsprechen (siehe Art 52 Abs 3 GRC), begründet. Darüber hinaus spricht auch die im B-VG vorgesehene Zentralisierung der Verfassungsgerichtsbarkeit beim VfGH dafür. Zur Heranziehung der GRC als Prüfungsmaßstab ist zunächst ihre Anwendbarkeit zu bestimmen (VfSlg 19.632/2012). Im in Rede stehenden Fall erachtete der VfGH die GRC als nicht anwendbar, da § 6 NÖ BO 2014 nicht die Durchführung einer Bestimmung des Unionsrechts bezwecke – insb werde keine RL umgesetzt – und somit kein hinreichender Zusammenhang zum Unionsrecht bestehe. Der Beschwerdeführer konnte sich somit nicht auf die GRC berufen (VfGH 19.2.2016, E 2567/2015).

Frage 11: Im Zuge einer Wahlveranstaltung einer im österreichischen Nationalrat vertretenen Partei in der steirischen Landeshauptstadt Graz verhängte die Landespolizeidirektion (LPD) Steiermark auf Grundlage des § 36 Abs 1 SPG durch Verordnung ein weiträumiges Platzverbot. Aufgrund dieser Bestimmung kann die Sicherheitsbehörde das Betreten eines bestimmten Ortes durch Verordnung verbieten, wenn anzunehmen ist, dass an diesem Ort eine allgemeine Gefahr für das Leben oder die Gesundheit mehrerer Menschen besteht. Ziel und Zweck dieser Bestimmung ist der allgemeine Schutz von Personen in Gefahrenbereichen. Am Tag der Veranstaltung wurde *Joseph* – ua aufgrund seiner Frisur und seiner Kleidung – von den Sicherheitskräften am Betreten des Platzes gehindert. *Joseph* legte gegen das Verhalten der Sicherheitskräfte Beschwerde ein, die LPD Steiermark wies diese jedoch ab, seine anschließend vor dem LVwG Steiermark eingebrachte Beschwerde wurde ebenfalls abgewiesen. *Joseph* beschließt daraufhin die Anrufung des VfGG. In seiner Beschwerde wird die Aufhebung der abweisenden Entscheidung aufgrund der Verletzung in verfassungsgesetzlich gewährleisteten Rechten (Art 7 B-VG, Art 4 und 12 StGG sowie Art 10 und 11 EMRK) sowie in Rechten wegen Anwendung einer gesetzwidrigen Verordnung verlangt. Die zum Zeitpunkt der Beschwerdeerhebung bereits durch die LPD Steiermark aufgehobene Verordnung sah eine allgemeine Ausnahme vom Platzverbot ua für Personen mit ausdrücklicher Erlaubnis der LPD Steiermark vor, wodurch eine Ausnahme für Veranstaltungsbesucher geschaffen werden sollte. Wie hat der VfGH vorzugehen? Wie wird der Gerichtshof in diesem Fall entscheiden?

Beim Vorbringen von *Joseph* handelt es sich um eine Beschwerde gem Art 144 B-VG (sog „Erkenntnisbeschwerde"). Prüfungsgegenstand einer solchen Beschwerde ist die Entscheidung eines VwG (Erkenntnis oder bestimmte Beschlüsse) mit Ausnahme von Entscheidungen betreffend die Zulässigkeit der Revision (Art 144 Abs 1 und 5 B-VG). Der Beschwerdeführer muss Träger subjektiver Rechte sein und im Rahmen seiner Beschwerde behaupten, entweder in einem verfassungsgesetzlich gewährleisteten Recht oder wegen Anwendung eines verfassungswidrigen Gesetzes, einer gesetzwidrigen Verordnung, einer gesetzwidrigen Wiederverlautbarung oder eines rechtswidrigen Staatsvertrages in seinen Rechten verletzt worden zu sein. Rügt der Beschwerdeführer die Anwendung einer gesetzwidrigen Verordnung, dient das gesamte höherrangige Recht als Prüfungsmaßstab (*Ö/E*, Rz 1054).

Bei Behauptung der Anwendung einer rechtswidrigen generellen Norm hat der VfGH – sofern er die in der Beschwerde geltend gemachten Bedenken teilt – von Amts wegen ein Normenkontrollverfahren einzuleiten und das zugrundeliegende Beschwerdeverfahren auszusetzen. Im vorliegenden Fall müsste ein Verordnungsprüfungsverfahren gem Art 139 Abs 1 Z 2 B-VG eingeleitet werden. Voraussetzung dafür ist, dass der VfGH die Norm im Anlassverfahren anzuwenden hätte (Präjudizialität). Im Rahmen eines Verfahrens nach Art 144 B-VG liegt Präjudizialität immer dann vor, wenn die Norm tatsächlich (in denkmöglicher Weise) angewendet wurde (*Ö/E*, Rz 1013 f).

Im vorliegenden Fall stellt sich die Frage der Gesetzeskonformität der durch die LPD Steiermark erlassenen Verordnung. Aufgrund der Anwendung der Verordnung im Verfahren vor dem LVwG Steiermark liegt Präjudizialität vor. Es ist zu prüfen, ob die Verordnung ihrer gesetzlichen Grundlage (§ 36 Abs 1 SPG) entspricht. § 36 Abs 1 SPG legt ausdrücklich fest, dass das Betreten und der Aufenthalt in einem Gefahrenbereich zu verbieten sind, dieses generelle Betretungsverbot gilt unterschiedslos für alle Personen. Ziel und Zweck dieser Bestimmung ist der allgemeine Schutz von Personen in Gefahrenbereichen. Die Sicherung einer Wahlveranstaltung ist davon nicht erfasst. Im Ergebnis ist ein Platzverbot iSd § 36 Abs 1 SPG rechtlich nicht dafür geeignet, den ungestörten Besuch einer Wahlveranstaltung zu gewährleisten, es liegt somit eine gesetzwidrige Verordnung vor (VfGH 18.6.2015, V 105/2014, Rz 12 ff).

Dieses Ergebnis des Normenkontrollverfahrens ist bei der Entscheidung des Anlassverfahrens zugrunde zu legen. Nachdem der VfGH im konkreten Fall die Gesetzwidrigkeit der Verordnung festgestellt hat und die Verordnung in weiterer Folge aufgehoben wird, ist dieses Ergebnis der Entscheidung im Anlassfall zugrunde zu legen. Das abweisende Erkenntnis des LVwG Steiermark ist daher aufzuheben (VfGH 2.7.2015, B 985/2013, Rz 14).

Frage 12: Die Bürgermeisterin der Gemeinde Böheimkirchen weist den Antrag von *Peter*, das in seinem Eigentum stehende Grundstück als „Bauplatz" zu erklären, ab. Dies sei nämlich nur bei Grundstücken zulässig, die im Flächenwidmungsplan als „Bauland" gewidmet seine, jedoch sei *Peters* Grundstück als „Grünland Land- und

Forstwirtschaft" gewidmet. Diese Entscheidung wurde im innergemeindlichen Instanzenzug bestätigt, sodass *Peter* Beschwerde an das LVwG Niederösterreich erhebt. In der mündlichen Verhandlung bringt *Peter* zutreffend vor, dass der in Rede stehende Flächenwidmungsplan entgegen den Vorschriften der NÖ Gemeindeordnung über die Kundmachung von Verordnungen von Gemeinden nicht zwei Wochen (§ 59 NÖ GO), sondern lediglich zehn Tage an der Amtstafel der Gemeinde Böheimkirchen angeschlagen war. Der Flächenwidmungsplan sei daher für das LVwG „irrelevant", der VfGH müsse damit „nicht befasst werden". Präzisieren Sie *Peters* Aussage! Ist diese zutreffend?

Flächenwidmungspläne sind grundsätzlich Verordnungen, sohin generelle Rechtsvorschriften, die von Verwaltungsbehörden im Bereich der Hoheitsverwaltung erlassen werden und sich nach ihrem Inhalt an die Rechtsunterworfenen richten (näher *G/H*, Rz 955 ff). Dafür muss die Verordnung jedenfalls ein Mindestmaß an Publizität erreichen. In der Regel wird gesetzlich festgelegt, dass diese Publizität durch eine bestimmte Form der Kundmachung der Verordnung zu erfolgen hat. Im vorliegenden Fall ist in der NÖ Gemeindeordnung vorgesehen, dass die Verordnung an der Amtstafel der jeweiligen Gemeinde angeschlagen werden und dort über zwei Wochen kundgemacht werden bzw „angeschlagen bleiben" muss. Dies ist im Hinblick auf den in Rede stehenden Flächenwidmungsplan der Gemeinde Böheimkirchen nicht geschehen, sodass die entsprechende gesetzliche Vorschrift der NÖ Gemeindeordnung verletzt wurde. Dies beantwortet jedoch noch nicht die Frage, welche Konsequenzen diese Rechtsverletzung für das Verfahren vor dem LVwG Niederösterreich hat.

Art 89 Abs 1 B-VG bestimmt, dass den ordentlichen Gerichten ua die Prüfung gehörig kundgemachter Verordnungen nicht zusteht. Daraus wird der Umkehrschluss gezogen, dass nicht gehörig kundgemachte Verordnungen für die Gerichte unbeachtlich bleiben. Demgegenüber haben gem Art 89 Abs 2 B-VG die ordentlichen Gerichte dann einen Antrag auf Aufhebung ua von Verordnungen beim VfGH zu stellen, wenn diese von den Gerichten in einem Verfahren anzuwenden sind und bei einem konkreten Gericht eben gegen diese Anwendung der Verordnung aus dem Grund der (vermuteten) Gesetzwidrigkeit Bedenken entstehen. Art 89 B-VG ist gem Art 135 Abs 4 B-VG auch auf die VwG und den VwGH sinngemäß anzuwenden.

Mit anderen Worten: Ein VwG hat in einem ersten Schritt zu prüfen, ob eine anzuwendende Verordnung gehörig kundgemacht wurde. Ist dies nicht der Fall, ist die Verordnung absolut nichtig und daher (auch) für das Gericht unbeachtlich bzw in der Terminologie von *Peter* „irrelevant". Es liegt somit überhaupt keine Verordnung im Rechtssinne vor. Ist die Verordnung demgegenüber gehörig kundgemacht, hat das VwG in einem zweiten Schritt zu prüfen, ob die – dem Rechtsbestand angehörende – Verordnung gesetzeskonform ist und zwar auch im

Hinblick auf die gesetzlichen Vorgaben für die Kundmachung der Verordnung. Entstehen hier beim Gericht Bedenken, so hat dieses einen Antrag auf Aufhebung der Verordnung beim VfGH zu stellen bzw in der Terminologie von *Peter* den VfGH damit zu „befassen".

Der VfGH geht nunmehr (VfGH 28.6.2917, V 4/2017, Rz 22 ff; dazu zB *G/H*, Rz 959, *Ö/E*, Rz 1005) davon aus, dass für die gehörige Kundmachung einer Verordnung ein „Mindestmaß an Publizität" erreicht werden muss. Es ist daher nicht mehr erforderlich, dass – wie noch nach der früheren Rsp – von einer gehörigen Kundmachung lediglich dann auszugehen war, wenn sämtliche gesetzliche Regelungen betreffend die Kundmachung der Verordnung eingehalten wurden. Diese Judikaturänderung führt dazu, dass das selbstständige Prüfungsrecht der Gerichte zurückgedrängt wird, weil diese eben nicht mehr die Rechtmäßigkeit der Kundmachung umfassend prüfen, sondern diese Aufgabe dem VfGH zukommen soll. Das selbstständige Prüfungsrecht erfasst lediglich noch Fälle von Verordnungen, welche nicht einmal das genannte „Mindestmaß an Publizität" erreichen und die daher eigentlich als absolut nichtige, „als Verordnungen verkleidete Rechtsakte" zu bezeichnen sind. Lediglich in diesen Fällen muss eine gehörige Kundmachung iSd Art 89 Abs 1 B-VG verneint werden. In welchen Fällen dies anzunehmen ist und daher das geforderte „Mindestmaß an Publizität" unterschritten wird, lässt sich abstrakt kaum festmachen. Der VfGH verlangt eine allgemeine Kundmachung in einer zumindest den Adressaten zugänglichen Form (VfGH 28.6.2017, V 4/2017, Rz 52). Es wird jedenfalls maßgeblich auf den Empfängerhorizont ankommen.

Für den vorliegenden Fall bedeutet dies: Der Flächenwidmungsplan der Gemeinde Böheimkirchen ist grundsätzlich als Verordnung zu qualifizieren und wurde entgegen den einschlägigen gesetzlichen Vorschriften kundgemacht. Aufgrund des zehntägigen Anschlags an der Amtstafel dieser Gemeinde wird jedoch ein „Mindestmaß an Publizität" erreicht (so VfGH 28.6.2017, V 4/2017, Rz 55), sodass der Flächenwidmungsplan iSd Art 89 Abs 1 B-VG gehörig kundgemacht wurde und daher für das LVwG beachtlich (und nicht „irrelevant") ist. Aufgrund der dargestellten Rechtswidrigkeit der Kundmachung des Flächenwidmungsplanes hat das Gericht diesen aber beim VfGH gem Art 89 Abs 2 B-VG anzufechten – es muss sohin der VfGH mit dieser Frage „befasst" werden. *Peters* Aussage ist daher nicht zutreffend.